Bildlexikon der Völker und Kulturen

Ivan Bargna

Afrika

Der schwarze Kontinent

Parthas

Bildlexikon der Völker und Kulturen, Bd. 6
Herausgegeben von Ada Gabucci

In der Reihe ist bereits erschienen:
Mesopotamien – Sumerer, Assyrer und Babylonier, Bd. 1
Rom – Kultur der antiken Stadt, Bd. 2
China – Reich der Mitte, Bd. 3
Griechenland – Wiege der Demokratie, Bd. 4
Japan – Land der aufgehenden Sonne, Bd. 5

Aus dem Italienischen
Caroline Gutberlet

Lektorat der dt. Ausgabe
www.editiondia.de

Redaktion
Sibilla Pierallini

Bildrecherche
Eva-Shaaron Magrelli

Grafische Gestaltung
Dario Tagliabue

Layout
Anna Picarreta

Umschlaggestaltung
Birgit Zschunke

Satz
Klaus Keller

Druck und Bindung
Mondadori Printing Spa,
Martellago, Italien

Stresemannstraße 30
10963 Berlin

ISBN 978-3-936324-79-2

Umschlagabbildung
Maske *phwo*, Chokwe
(Demokratische Republik Kongo), Tervuren,
Musée royal de l'Afrique centrale.

Abbildung auf Seite 2
Ndebele-Frau in traditioneller Tracht,
Republik Südafrika.

Inhalt

Einführung

In der westlichen Vorstellungswelt geistert der Afrikaner – jedenfalls bei vielen – noch immer als eine Mischung aus Kannibale und gutem Wilden herum; die Tatsache, dass es eine »afrikanische Kultur« gibt, wird heute immer noch nicht als Selbstverständlichkeit angesehen.

Wir haben es hier mit kulturell tief verwurzelten Stereotypen zu tun, die eine lange Geschichte haben und für die es in der Vergangenheit namhafte Fürsprecher gegeben hat. 1753 schätzte David Hume in einer Fußnote zu seinem Essay *Of National Characters* die »Neger« wie folgt ein: »Es gab niemals eine zivilisierte Nation von irgendeiner anderen Hautfarbe als der weißen, noch nicht einmal irgendein Individuum, das sich, sei es durch Taten oder durch spekulatives Denken, ausgezeichnet hätte. Keine erfinderischen Fabrikanten unter ihnen, keine Künste, keine Wissenschaften«; eine Einschätzung, die auch Hegel teilte: »Afrika ist das Kinderland der Geschichte. […] Der Neger stellt den natürlichen Menschen in seiner ganzen Unbändigkeit dar«. In der zweiten Hälfte des 19. Jh.s fanden diese Vorstellungen ihre »wissenschaftliche« Bestätigung in den Rassentheorien, für die die Forschungsreisenden die »empirischen« Beweise lieferten. So berichtete Richard Burton nach seiner Rückkehr aus Tanganjika: »Den Neger zu studieren heißt, den menschlichen Geist in rudimentärer Form zu studieren. Er könnte eher als eine Abart des zivilisierten Menschen erscheinen denn als Wilder, der aufsteht und die ersten Schritte tut, wenn da nicht die totale Unfähigkeit wäre, Fortschritte zu machen.« Der Grund für diese übereinstimmende und fortdauernde Negierung von »Zivilisiertheit« ist in der Geschichte der Beziehungen zwischen Afrika und dem Westen zu finden, insbesondere in der Geschichte des Sklavenhandels: Den Afrikanern das Menschsein abzusprechen, war die Voraussetzung dafür, legitimieren zu können, sie zu »Lasttieren« zu machen. Andererseits ist die Diskriminierung im Zivilisationsbegriff selbst enthalten, denn er verlangt – selbst wenn die Existenz mehrerer Zivilisationen eingeräumt wird – , dass irgendjemandem der Part des »Unzivilisierten« zugeschrieben wird, um dann wie in einem Spiegel die eigenen Fortschritte messen zu können. Die Differenz wird in Minderwertigkeit umgedeutet, und am Ende wird Zivilisiertheit mit Verwestlichung in eins gesetzt, um die Kolonialherrschaft zu rechtfertigen.

Dass wir uns bis heute bemühen, die Zeichen von »Zivilisation« in Afrika zu erkennen, liegt auch am scheinbaren Fehlen von Errungenschaften, die wir für ihre Indikatoren halten: Anhäufung von Wirtschaftsmacht, Schrift, Monumentalarchitektur. Abgesehen davon, dass es all dies in Afrika *gibt, müssen wir auch erkennen (wie uns die Anthropologie gelehrt hat), dass es außer der Schriftkultur eine Oralkultur gibt, dass es Reichtum außer in materieller Hinsicht auch im persönlichen Bereich (in den Verwandtschaftsbeziehungen und Allianzen) geben kann, dass Architektur und Kunst sich nicht nur der Ewigkeit und Faszination von Ruinen, sondern auch der Vergänglichkeit und der Wiederverwertung von Existierendem verschreiben können.*

Das sind Unterschiede, die eine geschichtliche Rekonstruktion natürlich erheblich erschweren, aber die Tatsache nicht entkräften können, dass es eine Vergangenheit und eine Geschichte gegeben hat. Andererseits stellt dies aber auch ein Problem für die Erstellung einer Publikation dar: Bilder, die im vorliegenden Lexikon eine zentrale Bedeutung haben, sind unzweifelhaft ein effektives didaktisches Mittel, schränken aber zugleich den Diskurs auf die Kommentierung der sichtbaren, materiellen Aspekte von Kultur ein; mit der Folge, dass Kulturen mit stark ausgeprägten Bild-Traditionen auf dem Gebiet der visuellen Künste überrepräsentiert sind. Daher dürfen wir als Nutzer dieses Bildlexikons nicht vergessen, wenn wir einen Gewinn daraus ziehen wollen, dass es unzählige Aspekte von Kultur gibt, die nicht in Bildern wiedergegeben werden können. Statt uns zu fragen, ob es eine afrikanische Kultur überhaupt gibt, sollten wir uns fragen, ob es nur eine einzige afrikanische Kultur gibt. Tatsächlich fügen wir die unterschiedlichsten Kulturen, die von Weitem betrachtet (in unseren Augen) oder im Lichte eines zu realisierenden Projekts (wie im Falle des Panafrikanismus und des Afrozentrismus der afrikanischen Intellektuellen) ähnlich erscheinen, zusammen. Als ebenso gefährlich erweist sich aber auch die Fragmentierung Afrikas in eine Myriade von Ethnien ohne jede Beziehung zueinander oder mit dem, was jenseits von Afrika existiert. Das vorliegende Bildlexikon versucht einen Mittelweg zwischen diesen beiden Extremen zu finden. Andererseits steht nicht ganz Afrika im Blickpunkt, sondern nur Teile des Kontinents südlich der Sahara. Nordafrika und das Horn von Afrika auszuklammern, weil sie eine ganz eigene Geschichte haben, die sie vom übrigen Kontinent unterscheidet, ist einigermaßen willkürlich: Es gäbe zweifellos die Möglichkeit, wie dies bereits geschehen ist, sie in einen Gesamtzusammenhang zu stellen, indem man etwa die Beziehungen zwischen der ägyptischen Kultur und dem afrikanischen Hinterland in den Blick nimmt, doch dafür fehlte hier der Platz. Wir haben versucht, ein Bild der »afrikanischen Kultur« als etwas Dynamisches, Unabgeschlossenes zu vermitteln, offen für die Gegenwart und, allen Schwierigkeiten zum Trotz, für die Zukunft.

Völker

Westliche Guineaküste
Mande
Gurvölker
Fulbe
Akan
Nigerianische Völker
Kongo
Chokwe
Luba und Lunda
Kuba
Zande
Mangbetu
Lega
Mbuti
Masai
Kikuyu
Nyamwezi
Makonde
Suaheli
Madagassen
San
Shona
Ndebele
Nguni

◀ Kopfaufsatzmaske *tyiwara*, Bamana (Mali), New York, Brooklyn Museum of Art.

»Wenn du eine Palme erblickst, hat die Palme ... dich schon längst erblickt.« (Sprichwort der Wolof, Senegal)

Westliche Guineaküste

Völker
Wolf, Baga, Bidjogo, Sherbro, We

Verbreitung
Westafrika: Senegal, Guinea-Bissau, Guinea, Sierra Leone, Liberia, Côte d'Ivoire

Verwandte Stichworte
Mande, Islam, Ackerbau, Traditionelle Kunst

An der westlichen Guineaküste, die sich vom Tal des Gambia-Flusses und der Casamance im Süden des Senegals bis zur Côte d'Ivoire erstreckt, wurden im Unterschied zur westafrikanischen Sahelzone nie größere Staatswesen errichtet. Das aber heißt nicht, dass diese Gegend im Verlauf der Geschichte gänzlich unberührt geblieben wäre von allen Versuchen, Staaten zu bilden. Die hier lebenden Völker – die Baga in Guinea, die Bidjogo in Guinea-Bissau, die Sherbro in Sierra Leone usw. – kamen in diese Region im Zuge des Bevölkerungsdrucks durch die Mande-Völker. Die westliche Guineaküste ist vielfach ein sumpfiges Waldgebiet, das vielen Völkern Zuflucht geboten hat.

► Mann mit Einbaum, Bissagos-Inseln (Guinea-Bissau)

Diese Figuren weiht man, indem man sie mit dem Blut eines Ochsen, einem edlen Tier, besprengt. Die jungen Männer tragen Masken mit Rinderhörnern als sichtbares Zeichen dafür, dass sie bei ihrem Viehraub auf dem Festland erfolgreich waren, ein Akt, der ihr Ansehen bei ihren Altersgenossen erhöht und ihnen die finanzielle Möglichkeit verschafft, zu heiraten.

Bei diesen Objekten handelt es sich entweder um Behältnisse, über denen anthropomorphe Halbfiguren thronen, oder um ganzfigurige Skulpturen in stehender oder sitzender Haltung, wobei Letzteres auf einen hohen gesellschaftlichen Status hinweist.

Diese iran *verkörpern die höchsten Geisterwesen, darunter diejenigen, die die Geschlechter und die Dörfer beschützen.*

▲ Männliche Figur *iran*, Bidjogo (Guinea-Bissau), Paris, Musée du Quai Branly.

Die Schlange ist eine der Darstellungen, in der sich der fruchtbare Wassergeist manifestiert, den man auch mit dem Regenbogen, der in Afrika häufig als »Himmelsschlange« bezeichnet wird, assoziiert. Sie erfüllt auch eine kosmologische Funktion, da sie die Wasser- mit den Buschgeistern versöhnt.

Die rhombenförmige Verzierung in alternierenden Farben hebt die gewundene Form der Schlange hervor und erhöht damit die hypnotische Wirkung ihrer kreisrunden Augen.

Diese Schlangen werden anlässlich von Initiationsriten, durch die die jungen Männer in den Kreis der Erwachsenen aufgenommen werden, oder bei Bestattungen getragen. Sie bilden den krönenden Abschluss eines leichten Rahmens, der über die Schulter und den ganzen Körper des in einen Bastüberwurf eingehüllten Tänzers reicht.

▲ Kopfaufsatz in Form einer stilisierten Schlange (*basonyi*), Baga (Guinea-Bissau), Paris, Musée du Quai Branly.

Die Nase in Gestalt eines Vogelschnabels verweist auf einen Geist, der zwischen Erde, Luft und Wasser beheimatet ist.

Die Maske ist eine Idealdarstellung der Mutterschaft und kommt bei Erntefesten zum Einsatz. Die länglichen Brüste verweisen auf das Stillen und versinnbildlichen die reife Frau. Die Frauen, die die Maske während des Tanzes berühren, können auf eine reiche Ernte und darauf hoffen, gesunde Kinder zur Welt zu bringen.

Zwei kleine Löcher zwischen den Brüsten ermöglichen dem Maskenträger, beim Tanzen etwas zu sehen.

Der Tänzer trägt die Maske auf den Schultern. Ein großer Rock aus Raphiabast verdeckt den unteren Teil seines Körpers; Gewicht und Größe der Maske verlangen außerordentliche Kraft und viel Geschick, um noch elegant tanzen zu können.

▲ Maske *nimba*,
Baga (Guinea-Bissau),
Seattle, Seattle Art Museum.

Die Maske verkörpert die furchterregenden Waldgeister und wird im Krieg, gegen Zauberei und bei der Urteilsfindung in Rechtsangelegenheiten verwendet, die damit ihre Legitimität aus einer übermenschlichen Quelle bezieht.

Die Haartracht besteht aus Kaurischnecken, die ursprünglich aus dem Indischen Ozean kommen. Kauri wurden früher als Zahlungsmittel verwendet und sind daher ein Machtsymbol.

Die Verwendung von Menschenhaar verstärkt die beunruhigende Wirkung der Maske: Etwas Erkennbares, Vertrautes wird in einen fremden, fern liegenden Zusammenhang gebracht.

Die Anwesenheit tierischer Elemente (Fell) hebt die Diskrepanz zwischen Menschen und Waldgeistern hervor.

Die gewölbte Stirn, die großen vorstehenden Augen, die breiten roten Nasenflügel und der geöffnete Mund verleihen dem Gesicht ein bedrohliches Aussehen.

Der Klang der Schellen, die die Maske größer wirken lassen, mahnt die Ahnen, zwischen den Menschen und den Geistern zu vermitteln.

Als sichtbares, dingliches, anthropomorphes Vehikel ermöglicht die Maske, die Geister den Menschen näherzubringen und eine gewisse Kontrolle über sie auszuüben.

▲ Maske, We (Elfenbeinküste), Privatsammlung.

»Ein Einbaum kann noch so lange im Fluss liegen, niemals wird er sich in ein Krokodil verwandeln.«
(Sprichwort der Bamana, Mali)

Mande

Mit Mande wird eine große Sprachfamilie bezeichnet, deren Kernregion um Bamako liegt. Die etwa 60 Sprachen werden im Wesentlichen in Burkina Faso, im Senegal, in Gambia, Guinea, Sierra Leone, Liberia und in der Elfenbeinküste gesprochen. Zu den Mande-Völkern gehören Völkergruppen aus der Savanne (z.B. Bamana, Malinke, Dioula, Bozo, Kagoro, Marka und Soninke) wie auch solche aus Waldgebieten (z.B. die Kuranki, die Kono, die Vai, die Susu und die Dan). Die meisten leben von der Landwirtschaft (Hirse, Sorghum, Reis, Mais usw.). Großvieh wird vornehmlich aus Prestigegründen gehalten und dient als Zahlungsmittel des »Brautpreises« sowie zu Opferzwecken. Die gesellschaftlichen Strukturen sind geprägt von Ackerbau, Handwerk und Sklaventum. Dennoch schließt die Hierarchie der »Kasten« eine gewisse (wenngleich sehr begrenzte) soziale »Mobilität« nicht aus: Gelegentlich können selbst Sklaven in Machtpositionen aufsteigen. Von zentraler Bedeutung ist die Unterscheidung zwischen den *honrow*, dem Bevölkerungsteil, der mit Land und Ackerbau zu tun hat, wie Aristokraten, Krieger und Bauern, und den *nyamakalaw*, der endogamen Gruppe, die die lebenswichtigen Naturkräfte (*nyama*) kontrolliert. Obwohl sie einander voller Argwohn betrachten, sind sie aufeinander angewiesen: Die einen liefern die Nahrung, die anderen stellen die im Alltag und bei Ritualen unverzichtbaren Werkzeuge und Kultgegenstände aus Eisen, Holz und Leder her.

◀ Dorf auf einer Insel im Fluss Niger (Mali).

Völker
Bamana (Bambara), Malinke, Dioula, Bozo, Kagoro, Marka, Soninke, Kuranki, Kono, Vai, Susu, Dan (Yakuba)

Verbreitung
Westafrika: Mali, Burkina Faso, Senegal, Gambia, Guinea, Sierra Leone, Liberia, Elfenbeinküste, Ghana

Geschichte
13.–16. Jh.: Großreich Mali
18. Jh.: Königtümer Segou und Kaarta

Verwandte Stichworte
Großreiche der Subsahara, Akephale Gesellschaften, Altersklassen und Initiation, Schmiede, Männlich und Weiblich, Islam, Ackerbau, Theater

Die Maske saga *stellt einen Widder dar, das Tier, das Gott opferte, um den Frevel wiedergutzumachen, den die weibliche Gottheit Musokoroni beging, als sie die Erde unfruchtbar machte. Auch andere Völkergruppen der Region wie die Dogon kennen diese Sage von einem Frevel, auf den ein Akt der Wiedergutmachung folgt.*

Die saga*-Masken sind mehrfarbig bemalt und zuweilen mit Metallplatten beschlagen.*

In Afrika symbolisieren Widderhörner das Gedeihen der Nutzpflanzen und also Fruchtbarkeit.

Die Bozo sind ein Volk von Fischern, die an den Ufern des Niger leben. Der Legende nach stammen sie von den ersten Zwillingstöchtern des Wassergeistes ab. Die »Herren des Flusses« gelten als die ältesten Bewohner der Gegend.

▲ Maske *saga*, Bozo (Mali), Seattle, Seattle Art Museum.

Die rund 2 Mio. Bamana oder Bambara sind im Westen und Süden von Mali ansässig und ließen sich vermutlich im 17. Jh. in dieser Gegend nieder. In der 2. Hälfte des 18. Jh.s stiegen ihre Königtümer Segou und Kaarta als Regionalmächte auf, zerfielen jedoch im Jahr 1860 infolge der Angriffe der muslimischen Tukulor (Toucouleur). Da die Bamana erst im 19. Jh. islamisiert wurden, haben sich bis heute viele alte Traditionen und Bräuche erhalten. Segou wurde 1890 von den Franzosen besetzt.

Die Puppenspiele, die gelegentlich auf Einbäumen veranstaltet werden, geben Szenen aus dem Alltagsleben wieder.

Die Bamana sind in Dorfgemeinschaften organisiert und werden von Oberhäuptern angeführt, deren Amt durch die Familienzugehörigkeit und den Rang legitimiert ist, den sie innerhalb der Initiationsgesellschaft einnehmen, der sie angehören. In der Erbfolge gilt die Patrilinearität (d.h., sie folgt der väterlichen Linie), für das Wohnen die Patrilokalität – die Ehefrau siedelt zum Wohnsitz des Ehemannes über.

▲ Puppe des Sogow-Bundes, Bamana (Mali), Privatsammlung.

Bei den Bamana werden Holzstatuen aus vielerlei Gründen angefertigt. Die Mutterschaft (gwandusu), *wird durch die leicht gerundeten Formen in der Darstellung der weiblichen Gottheit Musokoroni wiedergegeben, die in den Initiationsgesellschaften* Gwan *und* Jo *Verwendung findet. Dort können Frauen, die unter Unfruchtbarkeit oder Schwangerschaftsproblemen leiden oder deren Kinder krank sind, um Hilfe bitten.*

Solcherlei Statuetten erinnern Älteste und junge Frauen daran, dass junge Männer sich auf der Suche nach Ehefrauen befinden; sie können aber auch an verstorbene Zwillinge erinnern.

Die starke Stilisierung der Körper durch elementare geometrische Formen hebt besonders die Brüste, die Hüfte, das Gesäß und den Nabel hervor. Dies spielt auf die Fruchtbarkeit der Frau an. Ein weiteres charakteristisches Merkmal ist der Wellenkamm der Frisur.

▲ Weibliche Figur, Bamana (Mali), 19./20. Jh., New York, Metropolitan Museum of Art.

In den anthropomorphen Formen der Öllampen aus den Werkstätten der Mande-Schmiede finden sich die Symbole wieder, die in anderen Zusammenhängen als Teil einer Initiationsschrift auftauchen. Für die Bamana wie für die Dogon enthüllen diese Zeichen den göttlichen Plan. Sie sind vordinglich, haben also schon vor den Dingen existiert, und offenbaren sich in ihrer Mythologie.

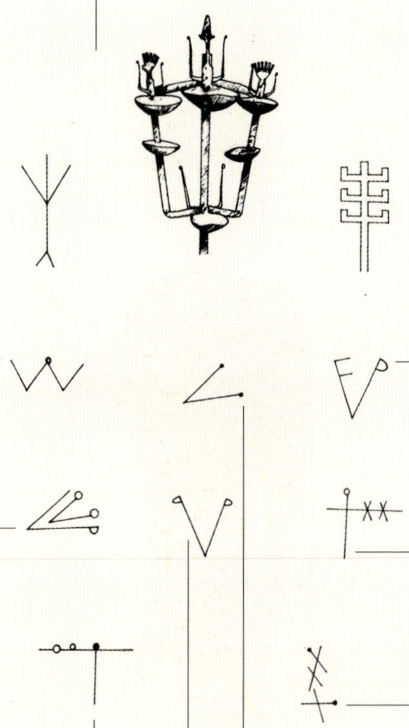

Das Zeichen »Sohn des Baumes« verweist auf den Wunsch nach Fruchtbarkeit, der mit dem frisch beschnittenen Jüngling in Beziehung gesetzt wird.

Das Symbol »Hüter der Wahrheit« kehrt bei wichtigen Versammlungen wieder.

Das Zeichen »Leichnam der Alten« findet bei der Bestattung einer besonders alten Greisin Verwendung.

Dieses Zeichen verweist auf die »Opfergabe«.

Das Zeichen für »himmlisches Feuer« bringen die Familienoberhäupter auf dem Hausaltar an, um Regen zu erbitten, bevor die Felder für die Aussaat vorbereitet werden.

Dieses Zeichen verweist auf die Zugehörigkeit zur Völkergruppe der Hausa.

Das Zeichen für »Wind« versinnbildlicht die Regungen der allen Dingen innewohnenden Seele.

»Deine beiden Hände« bezieht sich auf die Hände des Bauern und auf seine Hoffnung auf reiche Ernte.

▲ Lampe sowie Symbole der Schrift und Stoffe der Mande, die der Gestaltung der Metalllampen gleichen, Bamana (Mali), Abbildung aus: McNaughton 1988, Abb. 61.

»Ein jeder lerne, seine Last auf dem bloßen Kopf zu tragen, denn mancherorts gibt es noch nicht einmal Lumpen.«
(Sprichwort der Mossi, Burkina Faso)

Gurvölker

Völker
Mossi, Gurma, Bobo, Dogon, Senufo, Kulango, Lobi

Verbreitung
Westafrika: Burkina Faso; im Norden von Ghana, der Elfenbeinküste und von Togo und Benin

Geschichte
14. Jh.: Königreich Mamprusi
17.–18. Jh.: Aufstieg und Blüte der Mossi-Staaten

Verwandte Stichworte
Fulbe, Großreiche der Subsahara, Akephale Gesellschaften, Islam, Ackerbau

Die Gurvölker, auch Voltavölker, die rund 80 verschiedene sogenannte Gur-Sprachen sprechen, sind in Burkina Faso sowie im Norden Ghanas, der Elfenbeinküste, Togos und Benins ansässig. Zu ihnen gehören u. a. die Mossi, Gurma, Bobo, Dogon, Senufo, Kulango und Lobi. Die Gurvölker ähneln wirtschaftlich und kulturell in vielerlei Hinsicht den Mande-Völkern. Allerdings haben sie keine Großreiche erobert wie diese und zudem eine weitaus schwächere Durchdringung durch den Islam erfahren. Dafür kannten sie organisierte Gesellschaften, wie etwa die Mossi (auch Mosi), ein Reitervolk, das im 15./16. Jh. in die Gegend des Weißen Volta einwanderte und die alteingesessene Bevölkerung unterwarf. Ihr Anführer war der Gründerheld Naaba Ouédraogo (»Erdchef« und »Hengst«), Sohn einer Prinzessin des Königreichs Mamprusi, das gegen Ende des 14. Jh.s im Norden Ghanas errichtet worden war. Wie in anderen Gegenden Afrikas, waren die Herrscher ausländischer Herkunft und wurden im 18. Jh. islamisiert, während den »Autochthonen« nur die sakrale Macht über das Land blieb. Den nach Lokalitäts- und Verwandtschaftsprinzipien organisierten Gesellschaften wurde eine hierarchisch gegliederte, zentralistische Staatsform übergestülpt. Ab dem 17. Jh. errichteten die Mossi verschiedene Staaten, darunter Fada N'Gurma, Ouagadougou und Yatenga als die bedeutendsten, und erreichten ihre Blütezeit im 18. Jh. Ihr Machtverfall setzte mit dem Dschihad der Fulbe und dem Vorrücken der Franzosen im 19. Jh. ein.

► Familienaltar *doba*, Bobo (Burkina Faso).

Diese Holzfiguren bouthiba *werden auf Veranlassung von Priestern und Wahrsagern – meist nach einem Traum – angefertigt. Sie »empfangen« den Willen der Götter (*thila*), die höchstselbst die Formen vorgeben, die die Skulptur haben soll. Man wendet sich an sie, um den Grund für ein Unglück oder eine Krankheit herauszufinden – meist ein sträflicherweise unterlassenes Ritual – und um Abhilfe zu schaffen. Es sind dies Ahnenfiguren, die als Mittler zwischen den Menschen und den Göttern fungieren.*

Diese Figuren beschützen ihren Besitzer und können sich bei einem Trauerfall sogar die Last seiner Trauer aufbürden; in diesem Fall sind die Arme der Figur gehoben, um das Böse fernzuhalten. In anderen Fällen wirken sie gegen Zauberei oder helfen, eine Frau zu finden oder schwanger zu werden.

Die rund 180.000 Lobi sind in matrilinearen Klans organisiert und kennen keine zentrale Autorität; sie betreiben Feldbau (Hirse) und Viehzucht, die Tiere werden anlässlich von Eheschließungen getauscht oder als Opfergabe verwendet. Die Lobi sind als grausame Krieger berühmt und konnten sich sowohl gegen das Vordringen des Islam als auch gegen die Christianisierung erfolgreich zur Wehr setzen.

▲ Weibliche Figur *bouthiba*, Lobi (Burkina Faso), Paris, Musée des Arts d'Afrique et d'Océanie.

Die Holzmasken finden im Familien- und Klan-Kontext Verwendung und bilden den Gegenpart zu den Blättermasken, genau so, wie das Dorf den Widerpart zur Savanne und der Wettkampf den Widerpart zum Gruppenzusammenhalt bildet. Sie stellen verschiedene Tiere wie Antilope, Büffel, Affe, Krokodil oder Schmetterling dar.

Die rund 300.000 Bwa sind in Mali und Burkina Faso heimisch; sie kennen keine zentrale Autorität und leben in Dörfern, denen jeweils ein Ältestenrat vorsteht. Im 18. und 19. Jh. waren sie erst den Raubzügen der Bamana und der Fulbe ausgesetzt, dem folgte der Einmarsch der Franzosen.

Die Religion der Lobi gründet auf dem Kult der Klanahnen und von Do, dem Sohn des Schöpfergottes Difini, der sich von den Menschen abwandte, nachdem er von dem Stößel einer Hirse stampfenden Frau getroffen worden war. Die Figur von Do steht in enger Verbindung zu den Zeugungskräften der Natur und nimmt in den Fransenmasken sichtbare Gestalt an.

▲ Auftritt eines tanzenden Menschen mit einer Maske in Schmetterlingsform, Bwa (Burkina Faso).

Das Halbrund im oberen Abschnitt der Maske wird als »Mond der Masken« bezeichnet und gemahnt an die Zeit der Zeremonien.

Die hakenförmigen Vorsprünge verweisen auf das beschnittene männliche Glied sowie den Calao oder Nashornvogel, der bei den Praktiken der Wahrsager eine wichtige Rolle spielt.

Die als X ausgestalteten geometrischen Muster erinnern an den Narbenschmuck (Skarifikationen) auf der Stirn der Männer und Frauen der Bwa.

Diese Maske stellt einen Wasser- oder Luftgeist dar und tritt anlässlich von Bauern-, Bestattungs- oder Initiationsritualen und auch an Markttagen auf.

Die konzentrischen Kreise der Augen verweisen auf die Eule als Symbol der Zauberkräfte.

Sowohl das Loch des Mundes als auch die konzentrischen Kreise der Augen spielen auf die Wasserbrunnen an.

▲ Maske *mwantantay*,
Bwa (Burkina Faso),
London, Horniman Museum.

*Diese Maskenart mit einer Figur auf dem Scheitel der Gesichtsmaske und einem tafelförmigen, durchbrochenen Aufsatz findet sich auch bei den Dogon in Mali wieder (*satimbe- *und* sirige-*Masken): Ein Teil der Dogon wurde nach Nordwesten zum Kliff von Bandiagara vertrieben; diejenigen, die blieben, behielten trotz Assimilation ihren eigenen Maskentyp bei.*

Die weibliche Figur stellt eine Ahnin dar. Masken waren ein Privileg derjenigen Gruppen, die bei der Ankunft der neuen Herrscherdynastie schon in der Region ansässig waren.

▲ Maske *karan wemba*, Mossi (Burkina Faso), Seattle, Seattle Art Museum.

Die kpelye-*Masken repräsentieren das weibliche Schönheitsideal. Treten sie als Doppel während der Initiationsriten des* Poro-*Geheimbundes auf, dann verweisen sie auf die Erschaffung des Menschen.*

Die kpelye-*Masken werden von symbolischen Figuren überragt, welche auf die Angehörigkeit zu einer bestimmten sozialen Klasse verweisen. Der* Calao *oder* Nashornvogel *dieser Maske ist das Emblem der Schmiede.*

Die münzenförmigen Schmuckelemente zu beiden Seiten der Stirn sind Teil des Kopfputzes.

Die zwei herabhängenden, hauerartigen Stifte werden als Beine gedeutet.

Die rund 1 Mio. Menschen zählende Volksgruppe der Senufo *lebt über drei Länder verstreut: Elfenbeinküste, Mali und Burkina* Faso. *Die zentrale gesellschaftliche, politische, religiöse und erzieherische Instanz ist der* Poro-*Bund, dem nach Altersklassen gegliedert alle Senufo männlichen Geschlechts angehören. Die Frauen sind ihrerseits im Sandogo-Bund organisiert.*

▲ Maske *kpelye*,
Senufo (Elfenbeinküste),
Privatsammlung.

»Dreht sich die Erde, so drehst du dich mit ihr.«
(Sprichwort der Fulbe, Mali)

Fulbe

Verbreitung
Westafrika:
Guinea, Senegal, Mali, Burkina Faso, Niger, Nigeria, Kamerun

Geschichte
19. Jh.: Dschihad der Fulbe

Verwandte Stichworte
Nigerianische Völker, Islam, Viehzucht, Kunst am Körper

Die rund 6 Mio. Fulbe (auf Französisch *Peul*, auf Englisch *Fulani* genannt) sind heute teils nomadisierende Rinderhirten, teils sesshafte Feldbauern und leben von Senegal bis Kamerun über ganz Westafrika verstreut. Aufgrund ihres Erscheinungsbildes und ihrer »geheimnisvollen« Sprache haben die Europäer lange über ihre Herkunft gerätselt und diese wechselweise in Indien, Malaysia, Polynesien, Palästina, im alten Ägypten und in Äthiopien ausgemacht. Heute vermutet man, dass sie im 1. Jahrtausend aus der Sahara einwanderten, und rechnet das Ful zu den westatlantischen Klassensprachen. Die Fulbe, die heute nach wie vor mit ihren Herden umherziehen und ihre traditionelle Lebensweise beibehalten haben, breiteten sich auf friedliche Weise aus und leben friedfertig mit den eingesessenen Bevölkerungen zusammen, die sie im Tausch gegen landwirtschaftliche und handwerkliche Erzeugnisse mit Milchprodukten beliefern. Hochgeschätzt sind z. B. die von den Angehörigen der Mabube-Kaste gewebten *khasa*-Wolldecken. Andererseits errichteten die verstädterten und zum Islam konvertierten Fulbe unter Verfolgung einer Eroberungspolitik im 18. Jh. zentralisierte theokratische Staaten. Unter ihre Herrschaft gerieten insbesondere die Stadtstaaten der Hausa im heutigen Nigeria, die nach der Unterwerfung des Songhai-Reiches 1591 durch Marokko und der Verlegung der Karawanenrouten durch die Sahara nach Osten entstanden waren.

▼ Fulbe-Frau mit Vieh (Niger).

Der Besitz und die Herstellung vieler materieller Güter ist mit dem Nomadenleben unvereinbar, denn sie sind Ballast, der die Mobilität einschränkt; daher entfaltet sich künstlerischer Ausdruck vor allem im Wort (Lyrik) und in der äußeren Erscheinung des Einzelnen.

Der Kopfputz besteht aus Gold, Glasperlen und Bernstein.

Die großen Ohrgehänge sind aus gehämmertem Gold.

Kleidung, Schmuck und Frisur werden ständig gepflegt. Die Fulbe sind Aristokraten und lehnen manuelle Tätigkeiten ab. Darum lassen sie sich ihre ästhetischen Wünsche von den Kunsthandwerkern anderer Volksgruppen erfüllen.

Fingerringe sowie Arm- und Fußbänder (aus Gold, Kupfer oder Silber) geben Auskunft über das Alter und die soziale Stellung der Frau. Bei jeder Geburt eines Mädchens legt die Mutter einen Teil der Ringe ab und gibt sie an die Töchter weiter – um sie ihnen wieder vollständig abzunehmen, wenn ihre Älteste das Alter von zehn bis zwölf Jahren erreicht hat.

▲ Fulbe-Mädchen in traditioneller Tracht (Mali).

Die Fulbe (Bororo) schenken der Schönheit des Körpers große Bedeutung. Den Höhepunkt bildet das gerewol genannte Fest, zu dem die Hirten aller Klans in der Regenzeit zusammenkommen und die jungen Männer in Schönheitswettbewerben um die Gunst der jungen Frauen gegeneinander antanzen.

Der obligatorische Kopfputz ist mit einer Reihe Kaurischnecken und einer Straußenfeder geschmückt.

Eines der entscheidenden Schönheitsmerkmale sind die Augen, die ständig aufgerissen werden.

Das Gesicht ist bemalt und mit Butter eingecremt, damit es glänzt.

Die Lippen werden geschwärzt und an beiden Mundwinkeln schwarze linienförmige oder dreieckige Muster mit weißen Punkten aufgemalt, was das Weiß der Zähne verstärkt. Die Zähne sind ein Schlüsselmerkmal männlicher Schönheit und werden daher ständig in Verbindung mit einem ostentativen Lächeln gezeigt.

Die Gewänder werden von den Frauen mit geometrischen Mustern bestickt, die an Spinnen und Schlangen erinnern.

▲ Junger Fulbe-Mann mit bemaltem Gesicht (Niger).

»Selbst wenn der Vogel noch so klein ist, wird man ihn niemals als Ganzes hinunterschlucken können.« (Sprichwort der Ashanti, Ghana)

Akan

Zu den Akan, einer Gruppe von sprachlich verwandten Völkern in Westafrika (Ghana und Elfenbeinküste), zählen die Ashanti und Fante, die Baule, Abron, Agni und andere. Trotz ihrer Sprachverwandtschaft, der weit zurückreichenden Beziehungen und der Ähnlichkeit bestimmter Kunstformen (v.a. der Goldschmiedekunst) und Machtsymbole bestehen große Unterschiede insbesondere in der sozialen und politischen Organisation dieser Völker. Errichteten die Ashanti seit dem 17./18. Jh. eine hierarchisch gegliederte Monarchie, bildeten die Baule eine eher egalitäre und individualistische, auf der erweiterten Großfamilie basierende Gesellschaftsform aus. Im 19. Jh. bestanden im Ashanti-Reich zwei Machtsysteme nebeneinander: ein föderales System, das die Beziehungen zwischen dem Bundeskönig in Kumasi und den Oberhäuptern des Umlandes regelte, sowie eines, das die Beziehungen zu den unterworfenen Völkern betraf. Dieses stützte sich auf einen zentralisierten Verwaltungsapparat, der für die Tribute sowie den Einsatz der Arbeitskräfte in der Landwirtschaft und in den Goldminen zuständig war, in denen auch Sklaven eingesetzt wurden. Zur Blütezeit des Ashanti-Reiches im 18. Jh. wanderten die Baule aus dem Gebiet des heutigen Ghana in die Elfenbeinküste aus, wo sie sich mit den dortigen Bevölkerungen vermischten, von denen sie die Masken übernahmen (die Ashanti kennen keine Masken). Die historisch gewachsene Identität der Akan-Völker integriert islamische (ohne dass sie zum Islam konvertierten) und europäische Einflüsse

Völker
Ashanti, Fante, Baule, Abron (Brong), Agni

Verbreitung
Westafrika: Ghana und Elfenbeinküste

Geschichte
17.–18. Jh.: Aufstieg des Ashanti-Reiches
18. Jh.: Abwanderung der Baule von Ghana an die Elfenbeinküste
18.–19. Jh.: Ausdehnung des Ashanti-Reiches

Verwandte Stichworte
Mande, Jäger und Krieger, Islam, Ackerbau, Handel, Kumasi

◄ Asantehene Nama *Opuko Ware II.*, Bundeskönig der Ashanti (Ghana).

Da der Hocker einen Teil der geistigen Essenz seines Besitzers verkörpert, wird er sorgfältig behandelt und nie unbewacht gelassen. Nur der rechtmäßige Eigentümer darf sich auf den Hocker setzen. Wenn er stirbt, wird der Hocker mit ihm bestattet, oder er wird geschwärzt und erhält in den Händen der Nachkommenschaft seine neue Bestimmung als Ahnenaltar.

Die geometrischen Muster und figürlichen Motive der Hocker stellen Sprichwörter dar. Hier spielen sie auf den »Knoten der Weisheit« an, also darauf, dass Probleme durch gründliches Nachdenken gelöst werden müssen.

In den Hohlräumen der unteren Partie der Hocker wird häufig »Medizin« versteckt, die den Besitzer vor Unheil schützt.

Die aus einem Block geschnitzten (also nicht zusammengesetzten) Hocker der Ashanti sind Machtsymbole der Aristokraten und erinnern an den »Goldenen Schemel« des Bundeskönigs, der die gegenwärtige Einheit der Nation verkörpert.

▲ Hocker, Ashanti (Ghana), Privatsammlung.

Die Goldgewichte der Ashanti weisen entweder figürliche oder geometrische Formen auf. Häufig stellen sie Sprichwörter dar, die moralische Grundsätze und die sittliche Gestaltung des Lebens in der Gemeinschaft umschreiben. Die Gewichte aus Messing oder Bronze sind nach dem Wachsausschmelzverfahren hergestellt, das im 14./15. Jh. durch Mande-Händler aus den Savannen des Nordens eingeführt wurde.

In der Ikonografie der Goldgewichte kommen häufig Raubtiere vor, niemals Haustiere oder solche, die wie z. B. die Hyänen in der Nähe der Dörfer leben. Der Elefant versinnbildlicht die Macht des Königs.

Wegen seines Glanzes und seiner Unveränderlichkeit, aber auch wegen der Vorteile, die es in den Handelsbeziehungen zu den Europäern mit sich brachte, war Gold das Symbol des Königs der Ashanti und bildete seine Machtgrundlage. Gold wurde auch in der Schmiedekunst verwendet und mit der Gusstechnik des Wachsausschmelzverfahrens zu Objekten sowie zu Blattgold verarbeitet, mit dem Holzarbeiten beschlagen wurden.

▲ Goldgewicht,
Ashanti (Ghana),
Paris, Privatsammlung.

Doppelgesichtige Masken erinnern an die Hochzeit von Sonne und Mond oder an Zwillinge, die sich durch ihre Wesensgleichheit und – unterschiedlichkeit auszeichnen, was sich in der unterschiedlichen Gestaltung der Details wie Frisur oder Narbenschmuck niederschlägt.

Diese Masken treten als sogenannte Unterhaltungsmasken bei freudigen Anlässen auf. Die Geburt von Zwillingen wird als Glück verheißendes Ereignis angesehen.

Im Unterschied zu den Ashanti, die keine Masken kennen – vermutlich weil es keinen Initiationsritus für das männliche Geschlecht gibt (der häufig mit der Verwendung von Masken einhergeht) –, spielen die Masken bei den Baule eine wichtige Rolle.

Die Verwendung unterschiedlicher Farben – Rot und Schwarz – lässt sich als Hinweis darauf deuten, dass Zwillinge beiderlei Geschlechts dargestellt sind, wobei die Zuordnung von Farbe und Geschlecht meist nicht eindeutig ist. Die »rote« Hautfarbe wird als die schönere angesehen; Rot gilt als Symbol der Reinheit und der Tapferkeit.

▲ Maske,
Baule (Elfenbeinküste),
Genf, Musée Barbier-Müller.

Hervorgehoben werden zum einen der Kopf (als Sitz der Freiheit, der Intelligenz und des Scharfsinns), zum anderen die Geschlechtsmerkmale: bei weiblichen Figuren vorzugsweise die Brüste und das Gesäß, bei männlichen Figuren der Brustkorb und die Waden. Dies verweist nicht auf eine als rein körperlich begriffene Schönheit, sondern auf die Fruchtbarkeit der Frau und die Arbeitstauglichkeit des Mannes.

Die Baule, im Diesseits geboren, verlassen ihren Ehepartner im Jenseits und erregen damit seinen Groll und seine Eifersucht. Dieses komplizierte Beziehungsleben wird anhand von Figuren sichtbar gemacht. Die Zwistigkeiten mit den Ehemännern und – frauen in der anderen Welt offenbaren sich in Albträumen und Problemen des Sexuallebens wie Impotenz und Unfruchtbarkeit und sind die Ursache von Spannungen mit dem weltlichen Ehepartner.

Die Figuren dienen als Mittel, die verstimmten Ehepartner im Jenseits durch die Darreichung von Opfergaben zu besänftigen. Sowohl die Form der Statuen, die dem Schönheitskanon der Baule entsprechen, als auch ihr heitergelassener Ausdruck haben den Zweck, sich ihre Gunst zu sichern. Die Arbeit des Schnitzers richtet sich nach den Anweisungen des Wahrsagers, der die Wünsche des Geliebten aus dem Jenseits hinsichtlich der Gestaltung seines Konterfeis entgegennimmt.

▲ Sitzende männliche Figur, Baule (Elfenbeinküste), Seattle, Seattle Art Museum.

»Wenn die große Maske sich weigert, die kleine zu sehen, wird die kleine Maske sich weigern, die große zu sehen.« (Sprichwort der Yoruba, Nigeria)

Nigerianische Völker

Völker
Hausa, Fulbe, Igbo (Ibo), Yoruba

Verbreitung
Westafrika: Nigeria

Geschichte
6. Jh. v. Chr. – 5. Jh. n. Chr.: Nok-Kultur
9.–11. Jh.: Kultur von Igbo-Ukwu
5. Jh.: Beginn der Besiedlung von Ile-Ife
13.–14. Jh.: Blütezeit des Bronzegusses von Ile-Ife
17.–19. Jh.: Konsolidierung des Yoruba-Staates Oyo
19. Jh.: Kalifat von Sokoto

Verwandte Stichworte
Nigerianische Reiche, Afrikanische Religionen, Wassergeister, Zwillingskult, Donnergott Shango, Schelmgott Eshu, Islam, Christentum, Egungun-Masken, Ogboni-Kult, Literatur, Großstädte

Auf dem Gebiet des heutigen Nigeria leben mindestens 250 unterschiedliche Völkergruppen. Doch nur wenige machen insgesamt 80 Prozent der Bevölkerung aus: die muslimischen Hausa und Fulbe im Norden, die animistischen und christlichen Yoruba und Igbo (Ibo) im Südwesten und -osten. Dieser Unterschied zwischen dem muslimischen Norden und dem christlichen Süden ist nur einer der Gegensätze, die das heutige Nigeria prägen. Die Yoruba haben sich nie zu einer politischen Einheit zusammengefunden und eine Vielzahl verfeindeter Staaten und Stadtstaaten errichtet, die nur in der Mythologie – mit dem gemeinsamen Ursprung in der Stadt Ile-Ife – vereint waren. Der mächtigste unter den Yoruba-Staaten war Oyo, dessen militärische Stärke auf seiner Kavallerie aufbaute und der bis zum 19. Jh. das Gebiet vom mittleren Niger bis zur Küste unter seine Kontrolle bringen konnte, bevor er vor den vorrückenden Fulbe zurückweichen musste. Das Staatssystem gründete auf einer Mischung aus zentralisierten politischen Strukturen und dezentraler Verwaltung, Kron- und Handelsstädte bildeten eine Art Staatenbund. Im Unterschied dazu sind die Igbo, die im 17. und 18. Jh. sehr unter dem Sklavenhandel zu leiden hatten, in unabhängigen Dorfgemeinschaften organisiert, denen ein Ältestenrat vorsteht, sowie Vereinigungen, die Ehrentitel vergeben. Wie die Hausa und die Yoruba, sind die Igbo für ihren kaufmännischen Unternehmergeist berühmt. Die ältesten Zeugnisse der Kultur der Igbo fanden sich in Igbo-Ukwu: kunstvolle Bronzegüsse, die ins 9. Jh. datiert werden.

Die ersten Funde wurden 1928 in dem Dorf Nok in Zentralnigeria gemacht, namengebend für die Nok-Kultur am südlichen Rand der Savannenzone. Sie gehen auf die Zeit zwischen dem 6. Jh. v. Chr. und dem 5. Jh. n. Chr. zurück. Diese Kultur kannte den Eisenguss, eine Technik, die sie vermutlich eigenständig entwickelte.

Den Mittelpunkt der Figur bilden die großen dreieckigen, mit Löchern versehenen Augen, die durch die bogenförmigen Brauen und die Krümmung des Unterlids betont werden. Ebenfalls mit Löchern versehen sind bei diesem Figurentypus Ohren, Nase, Nabel und gelegentlich auch der Mund.

Charakteristisches Stilelement sind die runde oder die längliche, kegel- oder zylinderförmige Ausgestaltung des Kopfes sowie die kunstvolle Frisur.

Die Größe der Terrakottafiguren (hier: 58 cm) variiert erheblich zwischen nur einigen Zentimetern und bis zu fast lebensgroßen Darstellungen.

Einigen Experten zufolge lässt sich anhand der stilistischen und ikonografischen Merkmale eine Verbindung zwischen der alten Nok-Kultur und den heutigen Yoruba herstellen.

◄ Sitzende männliche Figur, Nok (Nigeria), Paris, Musée du Quai Branly.

▲ Sitzende weibliche Figur, Nok (Nigeria), Privatsammlung.

Während die Holzschnitzerei bei den Igbo ein Privileg der Männer ist, ist die Malerei (uli) Sache der Frauen: Sie bemalen den eigenen Körper sowie die Wände der Wohnhäuser und Heiligtümer.

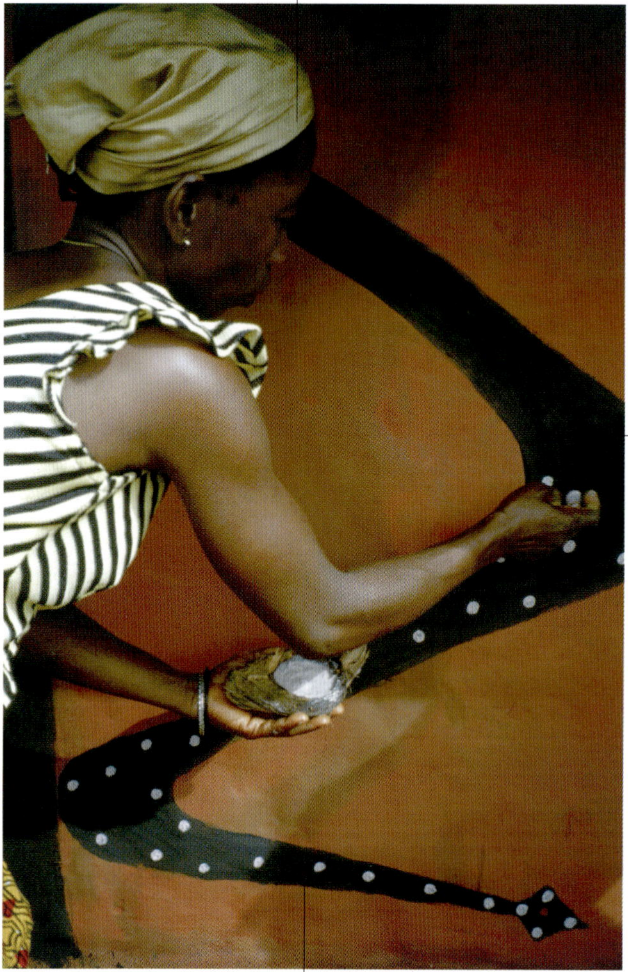

Die Malerei der Frauen zeichnet sich durch eine ganz eigene Ästhetik aus: Während die Männer eckige Formen für ihre Schnitzarbeiten bevorzugen, sind gebogene Linien für die Zeichnung der Frauen charakteristisch.

Die Pythonschlange, die aus den Tiefen der Erde emporkommt, steht für die Ahnen und stellt die Verbindung zwischen den beiden Welten her; so wird denn auch der Regenbogen, der Himmel und Erde vereint, »Python-im-Himmel« genannt. Zusammengerollt steht die Python für die zyklische Zeit mit dem Kreislauf der Wiedergeburten.

▲ Igbo-Frau beim Bemalen einer Hauswand (Nigeria).

Die Alusi sind Gottheiten, die auf die Naturelemente verweisen und in Menschengestalt dargestellt und mit allen Attributen einflussreicher Personen versehen (Frisur, Narbenschmuck, Geschmeide) werden.

Die Statuen der Igbo aus dem Zentrum und Norden Nigerias zeichnen sich durch einen maßvollen Realismus in den Proportionen und der Darstellung der einzelnen Körperpartien aus. Die für eine Frontalbetrachtung gedachten Figuren weisen eine symmetrische Anordnung auf, die Beine sind leicht gespreizt, die Arme vom Rumpf losgelöst. Der Körper ist füllig und rundlich, die Schultern und der Hals kräftig ausgestaltet.

Ein wiederkehrendes Stilelement sind die geöffneten, nach oben weisenden Hände als Zeichen der Aufrichtigkeit, der Bereitschaft, zu geben und zu nehmen, der Wechselbeziehung zwischen Menschen und Göttern.

Die Igbo stellen ihre Gottheiten nach demselben Grundmuster wie ein Familienverband dar; sie werden zwar einzeln angefertigt, anschließend jedoch in den Heiligtümern in Gruppen aufgestellt.

Vor allem im Kopfbereich sind die Details akkurat herausgearbeitet. Hände und Füße wurden absichtlich eher grob belassen.

▲ *Alusi*-Gottheit, Igbo (Nigeria), Privatsammlung.

Der Vogel, der die Schlange greift, verweist auf die Macht der »Mütter«, die sich dank ihrer geheimnisvollen Kräfte nachts in Vögel verwandeln können.

Die Messer zu beiden Seiten der Maske verweisen einerseits auf die Beherztheit und Angriffslust der Jäger und Krieger, andererseits auf Ogun, den Gott des Eisens. Die ledernen Scheiden zeugen vom Einfluss der Hausa und unterstreichen die Bedeutung der islamischen Milizen, die einst im Dienst der Yoruba-Staaten standen.

Die Maske wird wie eine Kopfbedeckung getragen, an die das Kostüm gehängt wird, welche das Gesicht des Trägers verdeckt.

Die oro efe baba ako *genannten Masken werden anlässlich des* gelede-*Rituals getragen, mit dem der »Mutter« in ihrer Eigenschaft als »Weltherrin« gehuldigt wird, damit sie ihre Kräfte in fruchtbarer und nicht in zerstörerischer Weise einsetzt. Mit ihrer Billigung werden eine rituelle Neuordnung des Kosmos vorgenommen und zugleich unsoziale Verhaltensweisen angeprangert.*

▲ Maske *oro efe baba* ako, Yoruba (Nigeria), Seattle, Seattle Art Museum.

Der Zierrat an den Fassaden der Häuser in Städten wie Kano, Zaria oder Zinder (Niger) ist von der arabischen Schrift und grafischen Motiven arabischer Herkunft inspiriert und kommt ebenfalls in Stickereien vor. Er ist das Ergebnis des Zusammenwirkens der Sonderwünsche der Fulbe-Oberschicht und der Kunstfertigkeit der Hausa-Erbauer.

Die um die Türen und Fenster angeordneten Verzierungen schützen das Wohnhaus mit ihrer magischen Kraft.

Das abstrakte geometrische Muster bekommt zuweilen etwas Figürliches: Die Tür wird zum Mund, die Eckzinnen zu Ohren usw.

Einige Schritte dieser Dekorationstechnik: Modellieren des frischen Putzes mit den Händen; Einritzen der Verzierung in den Putz; Aufmalen der Verzierung auf der Wandfläche.

▲ Fassade eines Stadthauses in Kano, Hausa (Nord-Nigeria).

»Der Leuchtkäfer ist so schnell, dass er an seinem Bau vorbeifliegt.« (Sprichwort der Kongo, Demokratische Republik Kongo)

Kongo

Völker
Vili, Woyo, Bembe, Yombe

Verbreitung
Zentralafrika: Demokratische Republik Kongo

Geschichte
13. Jh.: Einwanderung der Kongo
1482: Landung der Portugiesen
1491: Bekehrung des Königs Nzinga a Nkuwu zum Christentum
16. Jh. (bis 1541): Herrschaft von König Nzinga a Mpangu (Alfons I.)
18. Jh.: Verfall des Kongo-Reiches

Verwandte Stichworte
Kolonialära, Christentum, Handel

Die Völkergruppe der heute rund 3 Mio. Kongo wanderte im 13. Jh. von Nordosten in ihr heutiges Siedlungsgebiet, das Mündungsgebiet des Kongo, ein und unterteilte sich in zahlreiche Untergruppen: Vili, Woyo, Bembe, Yombe u.v.m. Von hier aus errichteten die Kongo im 14. Jh. ein Reich, das die Region Cabinda und den Nordwesten Angolas einschloss und zu der Zeit, als die Portugiesen an der Küste landeten (1482), wohl das mächtigste Reich in Zentralafrika war. Obwohl König Nzinga a Nkuwu 1491 das Christentum annahm und sich in Johannes I. umbenannte, blieb die Bevölkerung dem traditionellen Glauben verhaftet, verleibte sich aber auch die christliche Ikonografie ein. Im 16. Jh. expandierte das Kongo-Reich unter Alfons I., der eine gewisse Berühmtheit erlangte, u. a. weil er diplomatische Missionen nach Europa und Brasilien schickte. Er trieb die Zentralisierung der Macht weiter voran und beschnitt das Vorrecht der Aristokratie, den König zu wählen. Das Kongo-Reich erlebte seine Blütezeit zu Beginn des 17. Jh.s, zerfiel dann aber bald infolge von Nachfolgestreitigkeiten, Sklavenhandel und Angriffen von angolanischem Gebiet, die man mit portugiesischer Hilfe abzuwehren versuchte. Im 18. Jh. bestand die kulturelle Einheit zwar weiter, doch schritt die politische Zersplitterung fort. 1885 wurde das einstige Reich portugiesische Kolonie.

► Ansicht des Kongo (Demokratische Republik Kongo).

Das Grundgewebe wurde aus den Blattfasern der Raphiapalme hergestellt und anschließend von den Frauen bestickt.

Die Muster dieser Raphiaplüsche sind meist einfarbig (in Naturfarbe belassen); bevorzugt wird eine symmetrische Anordnung der geometrischen Ornamente in Rautenform.

Das Design und die Textiltradition der Bakongo hatten Vorbildwirkung auch für die Textiltradition der weiter im Landesinneren lebenden Bakuba (eine Untergruppe der Shoowa, die diesen Stoffen ihren Namen gaben), die zwischen dem 18. und 19. Jh. ihre Blütezeit erlebte.

Diese Stoffe galten bei den Kongo als Prestigeobjekte und fanden in den Haushalten der Angehörigen der Oberschicht Verwendung.

Vermutlich wirkten sich europäische Einflüsse auf die Stickornamentik der Kongo aus (Motivik der Wappenbilder und der Priestergewänder), die eine alte Textiltradition besaßen, wie die frühesten Zeugnisse aus dem Jahr 1508 belegen. In einem europäischen Bericht aus dem Jahr 1611 wurde die jährliche Textilproduktion der Stadt Loango auf 12.000 bis 15.000 hochwertige Textilien und auf 40.000 bis 50.000 Textilien mittlerer Qualität geschätzt.

▲ Bestickter Raphiaplüsch, Kongo (Demokratische Republik Kongo), 16. Jh., Rom, Museo Nazionale Etnografico Luigi Pigorini.

Die senkrechte Achse stellt die Verbindung zwischen der Welt der Lebenden und der der Toten dar. Diese sind wiederum durch die waagerechte Linie der Gewässer geteilt, in denen die Sonne untergeht, um in der anderen Welt wieder aufzugehen, und aus denen die Ahnen als Neugeborene wiederkehren.

Der höchste Punkt verweist auf die Sonne im Zenit, auf das Reich Gottes, auf das männliche Element sowie auf den König, der auf der höchsten Anhöhe des Königreiches wohnt und daher als der vitalste Mensch auf Erden gilt. Darüber hinaus stellt der Punkt auch den Höhepunkt im Leben eines Menschen dar.

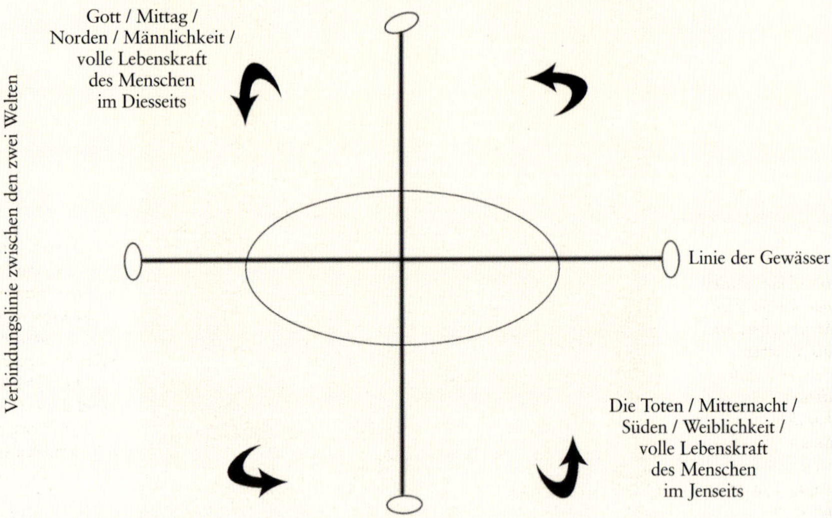

Kreuze wurden auf ähnliche Weise verwendet wie die herkömmlichen »Fetische« (nkisi) *und hatten den Zweck, Unheil abzuwehren und Heilung herbeizuführen.*

Der tiefste Punkt des Kreuzes verweist auf Mitternacht, auf das weibliche Element, auf die volle Lebenskraft im jenseitigen Leben und auf den Gipfel des Ahnenberges.

Die Kongo hatten keine Probleme, das christliche Kreuz zu übernehmen, auch ohne das Christentum anzunehmen. Denn das Kreuzzeichen war Bestandteil ihrer eigenen Tradition und symbolisierte die zyklische Bewegung der Sonne von Ost nach West mit ihren vier Hauptstellungen.

▲ *Bidimbu* (Kosmogramm) der Kongo (Demokratische Republik Kongo), Abbildung nach: Thompson 1974, S. 109.

Der vermutlich im 16. Jh. entstandene Figurentyp der Grabfigur steht, um ihr Andenken zu wahren, auf den Gräbern jener Verstorbenen, die sich zu Lebzeiten besonders ausgezeichnet haben.

In Afrika südlich der Sahara wird Stein nur selten als Material verwendet; in diesem Fall handelt es sich um Steatit (Speckstein), der recht weich und daher leicht zu bearbeiten ist.

Darstellungen, bei denen der aufgestützte Kopf leicht geneigt ist, wurden als »Denker« gedeutet: Ein Oberhaupt sinnt darüber nach, wie er für das Wohlergehen seines Volkes sorgen kann. Nach anderer Auslegung drückt die Pose Trauer aus, die mit dem Verlust eines Menschen einhergeht.

Grabfiguren können die unterschiedlichsten Posen aufweisen: Arme, die zum Mund gestreckt sind, verweisen auf den Schmerz und die Wehklage; Arme, die um den Körper gelegt sind, drücken Einsamkeit aus; Arme, die vor der Brust gefaltet sind, symbolisieren die Eiseskälte des Schweigens. Allerdings lassen sich die Bedeutungen nicht mehr eindeutig klären, sobald die Figuren aus ihrem ursprünglichen Kontext herausgelöst sind.

▲ Grabfigur *ntandi* (*fumani*), Kongo (Demokratische Republik Kongo), Tervuren, Musée royal de l'Afrique centrale.

Weiße Farbe wird auch bei jenen Initiationsritualen verwendet, bei denen die jungen Männer symbolisch sterben, um als Erwachsene wiedergeboren zu werden. Die Toten und die Kinder kommen gleichermaßen aus der anderen Welt und sind »weiß« (nebenbei bemerkt haben Neugeborene in der Tat eine sehr helle Haut).

Diese Maske mit vermutlich eher weiblichen Gesichtszügen setzte sich der nganga *(Priester) der Kongo auf, um ins Jenseits zu gelangen und sich auf diese Weise die Kraft der Ahnen zunutze zu machen.*

Die Farbe Weiß wird mit den Toten assoziiert. Sie erscheint sowohl auf den Gedenkfiguren, die auf Gräbern stehen, als auch auf den Masken, die bei Begräbnissen gezeigt werden.

Als die Portugiesen an den Küsten des alten Königreichs Kongo landeten, hielt man sie wegen ihrer Hautfarbe zunächst nicht für Ausländer, sondern für Tote, die wieder ins irdische Leben zurückgekehrt waren, also für Ahnen: Wie die Toten kamen sie vom Meer, sprachen eine unverständliche Sprache, verfügten über überlegene Kräfte und waren weiß.

▲ Gesichtsmaske, Kongo (Yombe; Demokratische Republik Kongo), Tervuren, Musée royal de l'Afrique centrale.

»Die Spiralwindungen eines Körbchens beginnen stets mit einem Knoten.« (Sprichwort der Chokwe, Angola)

Chokwe

Den mündlich tradierten Erzählungen zufolge entstand das Reich der Chokwe als Folge der Hochzeit von Lueji und Chibinda Ilunga, dem Sohn des Königs der Luba. Die darauf folgenden Auseinandersetzungen hatten die Diaspora von Teilen der Oberschicht zur Folge, die gegen Ende des 15. Jh.s das Lunda-Reich im Südosten der heutigen Demokratischen Republik Kongo verließen und nach Angola abwanderten. Hier unterwarfen sie die eingesessene Bevölkerung, errichteten sogenannte *Chefferies* mit einem König an der Spitze und machten sich die Sitten und Gebräuche der Einheimischen zu eigen. Dennoch blieben die Unterschiede zwischen den Nachkommen der Eroberer und denen der Eroberten bestehen. Im 17./18. Jh. befand sich das Reich der Chokwe im unmittelbaren Einflussbereich des Reiches der Lunda. Es konnte seine Machtposition aber im 19. Jh. durch den Handel mit Elfenbein und Kautschuk wieder stärken. Die Herrschaft der Chokwe war aber nur von kurzer Dauer: Es folgte der rapide Niedergang, zumal unter dem Druck der portugiesischen Kolonisierung.

Verbreitung
Zentralafrika, Angola

Geschichte
15. Jh.: Diaspora von Teilen der Oberschicht vom Volk der Lunda und Begründung des Reiches der Chokwe
19. Jh.: Beteiligung der Chokwe am Transatlantikhandel

Verwandte Stichworte
Luba und Lunda, Jäger und Krieger, Handel, Traditionelle Musik

◀ Weibliche Figur, Chokwe (Angola), Privatsammlung.

In der Ikonografie der Chokwe ist die Figur des Luba-Prinzen Chibinda Ilunga ein wiederkehrendes Motiv. Der Kulturheros und Gründer des um 1600 entstandenen Lunda-Reiches, vom dem sich auch die Chokwe-Herrscher herleiten, erscheint hier als derjenige, der den Chokwe das Jagen und den Gebrauch der Magie beibrachte, der das Prinzip des sakralen Königtums und eine größere Kultiviertheit in das höfische Leben einführte.

Obwohl Chibinda Ilunga kein Chokwe war, trägt er in Darstellungen den königlichen Kopfputz des Herrn der Chokwe (mwanangana).

An dem Riemen über der Brust (mukata) *hängt für gewöhnlich das Säckchen mit den Zaubermitteln.*

Die großen Hände spielen auf die große Kraft des Heroen an. In der Rechten hält er den Herrscherstab als traditionelles Machtsymbol (cisokolu).

In der Linken hält Chibinda Ilunga ein Steinschlossgewehr; diese Art Waffen wurden Ende des 18. Jh.s in Angola eingeführt.

▲ Figur des »Kulturheros« Chibinda Ilunga, Chokwe (Angola), 19. Jh., Berlin, Staatliche Museen zu Berlin, Ethnologisches Museum.

Zu den neuen Sitten, die Chibinda Ilunga einführte, zählte das würdevolle Einherschreiten des Königs: Durch langsames Anheben der Füße imitierte er den Gang der Schildkröte, die sowohl bei den Luba als auch bei den Lunda ein heiliges Tier ist. Die großen Füße verweisen auf die Kraft des Jägers, der ständig unterwegs ist und sich bewähren muss.

Die Masken des Cihongo-Tanzes stellen den Geist des Überflusses, ein Greis mit langem Bart, dar; früher wurde mithilfe dieser Masken vermutlich der Tribut in den Dörfern eingetrieben.

Darstellung einer Szene aus dem mungonge-*Initiationsritual mit drei Greisen, die heimlich herangeschlichen kommen, um die Initianden zu erschrecken.*

In der zweiten Reihe sind Trommler (mukhundu) *dargestellt.*

Diese Trommler sind mit Schwertern bewaffnet (mukupela).

Die Füße dieses Stuhles symbolisieren die Unterstützung, die die Ahnen dem Herrscher zuteilwerden lassen.

Diese Figuren und Gegenstände verweisen auf rituelle Anlässe und Alltagsszenen: Masken, Trommler, Älteste bei einem Initiationsritual, Jäger beim Jagen von Affen, Frauen mit Kind, Pfeife rauchende Männer.

Die herrschaftlichen Stühle greifen die Formsprache der portugiesischen Stühle auf (die ersten Kontakte zu den Europäern gehen auf das 17. Jh. zurück) und verändern sie durch das Hinzufügen geschnitzter Figuren zwischen den Füßen und an der Lehne im charakteristischen Chokwe-Stil; gerade diese Verbindung einheimischer und fremdländischer Elemente lässt die Objekte zu einem der wichtigsten Symbole königlicher Macht werden.

▲ Stuhl, Chokwe (Angola), 19. oder frühes 20. Jh., Berlin, Staatliche Museen zu Berlin, Ethnologisches Museum.

Die Jäger und Krieger benutzten diese Pfeife, um sich untereinander zu verständigen oder Feinde zu erschrecken.

Unter formalen Gesichtspunkten lassen sich drei Pfeifentypen unterscheiden: solche, die gar keine figürlichen Formen aufweisen; solche, die mit Gesichtern versehen sind und Masken darstellen; und schließlich solche mit einer kleinen Figur an der Spitze des Instruments.

Der Ton wird durch den unterschiedlichen Druck der Finger auf die seitlichen Löcher moduliert.

Das untere Ende der Pfeife mit dem großen Loch bildet das Mundstück.

▲ Pfeife, Chokwe (Angola),
Paris, Musée du Quai Branly.

»Das Fell des Leoparden ist schön, doch er hat ein niederträchtiges Herz.« (Sprichwort der Luba, Demokratische Republik Kongo)

Luba und Lunda

Das Kerngebiet des Luba-Reiches war der südliche Teil der Savannenzone im Osten des Kongos. Das Reich erlebte seine Blüte im 17. Jh., danach setzte sein allmählicher Verfall ein, bedingt durch die Kriege mit den Chokwe einerseits und die fatalen Auswirkungen, die der arabische Sklavenhandel für die gesamte Region hatte, andererseits. Die sakrale Machtstellung des Königs hatte ein Gegengewicht in einer Reihe von Institutionen, darunter der Bambudye-Gesellschaft, die für die Wahrung des Gedächtnisses des Reiches zuständig war und aufgrund ihrer Auslegung geschichtlicher Ereignisse die Entscheidungen des Königs beeinflussen konnte. Die Kultur des Luba-Reiches strahlte auf viele andere Volksgruppen wie die Kusu, Songye, Chokwe oder die Lunda aus. Die große kulturelle Ausstrahlung konnte in der Tat den Eindruck erwecken, dass es sich um ein Reich im politischen Sinne handelte, was aber nicht der Fall war. Der mündlich tradierten Mythologie zufolge geht die Verbindung zwischen den Luba und den Lunda auf die Hochzeit zwischen Chibinda Ilunga, dem Sohn des ersten Luba-Königs, und Lueji, der Tochter eines Lunda-Herrschers, zurück. Die Auseinandersetzungen, die diese Ehe auslöste, hatten eine Machtausdehnung der Lunda zur Folge.

◄ Pfeilhalter, Luba (Demokratische Republik Kongo), Tervuren, Musée royal de l'Afrique centrale.

Verbreitung
Zentralafrika: Demokratische Republik Kongo

Geschichte
16. Jh.: Beginn der Ausdehnung des Luba-Reiches
17. Jh.: Blütezeit des Luba-Reiches
1870: Tod des Königs Ilunga Kabale und Beginn des Niedergangs des Luba-Reiches

Verwandte Stichworte
Chokwe, Männlich und Weiblich, Sklaverei

Die sogenannte Kaskaden-Frisur war im ausgehenden 19. Jh. und zu Beginn des 20. Jh.s im Land der Luba sehr in Mode. Die fächerförmigen Frisuren mit kaskadenartig den Kopf umwindenden Zöpfen wurden mit einem besonderen Gestänge gestützt und mit Haarnadeln verziert. Sie verweisen symbolisch auf den heiligen Amboss, der für die Macht des Luba-Königtums steht.

Frisuren dieser Art waren sehr aufwendig – an die 50 Stunden Arbeit –, was denn auch die Notwendigkeit der Kopfstütze erklärt, um sie nicht zu beschädigen.

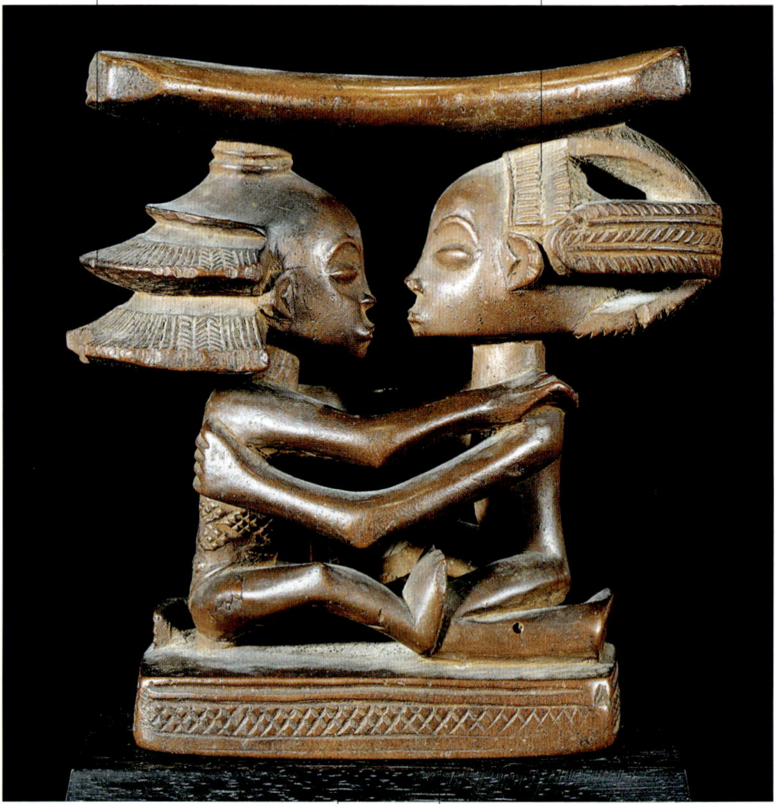

Die Frisuren wurden nicht nur um der Schönheit willen getragen, sie sagten auch etwas über die berufliche und gesellschaftliche Stellung aus.
gesellschaftliche Stellung aus.

Aufgrund ihres charakteristischen Stils wurde diese Kopfstütze einem Künstler des 19. Jh.s zugeordnet, der als der »Meister der Kaskaden-Frisur« bezeichnet wird; kennzeichnendes Element ist in der Tat die mikanda*-Frisur (»Kaskade« oder »Stufen«).*

▲ Kopfstütze,
Luba (Demokratische Republik Kongo),
Paris, Musée du Quai Branly.

Die Unterstützung, die Ahnen ihren Nachkommen zuteilwerden lassen, wird durch die Karyatide versinnbildlicht, die mit Kopf und Händen die Sitzfläche und folglich den darauf sitzenden Fürsten trägt.

Der Ausdruck des Gesichts strahlt Würde und Versunkenheit aus: Augen und Mund sind halb geschlossen, das Verhältnis von Kopf und Frisur ist ausgeglichen.

Bauch und Brüste verweisen auf die Fruchtbarkeit. Hier wird die zentrale symbolische Bedeutung des Bauches durch das Muster des Narbenschmucks zusätzlich betont.

Bei den Würdezeichen der Luba-Könige kommen weibliche Figuren als Motiv am häufigsten vor. Vermutlich stellen sie die Töchter und Schwestern des Königs dar, die kleineren Häuptlingen zur Ehefrau gegeben werden, um politische Bündnisse zu festigen. Bei Frauendarstellungen liegt das Augenmerk auf den gerundeten Formen, auf Symmetrie und Ausgeglichenheit sowie Glätte und Sauberkeit der Oberfläche.

▲ Stuhl mit kniender Trägerfigur, Luba (Demokratische Republik Kongo), Privatsammlung.

Diese sogenannten Erinnerungsbretter stellen visuelle Gedächtnishilfen für den Spezialisten des Mbdye-Bundes dar, an den sich Könige und Würdenträger wenden, um Auskünfte über die Mythologie und die komplizierten Rituale einzuholen, die das höfische Leben regeln.

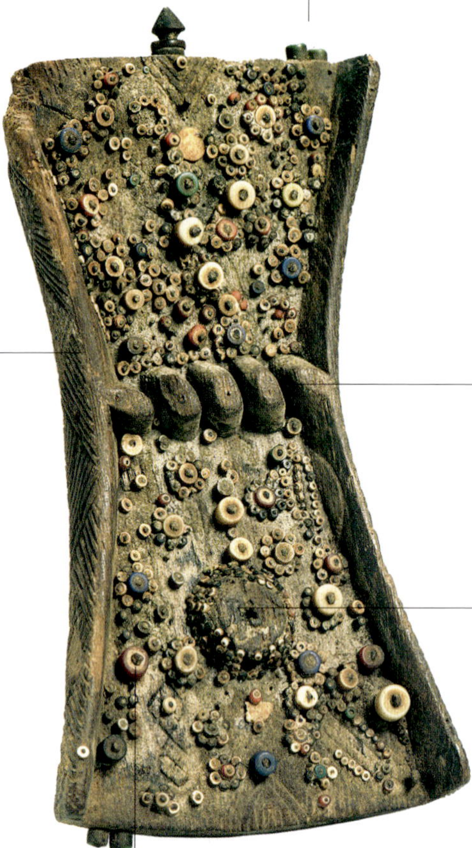

Die Erhebung in der Mitte, die das Brett in zwei Hälften teilt, stellt die »Schwelle« bei Initiationsritualen dar, über die der Initiand treten muss.

Die rechteckige Form des Brettes erinnert an den Königshof, den menschlichen Körper und die Schildkröte als königliches Würdezeichen..

Die große runde Erhebung in der unteren Hälfte des Brettes stellt die Hauptstadt des Königreiches dar.

Die über die gesamte Fläche des Brettes befestigten, in Größe und Farbe unterschiedlichen Perlen und Muscheln verweisen auf die wichtigsten Orte und Protagonisten der Geschichte und geben so die Schauplätze und Personen der Erzählung wieder, mit der die Zwistigkeiten und Spannungen innerhalb des Reiches der Luba rekonstruiert und dargelegt werden.

▲ Erinnerungsbrett *lukasa*, Luba (Demokratische Republik Kongo), Privatsammlung.

Musumba, die Hauptstadt des Lunda-Reiches, war über einem Grundriss errichtet, der die Umrisse einer Schildkröte aufweist. Sowohl die Körper von Tieren als auch der menschliche Körper eigneten sich als Form für eine integrierende, hierarchische Anordnung der verschiedenen Klan-Gruppen und stellten zugleich die Rollenunterschiede und die organische Einheit des Gesamtkomplexes heraus.

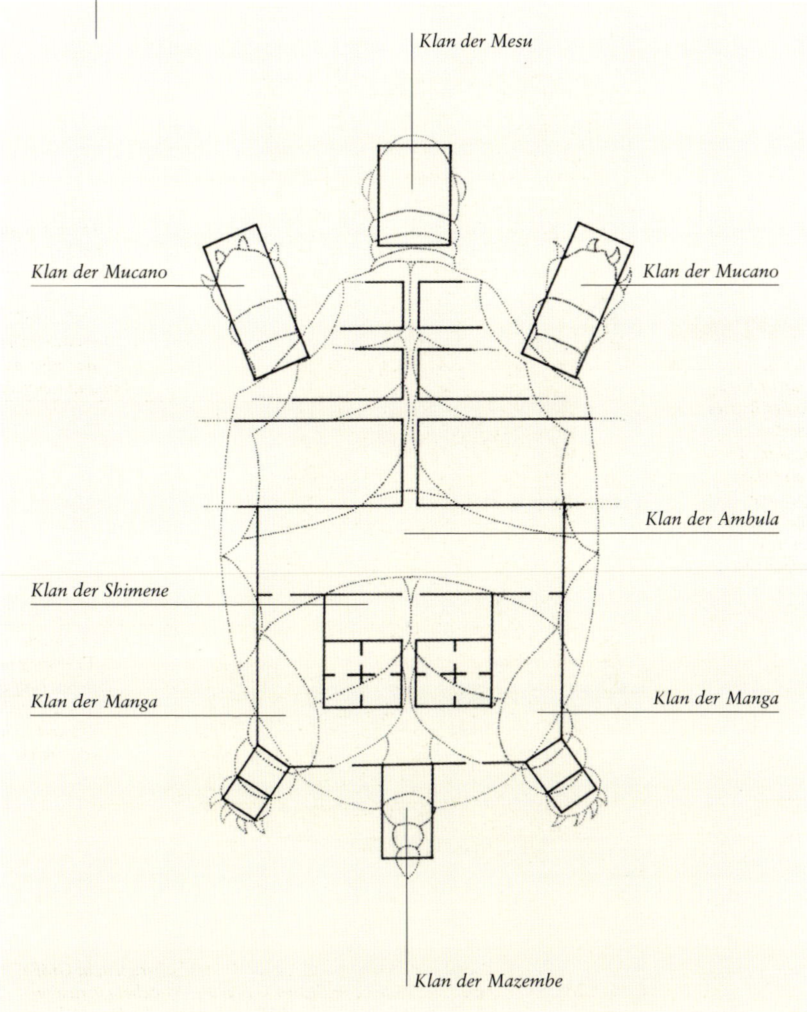

▲ Grundriss der Hofgebäude der alten Hauptstadt des Lunda-Reiches, mit der Anordnung der bedeutendsten Klane, Abbildung aus: Guidoni 1976, S. 302.

»Kein Tier, auch wenn es noch so groß ist, kann größer sein als der Elefant.« (Sprichwort der Kuba, Demokratische Republik Kongo)

Kuba

Verbreitung
Zentralafrika: Demokratische Republik Kongo

Geschichte
17. Jh.: Bushongo-Dynastie
1650: Thronbesteigung des Shyaam aMbul aNgoong
1750: Blütezeit des Königreichs der Kuba
1870–90: Elfenbeinhandel mit Angola
Ende 19. Jh.: Eroberung des Königreichs der Kuba durch das Volk der Nsapo

Verwandte Stichworte
Luba und Lunda, Weberei und Kleidung

Der mündlichen Überlieferung zufolge brachen die Kuba eines Tages von der kongolesischen Atlantikküste auf und ließen sich nach einer längeren Wanderungszeit mit Booten im Kasai nieder. Die Gesellschaft der Kuba ist sehr stark hierarchisiert. Der Name Kuba bezeichnet keine homogene Volksgruppe, sondern rund 20 verschiedene Ethnien. Sie erhielten diesen Namen von den benachbarten Luba und den Europäern. Sie selbst nannten sich »Volk des Königs«. Eine entscheidende Wende in der Geschichte des Königtums trat um das Jahr 1650 ein, als der Anführer einer Bande von Abenteurern namens Shyaam aMbul aNgoong von Westen her einfiel, den Thron an sich riss und die amerikanischen Kulturpflanzen Mais, Erdnuss und Tabak einführte. Er begründete damit die Bushongo-Dynastie. Im Übrigen waren die Zentralgewalt schwach, die lokale Autonomie groß, die Aufstände zahlreich; dem König war ein Rat zur Seite gestellt, in dem die verschiedenen Territorialeinheiten des Reiches vertreten waren. Man nahm an, dass der Souverän *(nyim)* göttlichen Ursprungs war und die Macht besaß (verliehen von den Ahnen und durch Magie), das Wetter, die Fruchtbarkeit der Felder und die Geburten zu beeinflussen. Seine größte territoriale Ausdehnung erreichte das Königreich um 1750. Es konnte aber auch noch im 19. Jh. seinen Reichtum vergrößern, insbesondere zwischen 1870 und 1890, als es zu Angolas wichtigstem Elfenbeinlieferanten aufstieg.

► König Kok Mabiintsh III., Kuba (Demokratische Republik Kongo).

Der Darstellungstypus der Herrscherfigur diente nicht nur der Erinnerung an den verstorbenen König: Da sein Geist durch sie wirkte, gewährleistete sie die Übertragung der Macht an den Nachfolger. Möglicherweise dienten diese Figuren auch als Orakelgerät, mit dem die Schwangerschaften der Ehefrauen des Königs vorhergesagt werden konnten.

Der quadratische Sockel greift die schirmmützenartige Form der Frisur wieder auf, die charakteristisch ist für die Könige aus der Dynastie der Bushongo, der herrschenden Schicht der Kuba-Völker.

Den Statuen der Kuba-Könige liegt ein einheitliches Gestaltungsschema zugrunde: Im Schneidersitz ruht eine Hand auf dem Knie, die andere hält ein Schwert mit nach hinten weisender Klinge. An zentraler Stelle des Sockels prangt ein Herrschaftssymbol, das individuell verschieden ist und daher auf die Identität des dargestellten Königs schließen lässt.

▲ Herrscherfigur *ndop*, Kuba (Demokratische Republik Kongo), 17. Jh., London, Museum of Mankind.

Das Würdezeichen von König Shyaam aMbul aNgoong, Händler und Medizinmann, der im 17. Jh. die Bushongo-Dynastie begründete, ist das Mancala, *ein in Afrika sehr weit verbreitetes Spiel für zwei Spieler: 48 Samen, Nüsse oder Steine werden auf zwei Reihen à sechs Mulden verteilt. Gewonnen hat derjenige, der alle Steinchen auf seine Seite gebracht hat.*

Die mwashamboy-*Maske wird mit Woot, einem mythischen Ahnen und Begründer der Königsdynastie der Bushongo, in Beziehung gesetzt und bei verschiedenen Ritualen sowie der Beisetzung des Königs gezeigt.*

Auf der Unterlage aus Raphiastoff werden ein Tierfell und viele Reihen Perlen und Kaurischnecken so aufgenäht, dass ein Gesicht mit breitem Kiefer entsteht.

Da es keine Augenlöcher für den Maskenträger gibt, tanzt die Maske mit feierlicher Langsamkeit.

Die mwashamboy-*Maske ist die bedeutendste unter den Königsmasken der Bushongo. Sie stellt einen gefährlichen Geist* (ngesh) *dar und kommt zum Einsatz, um die gesellschaftliche Ordnung zu erhalten. Da sie mit ungeheuren Kräften »aufgeladen« ist, die denjenigen blind machen, der die Maske trägt, setzt sie der König nicht selbst auf, sondern jemand aus seinem engsten Umkreis. Und er sucht das Weite (indem er vorgibt, auf Reisen zu sein), wenn sie sich zeigt.*

▲ Maske *mwashamboy*, Kuba (Demokratische Republik Kongo), Privatsammlung.

Der mündlichen Überlieferung zufolge stellt die Maske mit ihrer breiten, gewölbten Stirn einen Waldgeist (ngesh), *einen Pygmäen oder einen Fürsten mit Wasserkopf dar. Manchmal wird sie auch als der Bruder des mythischen Ahnen Woot angesehen. Die »Schädeldecke« ist aus Wildkatzen- oder Affenfell.*

Das Perlenband, das die Augen verdeckt, verstärkt die Wirkung als »blinde Maske« noch, obwohl der Tänzer durch die Öffnungen für die Nasenlöcher sehen kann.

Die hölzernen Teile der Maske (Stirn, Wangen, Mund) sind mit Blech beschlagen und mit Perlen und Kaurischnecken verziert. Alle Bestandteile der Maske weisen auf den Reichtum und die Macht des Königs hin.

Der vom Kinn herabhängende Streifen aus Tierleder stellt den Bart des Königs dar.

▲ Maske *bwoom* (auch *mboom*), Kuba (Demokratische Republik Kongo), Tervuren, Musée royal de l'Afrique centrale.

»Eine Schlange kann nicht im eigenen Namen fliehen.«
(Sprichwort der Zande, Demokratische Republik Kongo)

Zande

Verbreitung
Zentralafrika: Demokratische Republik Kongo

Geschichte
18. Jh.: Besiedelung des Uele-Tals durch die Zande

Verwandte Stichworte
Mangbetu, Jäger und Krieger, Ackerbau

In der 2. Hälfte des 18. Jh.s eroberten die Zande das Gebiet des Flusses Uele im Norden der heutigen Demokratischen Republik Kongo und unterwarfen die lokale Bevölkerung. Die Zande fügten zwar Dutzende von Völkern zu einer Einheit zusammen, unterlagen aber auch selbst den kulturellen Einflüssen anderer: Sie übernahmen den Feldbau und gaben im Laufe des 19. Jh.s das Jagen auf. Dennoch konnte diese wechselseitige Durchdringung die Unterschiede zwischen Eroberern und Eroberten, der aristokratischen Herrscherschicht und dem gemeinen Volk, nicht aufheben. Ein weiterer bedeutender sozialer Unterschied bestand zwischen Freien und Sklaven (Kriegsgefangenen, Flüchtlingen ohne Familienangehörige zum Tode Verurteilten, die begnadigt worden waren). Insbesondere zwischen Zande und Mangbetu scheint die wechselseitige Beeinflussung erheblich gewesen zu sein: Die einen lebten in der Savanne, die anderen in einer Waldregion als Jäger und Sammler, betrieben aber auch Feldbau (Maniok und Bananen). Die Monarchie hatte keinen sakralen Charakter, und es existierten zahlreiche Königtümer; häufig wurden sie von Fürsten gegründet, die als Verlierer aus den Thronfolgestreitigkeiten hervorgingen und verbannt wurden.

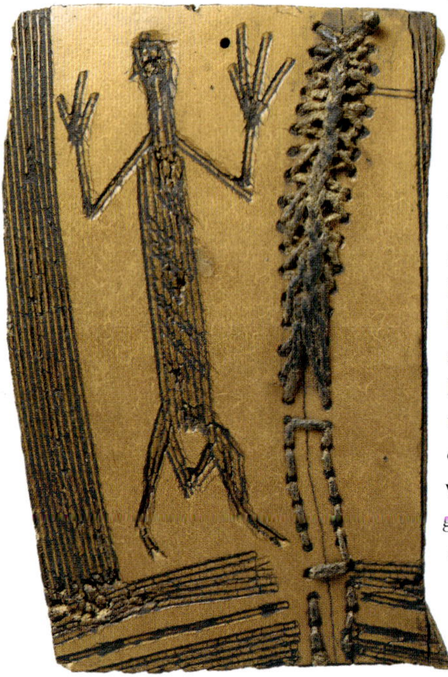

► Bruchstück eines Kalebassengefäßes, Zande (Demokratische Republik Kongo), Paris, Musée du Quai Branly.

Bei den Zande werden Musikinstrumente künstlerisch gestaltet. Die konische Form des Menschenkopfes als oberer Abschluss der Harfe ist charakteristisch für ihre Formsprache.

Die Ohren sind durchstochen, die Augen mit kleinen Perlen versehen.

Die fünf Saiten aus Pflanzenfasern sind zwischen Resonanzkörper (unter dem Fell) und Holzgriff gespannt.

Der Resonanzkörper ist aus Holz und mit Fell bespannt; am äußeren Rand ist er mit zwei Löchern versehen.

▲ Harfe kundi mit kopfförmigem Ende, Zande (Demokratische Republik Kongo), Tervuren, Musée royal de l'Afrique centrale.

Die Form dieser Klingen greift die Gestaltung der Wurfmesser wieder auf. Sie sind allerdings keine Waffen im eigentlichen Sinne, sondern dienten als eine Art Zahlungsmittel, weshalb sie aus Kupfer und nicht aus Eisen hergestellt sind.

Waffen heben die Bedeutung des Eroberungskrieges als zentralem Bestandteil des politischen Systems der Zande hervor. Damit wurden die Amtspersonen am Königshof und die Mitglieder der Elitetruppe ausgerüstet.

▲ Klingen, Ngabandi und Nzakara, altes Zande-Reich (Demokratische Republik Kongo), 19. Jh., London, The British Museum.

Diese Klingen dienten nicht für Tauschgeschäfte im kommerziellen Sinne. Auf diplomatischer Ebene wurden mit ihrer Hilfe die Bande des Beziehungsgeflechts der Königtümer der Zande gefestigt, aus denen ihr Reich gebildet war.

Diese Klingen wurden von den Ngabandi und Nzakara hergestellt, Völkerschaften, die am Rande des Einflussgebietes der Zande lebten.

»Wohl hafteten meine Augen an der fantastischen Figur des Kannibalenherrschers, [...] von dem das Gerücht ging, er esse täglich Menschenfleisch.« (G. Schweinfurth)

Mangbetu

Verbreitung
Zentralafrika: Demokratische Republik Kongo

Geschichte
19. Jh.: Errichtung einiger bedeutender Reiche durch die Mangbetu
1880 bis Ende 19. Jh.: Eindringen arabischer und sudanesischer Sklavenhändler; Zersplitterung der Mangbetu-Reiche und Gründung einer Reihe von Sultanaten

Verwandte Stichworte
Zande, Sklaverei

Die rund 800.000 Mangbetu stammen vermutlich aus dem Gebiet des heutigen Sudan, von wo sie in den bewaldeten Nordosten Kongos zogen und sich mit den dortigen einheimischen Völkern der Bantu und Pygmäen (Mbuti) durch Heirat vermischten. Streng genommen bezeichnet der Name Mangbetu nur die mit dem Herrschergeschlecht verbundene Adelsschicht und nicht das Volk als Ganzes. Neben der Jagd und dem Sammeln von Nahrung betrieben die Mangbetu auch Feldbau (Bananen und Maniok). Da die Früchte des Waldes das ganze Jahr über reifen, bauten die Mangbetu im Unterschied zu anderen Völkern Speicher, wo sie Bananen sowie getrocknetes oder geräuchertes Fleisch und Fisch lagerten. Zu Beginn des 19. Jh.s wurden die politischen Institutionen der Mangbetu auf Betreiben des Königs Nabiembali zusammengefasst. Infolge der permanenten Angriffe der benachbarten Zande wurde das Reich allerdings so geschwächt, dass es um 1850 zerfiel. Um dieselbe Zeit verwickelten die muslimischen Nubier die Zande- und die Mangbetu-Herrscher in den Elfenbein- und Sklavenhandel, was zur Bildung einer Reihe von Sultanaten führte. Gegen Ende des 19. Jh.s trafen die Europäer ein (Belgier, Franzosen und Engländer), vertrieben die Sklavenhändler und zwangen den Mangbetu ihre Herrschaft auf.

► Anthropomorphes Gefäß, Mangbetu (Demokratische Republik Kongo), New York, Sammlung Harold Rome.

Krüge dieser Art sind charakteristisch für die höfische Kunst der Mangbetu, die rein politischen Zwecken ohne jede religiöse Bedeutung diente. Das Aufkommen figürlich ausgestalteter Gefäße hängt mit der Ankunft der Belgier im Kongo zusammen: Sie wurden ihnen als Beweis für die Großtaten der Könige und Häuptlinge der Mangbetu vorgelegt, die sich ihnen als politische Gesprächspartner andienten.

Auch der Korpus des Gefäßes weist eine figürliche Gestaltung auf und stellt einen Frauenkörper dar.

Der längliche Kopf weist die typische, aus Schönheitsgründen künstlich veränderte Schädelform der Mangbetu-Frauen auf, die durch die längliche Frisur noch betont wird.

▲ Anthropomorphes Palmweingefäß, Mangbetu (Demokratische Republik Kongo), 20. Jh., Berlin, Staatliche Museen zu Berlin, Ethnologisches Museum.

Diese Form der »Kontakt-Kunst« vereint zwei bis dahin getrennte Strömungen der traditionellen Mangbetu-Kunst: die der nichtfigürlichen Töpferwaren und die der figürlichen Holzschnitzereien. Mit der Anwesenheit der Europäer kam es zu einer externen Nachfrage nach figürlichen Gegenständen, die zu einer Erneuerung der lokalen Künste führte.

Die Verlängerung der Kopfform aus ästhetischen Gründen war bei den Mangbetu noch bis Mitte des 20. Jh.s gängige Praxis, bis die belgische Kolonialregierung sie für gesetzeswidrig erklärte. Um diesen Effekt zu erzielen, wurde den Neugeborenen vom ersten Tag an der Kopf mit Raphia und Haar umwickelt. Ursprünglich kam die verlängerte Kopfform in Adelskreisen auf, wurde aber bald in allen gesellschaftlichen Schichten, ja sogar bei den benachbarten Völkern zum Schönheitsideal.

Die »Körbchenfrisur« verstärkt den Effekt der verlängerten Kopfform zusätzlich. Sie wird durch ein Gestänge getragen. Außer den eigenen Haaren werden auch die Haare Verstorbener verflochten.

Die ästhetische Wirkung der Frisur runden die kunstvoll gesteckten Haarnadeln aus Elfenbein (oder aus Knochen, Holz, Messing, Eisen oder Kupfer) ab. Bei den Männern dienen die Haarnadeln zum Festmachen der Kopfbedeckung an der Frisur.

Während der Trauerzeit wird die Frisur »zertrümmert«, manchmal werden auch die Haare abrasiert.

▲ Mangbetu-Frau mit traditioneller Frisur (Demokratische Republik Kongo).

König Mbunza (früher auch als Munsa transkribiert) führt vor seinen Ehefrauen in der Audienzhalle einen Tanz auf.

Möglich, dass der Zeichner bei der Wiedergabe der riesigen Audienzhalle bewusst übertrieb, um den europäischen Leser in Staunen zu versetzen. Aber nicht nur er, auch die Mangbetu selbst trugen zu dieser Mischung aus Wirklichkeit und Fiktion das Ihre bei, indem sie die Überzeugung der Europäer nährten, dass es sich bei ihnen um das künstlerisch und politisch am weitesten fortgeschrittene Volk der Region handelte.

Die 120 Ehefrauen des Königs sitzen auf geschnitzten Schemeln; die charakteristische Frisur und die geometrische Musterung der Körperbemalung sind gut zu erkennen.

Der deutsche Botaniker Georg Schweinfurth verbrachte knapp drei Wochen bei den Mangbetu. Trotz seines kurzen Aufenthalts übte er mit seinen Zeichnungen nachhaltigen Einfluss auf die Vorstellungen der Europäer aus, indem er der Entstehung eines Stereotyps Vorschub leistete, der Reisenden nach ihm als Orientierungsmarke diente: Er verherrlichte die Vornehmheit der Mangbetu-Könige und die Pracht des höfischen Lebens, verhehlte aber auch nicht seinen Abscheu über den »Kannibalismus«.

▲ *König Munsa tanzt vor seinen Weibern und Trabanten*, Abbildung aus: Schweinfurth 1986, S. 187.

»Wer das lusembe zum ersten Mal sieht, sieht nicht den geringsten Nutzen darin.« – Dem Nichteingeweihten bleibt der Sinn des Bwami-Symbols verborgen. (Sprichwort der Lega)

Lega

Verbreitung
Zentralafrika: Demokratische Republik Kongo

Geschichte
16. Jh.: Besiedlung Ostkongos durch die Lega
19. Jh.: Zusammenstöße mit arabischen Sklavenhändlern

Verwandte Stichworte
Suaheli, Akephale Gesellschaften, Altersklassen und Initiation, Sklaverei

Die Lega leben im Osten der Demokratischen Republik Kongo im tropischen Regenwald zwischen Lualaba und Kiwusee. Sie kommen ursprünglich aus dem Gebiet des heutigen Uganda und wanderten im 16. Jh. in diese Gegend ein. Früher waren die Lega Krieger und lebten als Jäger und Sammler, betrieben aber auch Fischfang und Feldbau (Bananen und Maniok). Schmiede- und Töpferhandwerk waren die einzigen spezialisierten Berufe, Handel fand kaum statt (es gab keine Märkte). Die Lega waren eine segmentäre und patrilineare Gesellschaft, d. h. ohne zentrale Organisation, wohl aber mit einer Hierarchie der Lineage. Die politische Herrschaft wurde auf Dorfebene durch ein Oberhaupt ausgeübt, das seine Macht auf die Beziehung zu den Ahnen gründete. Von großer Bedeutung war ihr Geheimbund, genannt *Bwami*. Er legte die Gemeinschaftswerte fest und gab sie weiter, vergab auch Ehrentitel nach einem System, das fünf Initiationsstufen vorsah sowie geheime und öffentliche Zeremonien, die die gesamte Bevölkerung einbezogen. Auch Frauen konnten dem *Bwami* beitreten und diverse Aufgaben übernehmen (je nach Rang des Ehemannes). Die gesamte Region wurde durch den Sklaven- und Elfenbeinhandel in Mitleidenschaft gezogen.
Die Lega trafen auf die Araber, die aus dem Nordosten kamen und Handelsniederlassungen am Rand ihres Territoriums gründeten.

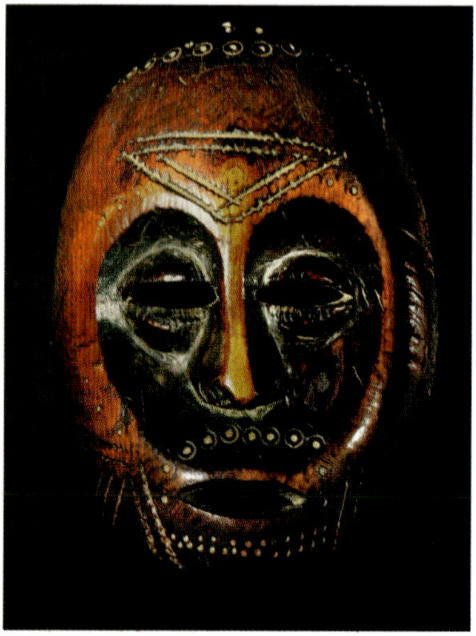

► Maske aus Elfenbein, Lega (Demokratische Republik Kongo), London, Entwistle Gallery.

Nur die Mitglieder der zwei höchsten Initiationsstufen des Bwami-Geheimbundes durften Figuren aus Elfenbein besitzen.

Wiederkehrendes Motiv der figürlichen Schnitzkunst der Lega ist ein herzförmiges Gesicht, das durch eine lange, massive Nase in zwei Hälften geteilt wird.

Diese anthropomorphen Figuren aus Elfenbein werden iginga *genannt: »Gegenstände, die die Lehren und Vorschriften des Bwami bekräftigen«. Jede Figur verweist auf eine bestimmte Person, die sich durch gute oder schlechte Charaktereigenschaften auszeichnet und auf unterschiedliche Weise mit Tänzen und Sprichwörtern in Beziehung steht. Je nach Zusammenhang nehmen diese Figuren eine andere Bedeutung und Identität an.*

▲ Figuren *iginga* des Bwami-Geheimbundes, Lega (Demokratische Republik Kongo), New York, Friede Collection.

Holzstatuen in Tiergestalt. Die Gegenstände im Initiationskorb werden mit Sprichwörtern in Verbindung gebracht, die je nach Kontext und entsprechend der Zusammenstellung der Gegenstände wechseln.

Die soziale Struktur der Lega wird nicht nur durch die Klans bestimmt, sondern auch durch den Bwami-Geheimbund, der anerkannte Werte weitergibt und Oberhäupter designiert. Denjenigen, die die höchsten Stufen erreichen, nachdem sie genügend Kraft und Weisheit unter Beweis stellen konnten, werden die für die Abhaltung der Initiationszeremonie benötigten Gegenstände von den eigenen Klanmitgliedern gestellt. So wird die Macht vorübergehend auf einen Ältesten übertragen, demgegenüber die Gruppe ihre Anerkennung ausdrückt.

Bei den anthropomorphen Holzfiguren, die die Lehren des Bwami bekräftigen, handelt es sich um symbolische Darstellungen von Personen, denen gute oder schlechte Charaktereigenschaften zugesprochen werden.

Herrscherstab-ähnlicher Gegenstand aus Elefantenknochen

Nicht identifizierbare Figur

Schädel eines jungen Wildschweins

Herrscherstab-ähnlicher Gegenstand aus Elefantenknochen

Schimpansenschädel

Verschiedene Kultgemeinschaften des Bwami-Geheimbundes besitzen einen Korb mit Gegenständen, die während der Initiationszeremonie für die höheren Stufen hergestellt werden und mit deren Bewachung der zuletzt zugelassene Kandidat betraut wird. Wenn dieser den Korb zur Aufbewahrung erhält, muss er die Güter, die er mit Unterstützung seiner Familie zusammengetragen hat, unter den Mitgliedern verteilen, um die nächstfolgende Initiationsstufe zu erreichen.

▲ Inhalt eines Initiationskorbes der Lega (Zentralafrika), Zeichnung aus: Layton 1981, S. 56.

»Was nicht hier und jetzt ist, hat keine Bedeutung.«
(Sprichwort der Mbuti, Demokratische Republik Kongo)

Mbuti

Verbreitung
Zentralafrika: Demokratische Republik Kongo

Verwandte Stichworte
Mangbetu, Akephale Gesellschaften, Jäger und Krieger

Die Mbuti gehören zu jenen im tropischen Regenwald Afrikas lebenden Völkern (Baka, Bongo, Cwa, Rwa u.a.), die aufgrund ihrer Statur als Pygmäen bezeichnet werden. Die etwa 50.000 Mbuti leben im Iturigebiet im Nordosten Kongos in halbnomadischen Gruppen mit ihrer Jäger- und Sammlerwirtschaft in Sozialsymbiose mit den Feldbau betreibenden Bantuvölkern. Sie bieten ihnen Wild im Tausch gegen Bananen, Maniok, Salz und Werkzeug aus Metall an. Das Jagen wird von den Männern, das Sammeln von Nahrung von den Frauen erledigt (Honig spielt hierbei eine wichtige Rolle). Tatsächlich aber tragen die beiden Geschlechter zu sehr unterschiedlichen Teilen zur Deckung des Nahrungsmittelbedarfs bei: Männer zu 30 und Frauen zu 70 Prozent. Prinzipiell werden die Waldfrüchte innerhalb der Familie verspeist, das Wild hingegen auf die gesamte Gruppe verteilt. Stets haben solidarische Handlungsweisen, die gewährleisten, dass alle Gruppenmitglieder mit dem Nötigsten versorgt sind, Vorrang. Über die geschlechtsspezifische Arbeitsteilung hinaus existiert keine weitere Differenzierung der Berufe, innerhalb der sozialen Struktur sind die Übergänge fließend und die Beziehungen egalitär: Die »Bande« werden gelöst oder neu geknüpft, insbesondere wenn gemeinschaftliche Tätigkeiten wie die Treibjagd dies erforderlich machen. Die einzige fest gefügte Gruppe ist der engste Familienkreis. Die Autorität einzelner Personen hat etwas mit ihrem konkreten Beitrag zum Leben der Gruppe und also ihrem Ansehen zu tun.

▼ Mbuti-Mann beim Anfertigen einer Trommel (Demokratische Republik Kongo).

Diese Stoffe sind das Ergebnis der Zusammenarbeit von Männern und Frauen: Männer fertigen den Stoff aus der Rinde des Feigenbaums, die sie mit einem Rindenbastklopfer auswalzen, Frauen kümmern sich um die Bemalung.

Die schwarze Farbe wird aus Holzkohle und dem Saft der kange-Frucht hergestellt; verarbeitet werden auch rote Farbe (wofür das Holz einer bestimmten Pflanze gemahlen wird) und Zitronensaft, mit dem mit bloßem Auge kaum erkennbare Muster gezeichnet werden.

Die rhythmisch oszillierende Motivik der Mbuti-Malerei und die freie, spontane Ausführung wurden als sichtbarer Ausdruck der die polyfonischen Gesänge des Pygmäenvolkes kennzeichnenden Gleichzeitigkeit von Strenge und Freiheit gedeutet.

Die Motive der Rindenstoffe weisen eine starke Ähnlichkeit mit denen der Körperbemalung sowie jener Zeichen auf, die bei Jagdritualen auf den Boden gezeichnet werden. Die Muster werden in zwei Gruppen unterteilt: »Dinge des Waldes« (Tiere, Bäume, Lianen, Sterne) und »Dinge des Lagers« (Mörser, Kämme, Pfeile, Jagdnetze und -seile). Die Zickzacklinien lassen sich vielfach deuten: als Schlangen, Seile oder Netze.

▲ Rindenstoff *murumba*, Mbuti (Demokratische Republik Kongo), Paris, Musée du Quai Branly.

Die Mbuti, die in Gruppen von wenigen Dutzend Personen zusammenleben, wechseln fünf- oder sechsmal im Jahr den Lagerplatz, je nach Verfügbarkeit der Nahrungsquellen. Die Platzwechsel erfolgen allerdings innerhalb eines begrenzten Territoriums und implizieren daher die Rückkehr zu einem alten Lagerplatz, sobald der Wald sich in diesem Bereich erholt hat und wieder Nahrung liefert. Darüber hinaus sind Platzwechsel auch ein probates Mittel, um Konflikte zu lösen.

Die verschiedenen Lager stehen durch rituelle Versammlungen und durch regen Besuch – der gastfreundschaftlich empfangen wird und zuweilen mehrere Monate bleibt – miteinander in Kontakt.

Die Ehefrau zieht um und baut eine neue Hütte anlässlich der Ankunft des Sohnes ihrer Schwägerin.

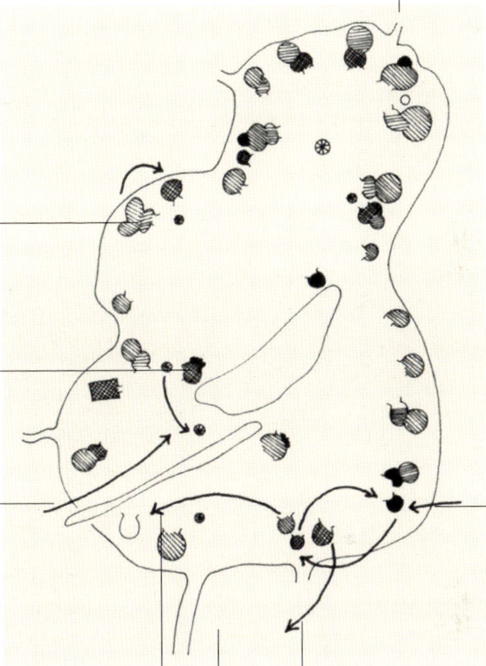

Der Hintereingang wird am 12. Tag geschlossen.

Die gemeinsame Feuerstelle wird am 12. Tag entfernt.

Aufbau am 2. Tag, am 3. Tag aufgegeben, am 5. Tag wieder besetzt.

Platzwechsel am 11. Tag.

Aufbruch zu einem anderen Lagerplatz.

Die Anordnung des Lagers entspricht den sich ständig verändernden Beziehungen der Mbuti untereinander. Sie spiegelt keine hierarchische Ordnung oder Verwandtschaftsstruktur, sondern die Entwicklung der innerfamiliären Verhältnisse. Die egalitäre Gesellschaftsstruktur der Mbuti findet ihren räumlichen Niederschlag in der kreisförmigen Anordnung der Wohnstätten um einen zentralen Platz. Die Öffnungen der Unterkünfte sind immer zu den befreundeten Familien hin ausgerichtet; sie wechseln ihren Standort, sobald sich die Beziehungen verändern.

▲ Plan eines Lagers der Mbuti (Demokratische Republik Kongo), Abbildung aus: Guidoni 1976, S. 44.

»Ein einziger Kopf kann unmöglich die ganze Weisheit fassen.« (Sprichwort der Masai, Kenia)

Masai

Verbreitung
Ostafrika:
Kenia, Tansania

Geschichte
1895: Britisches Protektorat Kenia
1915: Beschlagnahmung von Ländereien und Vertreibung der Masai aus ihren angestammten Gebieten

Verwandte Stichworte
Kikuyu, Akephale Gesellschaften, Altersklassen und Initiation, Jäger und Krieger, Viehzucht, Perlen, Tanz

Die Masai (auch Maasai oder Massai) sind keine homogene Volksgruppe, sondern ein Konglomerat unterschiedlicher Völker, die zwischen Kenia und Tansania verstreut leben (rund 150.000 Menschen), eine gemeinsame Sprache (das Maa) sprechen und einige soziokulturelle Merkmale gemein haben. Die seminomadische Viehzucht bildet die Wirtschaftsgrundlage. Rinder sind die Hauptquelle des Reichtums und zugleich ein Indikator für das Sozialprestige, das sich auch durch Viehraub erhöhen lässt. Als die englische Kolonialregierung und nach ihr die tansanische Regierung Druck auf die Masai ausübten, das Vieh nur noch als Geldquelle zu betrachten (und Steuern zu zahlen), beschädigten sie damit das soziale Gefüge: Indem die Männer fortan das Vieh als ihren Besitz ansahen, beschnitten sie so die Rechte der Frauen. Die Masai-Gesellschaft, eine akephale Gesellschaft (auch azephal, griech. »ohne Haupt«, d.h. ohne Zentralinstanz), wird über ein System von Patrilineage, Klans und Altersklassen organisiert, auf denen das Militärwesen basiert. Im Alter zwischen 14 und 30 Jahren leben die jungen Krieger (moran) in der Abgeschiedenheit der Savanne, wo sie in die Kriegskunst und die Pflichten des Erwachsenenlebens eingewiesen werden. Die Beziehungen der Masai zu den Bantuvölkern der Region waren teils friedlich (Allianzen oder Handelsbeziehungen), teils feindselig. Oft mussten diese, wie etwa die Kikuyu, in die Wälder flüchten, um ihnen zu entkommen.

► Junge Masai, die nach der Beschneidung in der Abgeschiedenheit leben (Kenia).

Bei den Masai steht die Organisation ihres Militärs in enger Beziehung zum System der Altersklassen, in das man als Kollektiv und zu bestimmten Zeiten aufgenommen wird. So bildet eine Altersklasse für lange Jahre eine geschlossene Gruppe, deren Mitgliedern sich dadurch die Möglichkeit bietet, den Gemeinschaftsgeist zu stärken und die Schlagkraft zu erhöhen.

Jede Truppe wird von einem labon angeführt; die Kolonialbeamten verwechselten sie mit Vorgesetzten mit entsprechenden Druckmitteln, obwohl sie doch in Wirklichkeit nur eine beratende Funktion haben.

In der Periode der »Öffnung« einer Altersklasse wurden Beschneidungsrituale gefeiert, in denen die jungen Männer zwischen 15 und 20 Jahren in die Gruppe der Krieger (moran) aufgenommen wurden.

Es war nicht immer leicht, eine ausgewogene Machtbalance zwischen den Würdenträgern und den Kriegern zu wahren, zumal unter britischer Kolonialherrschaft die Kompetenzen zugunsten der Erstgenannten verschoben wurden und die Briten versuchten, die Krieger als Arbeitskräfte einzusetzen.

▲ Guerriero masai (Kenya).

Nach einer zehnjährigen Dienstzeit, während der die jungen Krieger in eigens dafür vorgesehenen Dörfern gelebt haben, steigen sie in den Rang erwachsener Krieger auf, zerstören das Dorf und nehmen sich eine Frau. Die Eunoto-Zeremonie, in der den Männern von ihren Müttern in einem symbolischen Akt die langen Haare abgeschnitten werden und sie gegen das Verbot verstoßen, vor den Augen anderer Fleisch zu essen und Milch zu trinken, markiert diesen Übergang.

Jede Generation von Kriegern wird in zwei Gruppen unterteilt. Die zweite (»die linke Hand«) wird sechs bis sieben Jahre nach der ersten (»die rechte Hand«) beschnitten. Sieben Jahre nach ihrer Beschneidung steigen die Mitglieder der »rechten Hand« in den Rang alter Krieger auf und befördern die andere Gruppe auf die nächsthöhere Stufe des Erwachsenenlebens.

*Der letzte Teil der Zeremonie nennt sich Tag des Weißen Tanzes, und der folgt auf den Roten Tanz: Im Morgengrauen verstecken sich die Krieger im Busch, bemalen sich den Körper mit Kreide und marschieren daraufhin in zwei Reihen auf das Dorf zu. Hier werden sie von den Müttern begrüßt und verneigen sich anschließend vor der heiligen Hütte (*O-Singira*), in deren Zentrum ein Ast des wilden Ölbaums im Boden steckt (das Wort* e-unoto *leitet sich ab vom Prädikat* a-un *für »gerade pflanzen«), der auf die Bildung der neuen Altersgruppe anspielt.*

▲ Eunoto-Zeremonie, Masai (Kenia).

Die Grundfarben der Perlen, die die Masai für ihren Schmuck verwenden, sind Schwarz, Weiß, Blau, Rot und Rosa. Diese Farbpalette wurde freilich im Laufe des 20. Jh.s um unzählige Farben erweitert. Jedenfalls haben drei Farben einen Symbolwert: Rot, Weiß und Schwarz (Dunkelblau), wobei Rot für Jugend und Lebenskraft (das pulsierende Blut) steht und als Farbe für die Körperbemalung der Bräute und der jungen Initianden verwendet wird.

Schwarz ist die Farbe Gottes und der alten Würdenträger.

Weiß besitzt schützende Kräfte, deshalb die weiße Körperbemalung vor dem Bestehen einer schwierigen Probe.

Es ist denkbar, dass neue Farben wie Orange oder Grün die Symbolwerte der alten Dreifarbenpalette »in neuem Gewand« wiedergeben, also Orange an die Stelle von Rot und Grün an die Stelle von Schwarz-Blau getreten ist.

▲ Masai-Frau mit Perlenkette (Kenia).

»Wenn das Herz vor Zorn überquillt, schwappt er aus dem Mund.« (Sprichwort der Kikuyu, Kenia)

Kikuyu

Verbreitung
Ostafrika: Kenia

Geschichte
1952–56: Mau-Mau-Aufstand gegen die britische Kolonialherrschaft

Verwandte Stichworte
Akephale Gesellschaften, Altersklassen und Initiation, Kolonialära, Ackerbau

Die Kikuyu sind ein Bantuvolk und leben hauptsächlich von der Landwirtschaft. Ihr Stammland liegt in Zentralkenia. Das Gemeinwesen beruhte auf dem Prinzip der patrilinearen Erbfolge und auf einem System der Altersklassen mit Kriegern *(anake)* und Ältestenräten *(kiama)* als wichtigsten Institutionen. Im Hinblick auf die Machtverteilung galt ein System des Generationenwechsels, mit dem eine Machtkonzentration vermieden werden sollte. Die Gemeinschaft war somit in zwei Kategorien unterteilt, den *mwangi* und den *maina*: War eine Generation *mwangi*, mussten die Söhne *maina* und die Enkel wiederum *mwangi* sein. Die Kikuyu, die zu Beginn des 20. Jh.s von den britischen Landenteignungen betroffen waren, als »illegale Siedler« gebrandmarkt einen Teil ihres Gebietes verloren und umsiedeln mussten, beteiligten sich sehr früh und aktiv am Befreiungskampf gegen die Kolonialherrschaft. Bereits 1924 wurde die Kikuyu Central Association (KCA) gegründet, zu deren Mitgliedern auch der spätere Präsident Jomo Kenyatta gehörte. Sie waren dann auch die Hauptakteure des Mau-Mau-Aufstands (1952–56) – Mau Mau nannte sich eine geheime Bewegung, die von den ärmsten Schichten der Kikuyu getragen wurde (in die Städte abgewanderte Arbeitslose, Enteignete, Bauern der verbliebenen Siedlungsgebiete).

► Zeremonialschild, Kikuyu (Kenia), London, The British Museum.

Alle Holzschilde waren an der Außen- und meist auch an der Innenseite mit abstrakten Motiven verziert; die Gestaltung dieser Motive unterscheidet sich nach Gebiet und Zeitpunkt der Initiation. Das Motiv auf der Innenseite erinnert häufig an ein Auge.

Abweichend von Kriegsschilden aus Tierhaut wurden diese Schilde, die bei den Initiationstänzen der Krieger Verwendung fanden, aus Holz oder Baumrinde hergestellt.

Da die Schilde an der Innenseite ein Armloch haben, lassen sie sich leichter durch ein Beugen des Arms als durch das Halten mit der Hand bewegen.

▲ Tanzschild (Innenseite), Kikuyu (Kenia), frühes 20. Jh., Privatsammlung.

Als die Briten das Gebiet des heutigen Kenia kolonisierten, stießen sie überraschenderweise nicht auf den Widerstand der Masai, wie sie befürchtet hatten, wohl aber auf den der Kikuyu-Krieger. Obwohl die Kampfhandlungen aufgrund der Überlegenheit der britischen Feuerwaffen nur von kurzer Dauer waren, hinterließen sie tiefe Spuren im kollektiven Gedächtnis der Kikuyu.

»Den Baum, der sich zu beugen weiß, bricht der Wind nicht.« (Sprichwort der Sukuma oder Nyamwezi, Tansania)

Nyamwezi

Verbreitung
Ostafrika:
Tansania

Geschichte
18. Jh.: Beteiligung der Nyamwezi am Elfenbein- und Sklavenhandel der Suaheli
1860: Errichtung des Nyamwezi-»Reiches« durch Mirambo
Ende 19. Jh.: Verfall des Nyamwezi-»Reiches«

Verwandte Stichworte
Suaheli, Sklaverei

Die Nyamwezi sind ein Bantuvolk mit heute rund einer halben Mio. Angehörigen. Sie leben im Zentrum und Westen Tansanias und betreiben v.a. Feldbau. Früher waren die Nyamwezi in mehreren kleinen Königtümern organisiert. Ab der 2. Hälfte des 18. Jh.s beteiligten sie sich am Handel mit Elfenbein und Sklaven, der das Binnenland mit der Küste verband. Zwischen 1860 und 1884 gelang es Mirambo, einer ihrer militärischen Anführer, der gegen die Araber und das benachbarte Königreich Buganda kämpfte, die Kontrolle über die Fernhandelswege zu erlangen und ein »Reich« zu errichten, indem er eine größere Zahl kleinerer Herrschaftsbezirke vereinte. Elfenbein und Sklaven tauschte er gegen Stoffe (die er an seine Anhänger und Verbündete verteilte) und Feuerwaffen. Er schloss sogar ein Bündnis mit dem Sultan von Sansibar, doch sein »Reich« überlebte ihn nicht. Der Name Nyamwezi, der ursprünglich aus dem Suaheli kommt und »Volk des Mondes« bedeutet, erinnert daran, dass diese Menschen aus dem Westen kommen (wo der Mond aufgeht). Der Name wurde dann auf die ethnisch heterogene Gruppe derjenigen übertragen, die Suaheli-Händler in der zentralen Region des Tanganjika als Träger und bewaffnete Soldaten rekrutierten.

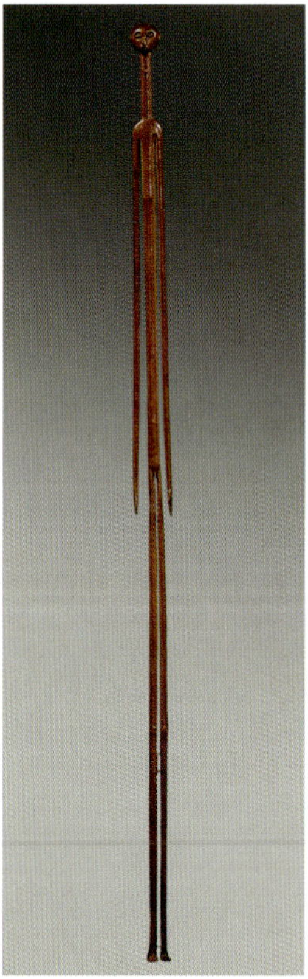

► Figur aus Holz, Nyamwezi (Tansania), Höhe: 149 cm, Abbildung aus: Rubin 1984, S. 72, Abb. 94.

Die hervortretenden Ohren, die vorstehenden Lippen und die Glasperlenaugen sind typische Stilelemente der Nyamwezi-Plastik.

Der Stuhl ist aus einem einzigen Holzblock geschnitzt. Das unterscheidet ihn von europäischen Stühlen.

Hochlehnige Stühle mit Stuhlfiguren auf beiden Seiten, die eine anthropomorphe Gestaltung mit klar herausgearbeiteten Geschlechtsmerkmalen aufweisen (vermutlich die Darstellung der Ahnin der Lineage), waren Häuptlingen vorbehalten, wenn sie ihr Amt als Richter ausübten.

Die drei konvex gebogenen Beine, die mit drei Vorsprüngen alternieren, sind typisch für die Stuhlformen der Nyamwezi.

▲ Weibliche Figur auf Hocker,
Nyamwezi (Tansania),
Höhe: 94 cm, Privatsammlung

»Vielfalt im Wind / blutleer die Erde / pflügbar der Schrei.«
(Luís Carlos Patraquim)

Makonde

Verbreitung
Ostafrika:
Mosambik, Tansania,
Kenia

Geschichte
1910: Erster Kontakt mit den Europäern
1960er-Jahre: Kampf für die Unabhängigkeit

Verwandte Stichworte
Suaheli, Kolonialära, Handel, Zeitgenössische Kunst, Tanz

Die rund 1,3 Mio. Makonde leben im Nordosten von Mosambik und in Südost-Tansania (wohin sie in den 1950er-Jahren einwanderten) sowie in kleinen Enklaven in Kenia. Bei diesem Bantuvolk handelt es sich um eine matrilineare Agrargesellschaft, die in selbstständige Dörfer ohne eine zentrale Autorität gegliedert war und Feldbau betrieb. Obwohl sie als Küstenbewohner in die Handelsaktivitäten der Suaheli verwickelt wurden, kamen sie erst spät mit den Europäern in Kontakt (1910) und blieben trotz versuchter islamischer Durchdringung ihrer traditionellen, auf dem Ahnenkult basierenden Religion verhaftet. Eine große Bedeutung hat die Gesellschaft der mapiko-Helmmasken, die bei der Initiation der Männer Verwendung findet. In den 1960er-Jahren gehörten die Makonde zu den Hauptakteuren der von der Frelimo angeführten Unabhängigkeitsbewegung in Mosambik. Im Westen sind die Makonde v.a. für ihre Shetani- und Ujaama-Skulpturen aus Ebenholz bekannt, die übrigens nur für den Touristenmarkt gefertigt werden.

► Bauchmaske, Makonde (Tansania), Privatsammlung.

Während die Masken der Makonde in Mosambik Helmmasken sind, sind die aus Tansania Gesichtsmasken. Auf der Schädelpartie werden echte Haare verarbeitet.

Einige dieser Masken, die europäische, arabische oder asiatische Gesichtszüge aufweisen, wurden als der Versuch gedeutet, die Macht der Ausländer zu bannen, oder auch als Karikaturen mit dezidiertem gesellschaftskritischem Hintergrund.

Die mapiko-*Tänze ziehen auch die Bewohner der benachbarten Dörfer an und bieten daher die Gelegenheit, über die Gruppe hinaus (deren Zusammenhalt sie fördern) die Beziehungen mit anderen Gruppen zu vertiefen, mit denen keine Verwandtschaftsbeziehungen bestehen.*

Die mapiko-*Masken verkörpern die Verstorbenen (Männer wie Frauen) und gelten als furchterregend, aber nicht bösartig; sie bilden eine eigene Kategorie zwischen den wohlwollenden Ahnen* (machinamu) *und den böswilligen Geistern* (machatwani). *Da sie mit der Macht der in ihre Geheimnisse eingeweihten Menschen assoziiert werden, offenbaren sie sich auch anlässlich der Pubertätsrituale der Frauen.*

▲ Helmmaske, Makonde (Mosambik), Privatsammlung.

In diesem Werk des zeitgenössischen Künstlers George Lilanga wird der Einfluss Edward Saidi Tingatingas (1932–72) sichtbar, dessen vielfach kopierte Malweise ein eigenes Genre hervorgebracht hat, das unter der Bezeichnung Tingatinga bekannt ist. In der Tingatinga-Malerei werden Tiermotive (für die Touristen) und Szenen des städtischen Lebens bis hin zu historischen Themen verarbeitet. Ein beliebtes Motiv sind – wie hier – die verformten, shetani-*Geister darstellenden Gestalten, die an den Volksglauben der Makonde ebenso anknüpfen wie an die europäische Malerei und zugleich den exotischen Geschmack und die ästhetischen Vorlieben der Europäer bedienen.*

Charakteristisch für die Tingatinga-Malerei sind die kräftigen unvermischten Lackfarben mit starker Kontrastwirkung und der monochrome Hintergrund. Die verfremdeten Figuren dieses Bildes haben das furchterregende Aussehen der shetani-*Geister verloren und erscheinen in einer Alltagsszene aus dem afrikanischen Leben.*

George Lilanga wurde 1934 im tansanischen Dorf Klkwetu geboren und ließ sich in Daressalam nieder, wo er die Ausbildung zum Künstler absolvierte. Sein Werk umfasst Gemälde und Skulpturen. Lilanga starb im Juni 2005.

▲ George Lilanga, Women Vendors (Verkäuferinnen), 2000.

»Der geduldige Mensch isst reife Früchte.«
(Sprichwort der Suaheli, Ostafrika)

Suaheli

Verbreitung
Ostafrika, entlang der Küste (Mombasa, Pemba, Mafia, Kilwa und Sansibar)

Geschichte
12. Jh.: Blütezeit der Hafenstadt Manda
15. Jh.: Tauschgeschäfte mit China
16. Jh.: Ankunft der Portugiesen
17. Jh.: Herrschaft des Sultans von Oman
19. Jh.: Ankunft von Suaheli-Händlern in Angola; Blütezeit der Türschnitzkunst

Verwandte Stichworte
Islam, Handel

Die Suaheli-Kultur ist aus den jahrhundertealten Beziehungen zwischen den »Küstenbewohnern« (die Bedeutung des Namens Suaheli/Swahili), den Arabern, den Persern und indischen Händlern entstanden. Sie ist eine städtische Kultur und konzentrierte sich auf Seehandelsplätze wie Manda, das seine Blütezeit im 12. Jh. erlebte, Mombasa, Pemba, Mafia, Kilwa und Sansibar. Diese Zentren erfüllten eine Brückenfunktion zwischen dem Indischen Ozean und dem kongolesischen Binnenland, aus dem die Sklaven und das Elfenbein kamen. Ihr Verfall setzte im 16. Jh. mit der Ankunft der Portugiesen ein; diese wurden ihrerseits am Ende des 17. Jh.s durch den Sultan von Oman vertrieben, der seine Herrschaft über die gesamte Region ausdehnte und 200 Jahre behaupten konnte. In den 1830er-Jahren gelangten Suaheli-Händler nach Angola und errichteten ein Handelsnetz, das den Indischen Ozean und den Atlantik einschloss. Die Suaheli-Kultur baut auf einer Sprachgemeinschaft auf und bildet keinen homogenen Block (viele, die dazugehören, bezeichnen sich nicht als Suaheli). Das Kisuaheli (Kiswahili) ist eine Bantusprache und enthält zahlreiche Entlehnungen aus dem Arabischen. Die einstige Sprache der Suaheli-Händler ist heute eine in weiten Teilen Ostafrikas verbreitete Verkehrssprache und in Tansania und in Kenia Amtssprache. Die Anfänge des Schrifttums (ursprünglich in einer abgewandelten arabischen, heute in lateinischer Schrift) gehen mindestens auf das 17. Jh. zurück.

◄ Handwerksmeister beim Schnitzen einer Tür, Sansibar (Tansania).

Diese Segelboote arabischen Ursprungs waren in den Küstengebieten rund um die Arabische Halbinsel bis nach Indien und Ostafrika verbreitet und nutzten die Monsunwinde, um im Winter nach Süden und im Spätfrühling bzw. Frühsommer nach Norden zu segeln.

Die Abhängigkeit der Suaheli vom Fernhandel und das Fehlen anderer produktiver Wirtschaftszweige erklären, warum die Handelsstädte der Suaheli nach dem Aufkreuzen der portugiesischen Handelsschiffe ihre Bedeutung verloren und der Seehandel zusammenbrach.

▲ Die *Dhow*, traditionelles Segelboot der Suaheli, Sansibar (Tansania).

Der Einfluss und Reichtum der Handelsstädte der Suaheli gründete auf dem Ost-West-Handel mit Arabien, Persien und Indien – seit dem 15. Jh. auch mit China –, der über das Rote Meer abgewickelt wurde. Es entstand eine Händlerschicht, die zu Beginn des 8. Jh.s zum Islam konvertierte und mit den traditionellen Klanautoritäten um den Vorrang kämpfte.

Anlässlich des 50-jährigen Thronjubiläums der Queen Victoria beschloss der wohlhabende indische Kaufmann Tharia Topan den Bau eines prächtigen Gebäudes und beauftragte einen indischen Architekten aus Delhi mit der Planung des Old Dispensary. *Der Bau wurde 1885 begonnen, aber erst 1894 vollendet, da der Auftraggeber verstarb. Mit seiner Verschränkung von indischen, arabischen, afrikanischen und europäischen Stilelementen ist er ein Symbol der multikulturellen Identität von Sansibar.*

Die Steildächer mit den geschmückten Giebelfeldern lassen formale Einflüsse der europäischen Architektur erkennen.

Die kunstvoll geschnitzten Holzpaneele der Balkone sind eng an die Form der arabischen Fensterläden angelehnt.

Die geschnitzten Pfeiler des Bogengangs im Erdgeschoss und die kleeblattförmigen Bögen sind indischenUrsprungs.

▲ Das *Old Dispensary* in Stone Town in Sansibar (Stadt) auf der gleichnamigen Insel (Tansania).

Die Steinhäuser in den Städten der Suaheli symbolisierten die Macht der herrschenden Adelsfamilien und setzten sich von den ärmlichen Strohhäusern ab; sie wurden für die Töchter errichtet und anlässlich ihrer Hochzeit übergeben. Stand das Brauthaus in der Nähe des Hauses der Eltern, wurden beide Gebäude am obersten Stockwerk über eine Brücke verbunden.

Die Schmuckmotive haben teils einen lokalen Ursprung (Dattelpalme, Weihrauchstrauch, Wellenlinien), teils sind sie der indischen Kunst entlehnt (Rosette und Lotosblume).

Wer ein Haus bauen wollte, fing nach altem Brauch mit der Tür an. Erst wenn die Tür aufgestellt war, wurde mit dem Bau des Hauses begonnen.

Die Tradition der geschnitzten Holztüren des ostafrikanischen Küstenstreifens erreichte ihre Blüte im 19. Jh. Es sind zweiflüglige Türen, die nach innen geöffnet werden. Der Türrahmen und der Mittelpfosten sind mit Schnitzereien versehen.

▲ Eingangstür des *Old Dispensary* in Sansibar (Stadt) auf der gleichnamigen Insel (Tansania).

»Ein leerer Bauch ist keine gute Gesellschaft.« (Madagassisches Sprichwort)

Madagassen

Auf Madagaskar kam es schon früh zu einem Zusammenwirken afrikanischer (Bantu), arabischer und indonesischer Einflüsse. Die ersten indonesischen Einwanderer trafen wohl um das 6. Jh. ein. Es existieren verschiedene Hypothesen über die Gründe der Errichtung von Königtümern und *Chefferies*, die im Westen und Süden der Insel zu Beginn des 17. Jh.s aus den bestehenden Gemeinschaften entstanden: Während die einen indonesische Einflüsse geltend machen (zu erkennen im Auslegerboot, dem Nassreisanbau, dem Malagasy und seinen zahlreichen Dialekte), machen die anderen die Rolle der Araber und die Einflüsse der Bantu dafür verantwortlich (z. B. wegen der Bedeutung der Magie für die Machtstellung des Königs). Im Hochland von Madagaskar leben die Merina, Betsileo und Bezanozano, die vermutlich gleichen Ursprungs sind, allerdings die Merina als aristokratische Gruppe betrachten, deren Urahn aus Südostasien stammen soll. Wohl auf Druck kontinuierlich eintreffender, kleinerer Einwanderergruppen aus Asien ließen sie sich im 15. Jh. hier nieder. Die Überlieferungen berichten von Kriegen zwischen den Neuankömmlingen (Merina) und den Vazimba (»Ahnen«, Bantu-Gruppen), die in das Landesinnere vertrieben wurden. Gleichwohl hielten es die Merina-Könige für nötig, sich mit den lokalen Gottheiten und folglich mit der einheimischen Priesterschaft gutzustellen. Der arabische und islamische Einfluss machte sich v.a. im Nordwesten der Insel bemerkbar.

◄ Marktfrau auf Madagaskar.

Völker
Merina, Betsileo, Bezanozano, Mahafaly, Sakalava, Zafimaniry

Verbreitung
Südliches Afrika: Madagaskar

Geschichte
6. Jh.: Erste indonesische Einwanderer
11. Jh.: Ausbreitung der Suaheli-Kultur
12. Jh.: Errichtung von Königtümern und Chefferies
15. Jh.: Merina, Betsileo und Bezanozano besiedeln das Hochland.
18. Jh.: Entstehung des Königreichs Merina
19. Jh.: Erste politische Macht im Lande: das Königreich Merina

Verwandte Stichworte
Suaheli, Islam

Die geografische Verbreitung des Brauchtums, Grabskulpturen aufzustellen, von Ostafrika über Madagaskar bis nach Indonesien ist der Beleg dafür, dass es zu einem Austausch zwischen diesen Kulturen gekommen ist.

Wie die Sakalava sind auch die Mahafaly, im Süden der Insel beheimatet, für ihre Grabkunst bekannt. Die Ahnen liegen in großen rechteckigen Grabanlagen aus Holz oder Stein, die mit Steinhaufen bedeckt werden (valavato); *dazwischen werden die 2 bis 4 Meter hohen geschnitzten Begräbnispfosten aufgestellt.*

Die geschnitzten Szenen zeugen vom Leben der Verstorbenen und ihrer erfolgreichen Taten. Sie heben die Individualität der Person hervor und sollen für künftige Generationen die Erinnerung an sie wahren.

Zwischen die Steine werden Hörner jener Tiere gelegt, die bei der Bestattungszeremonie geopfert wurden. Da die Form der Hörner bei den Mahafaly eine wichtige Rolle spielt, wird ihr Wachstum entsprechend beeinflusst, um die gewünschte Form zu erhalten.

▲ Grabskulpturen *aloalo*, Mahafaly (Madagaskar).

Die Zafimaniry bauen ihre Dörfer auf Hügeln. Der Höhenunterschied zwischen ihnen gibt zugleich auch einen rangmäßigen Unterschied und einen zeitlichen Abstand wieder: Grundsätzlich liegen die Dörfer der Stammväter höher, die der Nachkommen tiefer. Ein Blick in die Landschaft erlaubt es, anhand der räumlich sichtbaren Anordnung der Behausungen die Geschichte des Volkes und der Beziehungen untereinander zu rekonstruieren.

Der Mensch passt sich der Natur an, die eine Manifestation Gottes ist, und hinterlässt durch den Bau von Häusern seinerseits ein dauerhaftes Zeichen in der Landschaft. Der Erfolg der Ehe findet dinglichen Niederschlag im Haus, insbesondere mit der Weihe des Wohnhauses der Ahnen, die das Dorf begründet haben: Der Mittelpfosten aus Holz und die drei Steine der Feuerstelle bilden Versammlungspunkte für die gesamte Nachkommenschaft.

Die rund 20.000 Zafimaniry leben im Osten Madagaskars in einer bewaldeten Berggegend. Durch die fortschreitende Abholzung verändert sich die Landschaft: Dem Wald folgen immer mehr versteppte Landstriche und Terrassen für den Anbau von Nassreis. Dadurch verändert sich auch die Lebensweise der Zafimaniry, die das selbst als einen »Wechsel der Ethnie« wahrnehmen: Durch die Veränderungen ihrer Umwelt werden sie wie die Batsileo, die eigentlichen Reisbauern.

▲ Dorf der Zafimaniry auf Madagaskar.

Diese Seidentücher werden als Schals, aber auch als Leichentuch für die »Zweitbestattung« benutzt. Nach der Beisetzung des Verstorbenen in einem provisorischen Grab wird der Leichnam exhumiert, gewaschen und in ein Seidentuch gewickelt, um zusammen mit den sterblichen Überresten der Ahnen bestattet zu werden.

Im 19. Jh. kamen unter den Angehörigen der Oberschicht der Merina vermehrt Stoffe mit komplizierteren Mustern in Gebrauch. Um sie herzustellen, wurden zum einen die Webstühle mit zusätzlichen Schäften versehen, zum anderen Farbstoffe auf Anilinbasis (Rot) europäischer Provenienz verwendet.

Das Königreich Merina wurde im 17. Jh. im zentralen Hochland von Madagaskar errichtet. Die Merina sind in einer Agrargesellschaft organisiert und in drei Kasten unterteilt: Adlige, Freie mit heller Hautfarbe und Freie mit dunkler Hautfarbe sowie Sklaven. Dank der in den Sumpfgebieten im Landesinnern erzielten Fortschritte im Reisanbau konnten die Ernährung der Bevölkerung verbessert und die Überschüsse gegen europäische Feuerwaffen getauscht werden. In der 2. Hälfte des 18. Jh.s wurde das Königreich durch interne Kämpfe erschüttert, um 1780 jedoch wiedervereint und stieg im 19. Jh. zur ersten politischen Macht im Lande auf.

▲ Seidentuch *lamba akotofahana*, Merina (Madagaskar), London, The British Museum.

»Bald schon werden sie nur noch eine Kuriosität der Natur sein: Bereits jetzt wird ein ausgestopftes Exemplar in England und eines auch in Paris konserviert.« (Charles Robert Knox)

San

Verbreitung
Südliches Afrika: Namibia, Botswana, Simbabwe, Lesotho

Geschichte
25.000 v. Chr.: Die ältesten Felsbilder Afrikas (Fundort: Namibia)

Verwandte Stichworte
Jäger und Krieger

Die San (auch als *Buschleute* oder *Buschmänner* bezeichnet) sind ein Jäger- und Sammlervolk im Südlichen Afrika, das in kleinen Dorfgemeinschaften mit selten mehr als 50 Personen organisiert war. Der Großteil der Felsgravierungen und –malereien, die an rund 15.000 Plätzen in den Gebirgsregionen Namibias, Simbabwes, Botswanas und Lesothos gefunden wurden, können den San und ihren Vorfahren zugeschrieben werden. Viele davon sind nicht datierbar, andere lassen sich verschiedenen Epochen bis in die jüngere Zeit zuordnen. Die älteste Felsmalerei, die man Anfang des 20. Jh.s in Südnamibia entdeckte (Grotte Apollo 11), wurde auf 25.000 v. Chr. datiert und stellt damit das früheste Zeugnis afrikanischer Malerei dar. Die Felsgravierungen und -malereien weisen jeweils eigene Merkmale auf und erscheinen an unterschiedlichen Standorten: Während Erstere überwiegend einzelne Motive (v.a. Tiere) in tendenziell geometrischen Formen wiedergeben, erscheint bei Letzteren die Ikonografie variationsreicher (Tiere, Menschen, unförmige Wesen, Handabdrücke, abstrakte Gebilde), und es werden Jagdszenen oder Szenen aus dem Lagerleben in einer eher narrativen Form gezeigt. Man nimmt an, dass die Felsbilder der San magisch-religiösen Zwecken dienten: Sie stellen vergangene Ereignisse dar und sollen die Götter durch Verweis auf die Praktiken der Priester und Heiler, die im Trancezustand die Macht über Regen, Jagdbeute und Krankheit haben, freundlich stimmen.

◄ Felsmalerei, San, Kamberg-Naturreservat (Namibia).

Menschen und Tiere erscheinen zusammen in derselben Umgebung und stehen in Wechselwirkung zueinander. Große Bedeutung hat die Elenantilope, die mehr als alle anderen Motive die Lebenskraft verkörpert. In dieser Hinsicht ist es bezeichnend, dass sich in der roten Farbe dieser Felsbilder Spuren von Blut fanden.

In den Drakensbergen wurden an rund 600 Plätzen insgesamt an die 35.000 Felsbilder entdeckt.

▲Felsmalerei, San, Kamberg-Naturreservat (Namibia).

Für die Farben wurden folgende Materialien verarbeitet: Ton (Weiß), Kohle und Mangan (Schwarz), Ocker (Rot und Gelb).

Eine Bestätigung für die einstige magisch-religiöse Bedeutung der Antilope findet sich heute im Glauben der !Kung wieder, einer Volksgruppe der San, die in der Kalaharisteppe lebt: In Trance tanzt man um das Gerippe des Opfertiers in dem Glauben, dass der Schamane sich in eine Antilope verwandelt, um in die jenseitige Welt zu gelangen.

Da größere Sinnzusammenhänge fehlen, wurden die Kenntnisse der Ethnologen über die schamanischen Rituale in den Jäger- und Sammlergemeinschaften des südlichen Afrika herangezogen, um Hypothesen über die Bedeutung der Felsmalereien und -gravierungen, insbesondere über das wiederkehrende Motiv der Giraffe, zu formulieren.

Die Stilisierung der Motive ist nicht so sehr einem mangelnden Realitätssinn zuzuschreiben, vielmehr resultiert sie aus dem fragmentierten Sehvermögen während der Trance.

Der Glaube der Schamanen, dass das Rückgrat als »Leiter der Ritualmacht« dient, kann die offensichtliche Bedeutung der Giraffe in der Kunst erklären.

Dass diese Felsritzung nur Rückenlinie und Profil der Giraffe zeigt, ist wohl auf die veränderte bzw. eingeschränkte Wahrnehmung im Trancezustand zurückzuführen

▲ Felsritzung einer Giraffe, um 3000 v. Chr. – 1000 n. Chr., San (Namibia), Windhuk, State Museum of Namibia.

Straußeneierschalen können sich über Jahrtausende unbeschädigt halten. Das Jäger- und Sammlervolk der San (bis vor Kurzem benutzten sie sie als Behälter für Wasser oder Speise) verwendet sie als Behälter seit mindestens 15.000 Jahren.

Die Einritzungen wurden sowohl von Männern als auch Frauen mit einem Steinsplitter oder später mit einer Eisenklinge ausgeführt. Die Ritzstellen wurden hier mit Kohlenpulver (Schwarz) und fein gemahlenem rotem Ocker (Rot) eingerieben.

Traditionellerweise bestehen die Muster aus gebogenen Linien, Gittern, Dreiecken und Zickzacklinien. Im 20. Jh. kamen noch Tierdarstellungen hinzu, allerdings haben geometrische Motive immer noch Vorrang. Bisher konnte den Motiven keinerlei religiöse Bedeutung zugeschrieben werden, daher wird angenommen, dass sie tatsächlich nur eine rein dekorative Funktion haben.

Da Straußeneier mit Ritzdekor ziemlich selten vorkommen, könnte man auf eine besondere Verwendung schließen; tatsächlich hat man Spuren eingeritzter Straußeneier in Grabstätten gefunden, viel entscheidender aber könnte die Nachfrage des Tourismusmarktes sein, der in Südafrika schon lange existiert.

▲ Zwei Straußeneier mit Ritzdekor, San (Namibia), Privatsammlung.

»Durchquere einen großen See nur einmal, denn wenn du zurückkehrst, sind die Krokodile auf dem Posten.« (Sprichwort der Shona, Simbabwe)

Shona

Verbreitung
Südliches Afrika: Simbabwe, Mosambik

Geschichte
5. Jh. v. Chr.: Erste Besiedlung der Region Großsimbabwe
14.–15. Jh.: Blütezeit des Reiches Großsimbabwe
16. Jh.: Niedergang von Großsimbabwe; Entstehung der Reiche Khami und Monomotapa
19. Jh.: Einfälle der Ndebele

Verwandte Stichworte
Suaheli, Männlich und Weiblich, Perlen

Die in Simbabwe und Mosambik ansässigen Shona (oder Karanga) sind ein Bantuvolk. Als die Portugiesen im 16. Jh. in ihr Siedlungsgebiet eindrangen, erfuhren sie von den Karanga von dem untergegangenen Reich Großsimbabwe und dass es in einem Tal des Hochlandes zwischen den Flüssen Sambesi und Limpopo noch bedeutende Zeugnisse dieser Kultur, nämlich riesige Steinbauten, gäbe. Großsimbabwe erlebte seine Blüte zwischen 1300 und 1450. Die Wirtschaftsgrundlage bildeten Ackerbau und Viehzucht sowie die Goldbergwerke und der Handel mit den Suaheli (wie chinesisches Porzellan und Tausende Perlen aus Südostasien, die in den Ruinen gefunden wurden, belegen). Konnten die Überbleibsel der ersten Siedlungen auf das 5. Jh. v. Chr. datiert werden, gehen die ältesten Mauern auf die Mitte des 13. Jh.s zurück. Das Areal, auf dem die Residenz des Königs stand, wurde vermutlich nach 1550 aufgegeben, als Großsimbabwe durch die Reiche Khami und Monomotapa verdrängt wurde. Innerhalb der Umfriedung wohnte die Königsfamilie, in den 20 bis 30 Häusern außerhalb, die ebenfalls von einer Mauer eingefasst waren, die Angehörigen der Oberschicht. Es wäre allerdings falsch, sich Großsimbabwe als ein großes Reich vorzustellen: Die riesigen Ländereien, die dünne Besiedlung und die Subsistenzwirtschaft waren keine guten Voraussetzungen für eine Machtkonzentration. Tatsächlich war es nur eines unter mehreren Reichen der Region, die sich hinsichtlich Ausdehnung und Einfluss kaum voneinander unterschieden.

► Oberer Abschluss einer Einfriedung in Großsimbabwe (Simbabwe).

Als Baumaterial dienten Granitquader: witterungsbedingte natürliche Absplitterungen von Granitfelsen oder aber von Menschen durch Erhitzung und plötzliche Abkühlung mit Wasser provozierte Abplatzungen.

Im Unterschied zu den imposanten Mauern nehmen sich die Innenräume ausgenommen bescheiden aus, ein Umstand, der das Rätsel um den monumentalen Baukomplex nährte und die Hypothese aufkommen ließ, es handele sich um ein Zentrum der Initiation.

Auf den Türmchen, deren Form an die Getreidespeicher der Shona erinnert, standen vermutlich Monolithe mit Vogeldarstellungen.

Der Granit wurde zu rechteckigen Quadern unterschiedlicher Höhe behauen und diese dann zu einer 10 Meter hohen und 5 Meter dicken Mauer ohne Bindemittel akkurat aufgeschichtet. Die imposante Größe der Mauern legt eine Bedeutung als Wehrmauern nahe, doch spricht einiges dagegen: Es sind keine eindeutig wehrtechnischen Strukturen erkennbar, außerdem bilden mehrere Mauern lediglich kurze Bögen, die leicht einzukreisen sind. Sie scheinen damit eher eine symbolische Bedeutung als Zeichen königlicher Macht gehabt zu haben.

▲ Eingang in der »Großen Umfriedung« von Großsimbabwe (Simbabwe).

Skulpturen aus Großsimbabwe sind äußerst selten und Funde reine Glückssache, daher sind auch die Kenntnisse darüber sehr begrenzt, wo genau sie ursprünglich standen und in welchem Kontext sie verwendet wurden. Man vermutet, dass sie auf den Altären, auf Mauern oder an Eingängen platziert waren.

Die aufrechte Haltung und die ungewöhnliche Gestaltung der Beine legen nahe, dass es sich hierbei nicht um die Darstellung eines bestimmten Vogels handelt, sondern wohl eher um ein Fabelwesen, das tierhafte Formen und Züge angenommen hat.

Die Spitze eines Monoliths aus Speckstein; dargestellt ist ein Vogel, vermutlich ein Adler oder Geier, wie der gebogene Schnabel nahelegt.

Noch heute halten die Shona Vögel für Götterboten oder Verkörperungen der Ahnengeister. Leider lässt sich nicht mehr in Erfahrung bringen, ob die Menschen von Großsimbabwe ebenfalls diesem Glauben anhingen. Man nimmt an, dass der Vogel für den König steht, insofern als beide ein Bindeglied zwischen Himmel und Erde sind.

▲ Skulptur aus Speckstein, 13.–15. Jh. (Großsimbabwe), Privatsammlung.

Kopfstützen haben in Afrika einen großen praktischen Nutzen: Sie erleichtern das Schlafen, da sie die Auflagefläche des Kopfes auf ein Minimum reduzieren; das ist der Schweißabsonderung förderlich und hält den Kopf kühl.

Darüber hinaus werden damit die häufig sehr kunstvoll gestalteten Frisuren unbeschädigt gehalten.

Trotz seiner abstrakten Gestaltung erinnert das Gesamtkonstrukt aus dreieckigen und runden geometrischen Mustern an eine Frauenfigur mit Beinen, Brüsten und Schultern. Wenn der Mann sich schlafen legt, vervollständigt er die Figur mit seinem eigenen Kopf.

Bei den Shona waren es v.a. erwachsene Männer, die Kopfstützen benutzten, da man glaubte, sie besuchten im Schlaf die Ahnen, von deren Gunst die Weisheit und der Wohlstand der Familie abhing. Kopfstützen dieses Typus werden auch heute noch von Wahrsagern verwendet, um mit der jenseitigen Welt in Verbindung zu treten.

▲ Kopfstütze *mutsago*, Shona (Simbabwe), North Carolina Museum of Art, Raleigh.

»Das Gewicht der Stoßzähne belastet den Elefanten nicht.«
(Sprichwort der Ndebele, Simbabwe)

Ndebele

Verbreitung
Südliches Afrika: Simbabwe, Republik Südafrika

Geschichte
1821: Abspaltung der Ndebele vom Zulu-Reich und Errichtung einer eigenen Militärmonarchie
1893: Eingliederung des Königtums der Ndebele in Rhodesien

Verwandte Stichworte
Shona, Nguni, Jäger und Krieger, Perlen

Die Ndebele sind ein zu den Nguni gehörendes Bantuvolk, das nach der Rebellion von 1821 unter Msilikasi und der Abspaltung vom Zulu-Reich unter Chaka einen eigenen Staat gründete. Sie wanderten in Richtung Norden und errichteten im Süden des heutigen Simbabwe eine Militärmonarchie nach dem Vorbild der Zulu, wobei sie die ansässigen Shona unterwarfen. Der Staat basierte auf einer Gesellschaftsstruktur, die sich aus drei Gruppen zusammensetzte: Zansi, Enhla und Hole. Die Zansi bildeten die Herrscherschicht, die sich aus den Nachkommen der Mitkämpfer des Gründerheros rekrutierte; die etwas zahlreicheren Enhla waren jene Sotho, Venda und Tswana, die bereits vor der Besiedlung Simbabwes durch die Ndebele unterworfen und inkorporiert worden waren. Die zahlenmäßig bei Weitem größte Gruppe der Hole setzte sich aus Shona sowie anderen Volksgruppen zusammen, die sich freiwillig unterworfen hatten und dafür gegen Angriffe der Nachbarn geschützt wurden, sowie aus Kriegsgefangenen, die in das Heer der Ndebele eingegliedert oder als Sklaven gehalten wurden. 1888 nahm der König britischen »Schutz« an, 1893 wurde sein Land Rhodesien eingegliedert.

► Ndebele-Frau beim Bemalen einer Wand (Südafrika).

Nyoka *bedeutet Schlange. Dieses Tier verweist auf die Ahnen und damit auf die Fruchtbarkeit. In ihren unterschiedlichen Ausführungen repräsentieren die Perlengewänder die diversen Reifestufen der Frau und ihre unterschiedlichen gesellschaftlichen Verantwortlichkeiten. Sie wurden einst täglich getragen, heute nur noch zu feierlichen Anlässen.*

Die nyoka *werden von Frauen hergestellt. Dabei übertragen sie die Muster ihrer Wandmalereien auf die Perlenkomposition. Ein wesentliches Merkmal ist die Hervorhebung der Formen durch eine schwarze Umrandung. In den letzten Jahrzehnten wurde der weiße Grund zunehmend durch Farben ersetzt.*

Perlen waren im südlichen Afrika seit jeher heimisch. Als später die europäischen Glasperlen hinzukamen, wurde ihnen dieselbe Funktion und Bedeutung zugeschrieben wie den eigenen.

Wie bei den Wandmalereien stellen bestimmte geometrische Formen konkrete Gegenstände dar (meistens Architekturelemente, Häuser oder Teile davon) und bilden im Zusammenspiel richtiggehende Landschaften. Das Haus ist ein Symbol der Stabilität für ein Volk, das seit dem Ende des 19. Jh.s mehrfach durch Kriege vertrieben wurde.

▲ Gewand *nyoka*,
Ndebele (Südafrika),
London, The British Museum.

Die Häuser der Ndebele sind mit bunten, geometrischen Ornamenten bemalt, deren Formen durch eine schwarze Umrandung hervorgehoben werden. Gelegentlich kommen auch figürliche Elemente in stilisierter Form wie z. B. Flugzeuge vor, die auf die Moderne und den Westen anspielen.

Diese Kunstform kam wohl vor etwa einem Jahrhundert auf, nachdem die Ndebele den Briten unterlagen und sich über das Land der Sotho verteilen mussten. Gerade die Wandmalereien mit ihrer eigenen, neuen Stilprägung stellten ein wichtiges identitätsstiftendes Moment dar und galten als ein Zeichen kultureller Zugehörigkeit in einer fremden Umgebung.

▲ Ndebele-Frau in traditioneller Tracht (Südafrika).

Die Wandmalereien werden von Frauen geschaffen und sind Ausdruck ihrer eigenen Weltanschauung in einer Gesellschaft, in der ihnen nur wenig Entscheidungsspielraum gelassen wird; thematische Schwerpunkte dieser Kompositionen bilden die Fruchtbarkeit, das Land und die Ordnung des Kosmos.

Tatsächlich geben die Wandmalereien, die auf den ersten Blick abstrakt erscheinen, häufig Landschaften und Dörfer in symbolischer Weise wieder und stellen einen spezifischen Bezug zu dem jeweiligen Ort her; das trifft besonders auf die modernen Wandmalereien im städtischen Umfeld zu, die hier Symbole individueller Identität und politische Symbole sind.

»Heißes Wasser bleibt nicht für immer heiß.«
(Sprichwort der Zulu, Südafrika)

Nguni

Völker
Nguni
Zulu, Sotho, Swasi, Xhosa und Ndebele

Verbreitung
Südliches Afrika: Republik Südafrika, Simbabwe, Lesotho

Geschichte
19. Jh.: Entstehung von zentralisierten, militärisch organisierten Staaten
1816–28: Errichtung der Zulu-Nation durch Chaka
1888: Niedergang des Zulu-Staates

Verwandte Stichworte
Ndebele, Jäger und Krieger, Männlich und Weiblich, Wahrsagung, Tanz

Die Nguni sind eine den Bantuvölkern sprachverwandte Gruppe mit heute etwa 18 Mio. Angehörigen, die an der Ostküste des südlichen Afrikas leben. Sie hatten eine patrilineare Gesellschaftsform, waren in *Chefferies* organisiert und betrieben Viehzucht, bevor sie zu Beginn des 19. Jh.s aufgrund der zunehmenden Landverknappung und Intensivierung des Handels und bedingt durch eine ganze Reihe politischer Veränderungen kleine zentralisierte, militärisch organisierte Staaten bildeten (Zulu, Sotho, Swasi, Xhosa und Ndebele). Diese dehnten sich bis nach Zentral- und Südtansania aus, wobei die ansässigen Volksgruppen unterworfen und assimiliert wurden. Der Zulu-Staat entstand durch Chaka, der zwischen 1816 und 1828 mit Hilfe eines kleinen Nguni-Stamm der Zulu ein mächtiges Reich aufbaute, das bis zur Unterwerfung durch die Briten 1887 seine Unabhängigkeit bewahren konnte. Seine Stärke bestand darin, sich das System der Altersklassen für die Zwangsrekrutierung zunutze zu machen und sukzessive die jungen Männer der unterworfenen Völker in seine Regimenter zu inkorporieren. Eine Schlüsselrolle spielte dabei die Bildung einer politischen und symbolischen Einheit um den König, der als Mittler zwischen den Lebenden und den Ahnen galt und folglich der Garant für das Wohl des Volkes war.

► Tanz der Zulu in Soweto (Südafrika).

Sofern sie zur ganz persönlichen Habe einer Person gehörten, wurden Löffel dieses Typs mit ihrem Besitzer bestattet; gehörten sie aber zum Bestand jener vorehelichen Tauschgaben, die der Mann der Brautfamilie überreicht hatte, wurden sie beim Tod der Frau zurückgegeben.

Im figurativen Kontext entspricht die Löffelschale dem Kopf der Frau.

Die Form des Löffelstiels erinnert an die Silhouette einer Frau, deren Brüste, Gesäß, Schambein und Bauch besonders herausgestellt sind.

Löffel, die nicht nur ein Gebrauchsgegenstand sind, sondern darüber hinaus einen symbolischen Wert besitzen, weil sie auf den gesellschaftlichen Rang einer Person verweisen, können mitunter sehr kunstvoll gestaltet sein. Im südlichen Afrika sind geometrisch-abstrakte Formen üblich, es kann aber auch vorkommen, dass die Zugehörigkeit des Gegenstands zu einer Person explizit durch die figürliche Darstellung angezeigt wird.

▲ Löffel, Zulu (Südafrika), 19. Jh., Privatsammlung.

Von den insgesamt rund 10 Mio. Sotho leben an die 7 Mio. in Südafrika und 3 Mio. in den angrenzenden Ländern. Sie stammen aus dem Transvaal und sollen im 15. Jh. in das Umland abgewandert sein. Man unterscheidet die Nord-Sotho (Pedi), die Süd-Sotho (Seshoeshoe) und die Tswana. Sie sprechen ähnliche Sprachen, die als Sotho bezeichnet werden, aber z.T. mundartlich stark gegliedert sind.

Mit der Ankunft der Weißen und unter dem lastenden Druck ihrer Landansprüche sahen sich viele Sotho gezwungen, auszuwandern, die Viehhaltung aufzugeben und sich als Wanderarbeiter zu verdingen.

Das Königtum Sotho (Lesotho) entstand aus dem Widerstand gegen das Vordringen der Zulu: Der von Moshoeshoe angeführte Klan übernahm die Führungsrolle und etablierte sich als Herrscherdynastie. Im Unterschied zu anderen Nguni-Völkern, die eine verstreute Besiedelung des Landes vorzogen, lebten die Sotho in Dörfern und Städten mit mehreren Tausend Einwohnern, was ihre Verteidigungskraft erhöhte.

▲ Wahrsager, Sotho (Südafrika).

Jedes Jahr im Frühjahr ziehen die jungen Swasi-Frauen zu Tausenden tanzend in das Dorf der Königinmutter ein, um ihr Bündel frisch geschnittener Zuckerrohrhalme als Tribut zu entrichten und ihre Kraft und Ausdauer bei der Arbeit unter Beweis zu stellen.

Die Mädchen tragen Wickelröcke und eine Art Schärpe, deren Muster und Farben verraten, ob sie noch ledig sind oder schon einem Mann versprochen wurden.

Am achten und letzten Tag der Zeremonie erscheinen die Mädchen vor dem König, der ihnen eine Fleischspeise reicht.

▲ Umhlanga-Zeremonie (Schilfrohr-Tanz), Swasi (Südafrika).

Mit der jährlichen Incwala-*Zeremonie werden der Zusammenhalt und die Einheit des Swasi-Königtums gestärkt und bekräftigt: Im ersten Teil wird die Hauptstadt symbolisch geplündert und der König beschuldigt, ein Feind des Volkes zu sein, im zweiten Teil werden mit dem rituellen Verzehr der ersten Früchte die Ordnung und die Hierarchie bestätigt.*

Sinn und Zweck der Incwala-*Zeremonie ist es, soziale Spannungen abzubauen, die aufgrund der Rangordnung und am Ende einer langen Zeit der Entbehrungen bei Erntebeginn aufkommen. Man kann sie als ein Ritual der Auflehnung, aber auch als ein Reinigungsritual begreifen.*

▲ *Incwala*-Zeremonie, Swasi (Südafrika).

Die Incwala-*Zeremonie besteht aus zwei Teilen, dem* Kleinen Incwala *und dem* Großen Incwala *14 Tage später. Die Hauptakteure des ersten Teils, der an Neumond stattfindet, sind die Königinnen, der dem König am nächsten stehende Priester, die Prinzen und Regimenter, die mit rituellem Tanz und Gesang dem König gegenüber ihre Verachtung zum Ausdruck bringen. Danach folgen weitere Gesänge, in denen die erneute Unterstützung des Königs bekräftigt wird. Der zweite Teil der Zeremonie ähnelt dem ersten, ist aber viel umfangreicher.*

In den Stallungen eingesperrt und von seinen zuverlässigsten Kriegern bewacht, stärkt sich der König mit Wasser aus dem Meer und den wichtigsten Flüssen der Region. Seine Kraft erreicht ihren Höhepunkt mit der Verwandlung in Silo, ein Ungeheuer ohne jeglichen Bezug zur Gesellschaft und zu den Menschen, ein gefährliches, Unordnung bringendes Wesen. Anschließend wird der König durch rituelle Handlungen wieder in die Gemeinschaft integriert, und verspricht, seine Kräfte zum Wohl der Nation einzusetzen.

Macht und Öffentlichkeit

Großreiche der Subsahara
Nigerianische Reiche
Königreiche der Großen Seen
Chefferies des Graslandes
Akephale Gesellschaften
Altersklassen und Initiation
Geheimbünde
Schmiede
Töpferinnen
Griots
Jäger und Krieger
Männlich und Weiblich
Sklaverei
Kolonialära
Postkoloniale Ära
Bilder der Macht

◄ Maske aus Elfenbein, Benin (Nigeria), London, The British Museum.

»Mansa Musa, der Kaiser von Mali, überschwemmte Kairo mit seinen Wohltaten. Nicht einen Emir noch einen Würdenträger am Hofe vergaß er mit einem Haufen Gold zu beschenken.« (Al-Umari)

Großreiche der Subsahara

Großreiche Ghana, Mali und Songhai

Verbreitung
Westafrika

Geschichte
3.–11. Jh.: Großreich Ghana
9.–15. Jh.: Bildhauerkunst des mittleren Niger
9.–16. Jh.: Aufstieg und Niedergang (1591) des Großreiches Songhai
13. Jh.: Begründung des Reiches Mali um 1235 durch Sundjata Keita (Herrscher der Malinke)
14. Jh.: Blütezeit des Großreiches Mali
1324: Pilgerfahrt des Kaisers Kankan Musa nach Mekka
16. Jh.: Niedergang des Reiches Mali

Verwandte Stichworte
Mande, Akan, Islam, Handel, Perlen

Lange Zeit waren die Savannen Westafrikas das Tor und das Scharnier zwischen Nord- und Schwarzafrika, zwischen Wüste und Wald. Aus den nördlichen Gegenden (besonders nach der Islamisierung des Maghreb) kamen Salz, Stoffe, Utensilien, Perlen und Handschriften, aus den südlichen v.a. Gold, aber auch Kolanüsse, Kautschuk, Elfenbein und Häute. Der Islam drang nach Süden vor, Sklaven wurden nach Norden verfrachtet, und auch die Mekkapilger bewegten sich in diese Richtung. Bis zur Eroberung Amerikas war der afrikanische Kontinent – insbesondere Oberer Niger und Oberer Senegal und weiter südlich die Voltaregion und das Land der Akan – die wichtigste Goldquelle der Europäer. Die günstigen geografischen Bedingungen wirkten sich nicht nur positiv auf Wirtschaft und Handel aus, sondern auch auf die politische Entwicklung, die durch die Bildung komplexer, differenzierter Gesellschaftsformen gekennzeichnet war: Das Großreich Ghana (3.–11. Jh.) zerfiel erst nach der Eroberung durch die Almoraviden; das Reich Mali dehnte sich über weite Teile Westafrikas aus; dem Großreich Songhai setzten die Gewehre und Kanonen der Marokkaner im 16. Jh. ein Ende. Mittlerweile liefen portugiesische Schiffe den Golf von Guinea an, und die Drehscheibe des Handels verlagerte sich nach Süden.

► Männliche Figur aus Terrakotta, Djenné/Mopti (Mali), Detroit, Detroit Institute of Arts.

In dem Dreieck Ke Macina-Mopti-Djenné förderten archäologische Grabungen in den Wohnarealen um die toguere *(künstliche Hügel, auf die sich die Bewohner flüchten konnten, wenn der Niger Hochwasser führte) eine ganze Reihe von Statuen aus Terrakotta zutage, die auf das 9. bis 15. Jh. datiert wurden.*

Unter den Statuen, die in Djenné gefunden wurden, gab es neben solchen, die Menschen, auch welche, die Tiere (z. B. Flusspferde oder Elefanten) oder Mischwesen aus Mensch und Tier darstellen: möglicherweise mythologische Figuren eines unbekannten Pantheons.

Die Schwemmlandebene des Binnendeltas des mittleren Niger hat für die Geschichte Westafrikas eine zentrale Rolle gespielt: Einerseits war er schiffbar und ermöglichte eine außerordentliche Entwicklung von Ackerbau und Viehzucht, andererseits fiel der Region wegen ihrer geografischen Lage am Rand der Wüste eine Transit- und Vermittlungsfunktion für den Transsaharahandel zu. Die Stadt Djenné, die um 250 v. Chr. gegründet wurde, war einer ihrer zentralen Plätze.

▲ Anthropomorphe Figur, Djenné (Mali), 14.–16. Jh., Privatsammlung.

Das Großreich Mali erlebte seine Blütezeit im 14. Jh., als sein Ruhm sogar bis nach Europa vordrang, in dem man von einem sagenhaften Eldorado fabulierte. Auf der Weltkarte, die 1375 für Karl V. gefertigt wurde, ist der Kaiser von Mali auf einem Thron sitzend dargestellt, die Beine über Kreuz, auf dem Kopf eine goldene Krone, in der Linken ein goldenes Zepter und in der Rechten eine goldene Kugel.

Dass das Reich Mali auch im Mittelmeerraum und im Mittleren Osten bekannt wurde, verdankt sich der Pilgerfahrt, die 1324 Kaiser Kankan Musa (1307–32) nach Mekka unternahm. Die 60.000 Träger und 500 Diener seines Gefolges sollen goldgewirkte Gewänder getragen haben. Die großzügigen Goldspenden des Kaisers hatten einen enormen Preisverfall des Edelmetalls zur Folge.

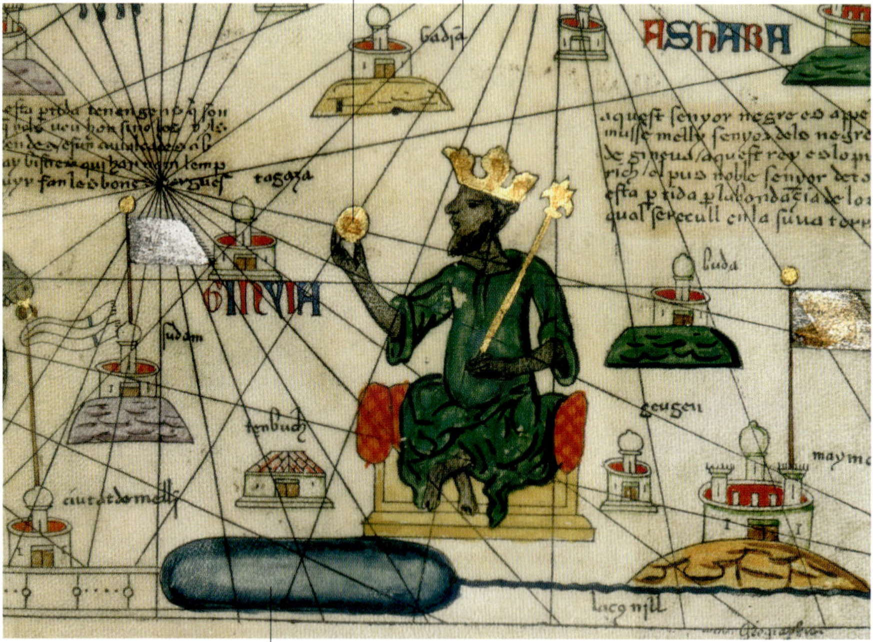

Das Großreich Mali war kein zentralistischer Staat, sondern eher eine Föderation aus Königreichen, Chefferies und Stadtstaaten. Es wurde um 1230 von Sundjata Keita gegründet, der das Mande-Volk der Malinke in einem Eroberungszug gegen das Reich Ghana anführte und die dynastische Erbfolge des Bruders auf den Bruder festlegte. Während ihm in der mündlich tradierten Überlieferung Zauberkräfte zugeschrieben werden, verherrlichen arabische Schriftquellen seine Tiefgläubigkeit als Muslim.

▲ Landkarte von 1375 mit der Darstellung des Kaisers von Mali (Ausschnitt), London, The British Library.

Da diese Statuen in Wohnarealen gefunden wurden, nimmt man an, dass sie für die Verwendung in Ritualen, das Wohlwollen der Götter vor dem Bau eines neuen Hauses zu erbitten, auf Familienaltären gestanden haben oder den Göttern geweiht wurden, um die Heilung von Krankheiten zu erwirken.

Es konnten bei den gefundenen Statuen über 60 verschiedene Körperhaltungen festgestellt werden. Die häufigste ist kniend mit aufgerichtetem Oberkörper und den auf den Oberschenkeln ruhenden Armen; der kultische Zweck dieser Figuren verbot eine eigenmächtige Gestaltung, ja leistete einer strengen Reglementierung der Formensprache Vorschub.

Neben Darstellungen von Angehörigen der Oberschicht in reichen Gewändern finden sich in der Kunst von Djenné auch Figuren ärmlich (oft nur mit Lendenschurz) Gekleideter, teils kniend und mit gekreuzten Armen vor dem Körper, teils in freierer Pose. Statt der in den afrikanischen Künsten häufig anzutreffenden frontalen Darstellung, der symmetrischen Anordnung der Gliedmaßen und der Unterteilung des Körpers in geometrische Volumen überwiegt hier die organische, die weichen Konturen betonende Gestaltung. Das hat sicher auch mit der Formbarkeit der Tonerde zu tun, die zum Experimentieren einlädt, weil sie keine eigene Form besitzt.

▲ Sitzende Figur aus Terrakotta, Djenné (Mali), Genf, Musée Barbier-Müller.

Der Kopf ist leicht gehoben, wie um den Himmel zu betrachten oder auch als Zeichen würdevoller Distanz. Nase, Mund und Ohren, das ganze Gesicht sind tendenziell dreieckig gestaltet. Große Bedeutung hat der Bart (vermutlich versinnbildlicht er Autorität und Weisheit), der das Gesicht von einem Ohr zum anderen einrahmt und nach vorne hin verlängert und damit besonders hervorhebt.

Die linienförmigen Einritzungen auf Kopfputz, Nase, Ohren, Bart und v.a. um die Augen sind ein wichtiges Verbindungselement zwischen den einzelnen Gesichtspartien. Eine ähnliche Funktion haben die sich kreuzenden Linien, die den Saum des Kleidungsstückes und das Pferdegeschirr zieren, sowie die Streifen aus rotem Lack auf den Körpern von Reiter und Pferd.

Der viele Schmuck – Helm und Geschmeide des Reiters und das Pferdegeschirr – verweist auf den hohen gesellschaftlichen Rang des Dargestellten. Vor allem die oberen Partien der Statue, insbesondere die Köpfe von Reiter und Pferd, sind bis ins Detail sorgfältig bearbeitet worden. Dagegen sind die zylinderförmigen Beine von Mensch und Tier kaum modelliert. Diese Unterschiede entsprechen der unterschiedlichen Bedeutung, die den verschiedenen Körperpartien beigemessen wird.

Im Verhältnis zum Pferd erscheint der Körper des Reiters überdimensioniert, was daran liegt, dass das Tier nicht als eigenständiges Wesen, sondern als Attribut des Menschen angesehen wird. In den Regionen südlich der Sahara ist das Pferd ein verlässliches Indiz für den Status einer Person: Weil es selten vorkommt und anfällig ist, konnten sich nur die hochgestellten Persönlichkeiten ein Pferd leisten.

▲ Pferd und Reiter, Djenné (Mali), London, Entwistle Gallery.

»Brennt der Palast eines Königs ab, so wird derjenige, der an seiner Stelle erbaut werden wird, noch viel schöner sein.«
(Sprichwort der Yoruba, Nigeria)

Nigerianische Reiche

Königreiche Ife, Benin und Oyo

Verbreitung
Westafrika: Nigeria

Geschichte
10.–15. Jh.: Königreich Ife
14.–19. Jh.: Königreich Benin
17.–19. Jh.: Königreich Oyo

Verwandte Stichworte
Nigerianische Völker, Schmiede, Donnergott Shango, Ogboni-Kult, Traditionelle Kunst

Das Gebiet des heutigen Nigeria hat eine Reihe von Königreichen hervorgebracht, die miteinander verbunden waren und bedeutende Zeugnisse afrikanischer Hofkunst hinterlassen haben. Besonders eng sind die Verbindungen zwischen den Königreichen Ife (10.–15. Jh.), Benin (14.–19. Jh.) und Oyo (17.–19. Jh.). Alle drei haben ihren mythisch-religiösen Ursprung in Ife: Hier befindet sich der »Nabel der Welt«, d.h. jene Stelle, an der auf Geheiß des Himmelsgottes Olorun die Gottheit Obatala (nach anderer Überlieferung auch der jüngere Bruder und Thronräuber Oduduwa, erster König von Ife und Erzeuger der Menschheit) auf die Erde herabstieg, um den Ursumpf in Festland zu verwandeln. Von hier zogen die 16 Söhne des Oduduwa los, um ebenso viele Yoruba-Städte zu gründen. Ihre Macht verdankte die Stadt Ife vermutlich ihrer Brückenfunktion als Handelsplatz zwischen den Wäldern im Süden, dem mittleren Niger und den Transsahararouten. Die schrittweise Verdrängung aus dieser Rolle durch die Königreiche Benin und Oyo könnte ihren Verfall erklären. Benin war zwar ein Staat des Volkes der Edo, aber der vergöttlichte König *(Oba)* gehörte einer fremden Dynastie an; tatsächlich soll der erste König dieser Dynastie aus Ife gekommen sein. Sein Fremdsein trug mit dazu bei, den sakralen Charakter seiner Macht zu erhöhen. Der *Oba* war mit gesetzgebenden, vollziehenden und richterlichen Befugnissen ausgestattet. Er konnte die Todesstrafe anordnen, besaß alles Land im Königreich und das Monopol über den Außenhandel.

◀ König Obu Adekola Ogunoye, der Olowo von Iwo (Nigeria).

Diese 47 cm hohe Statue stellt den Herrscher von Ife (Oni) *im Krönungsschmuck dar.*

Es sind die verschiedensten Formen von Kronen der Oni *aus Ife bekannt, aber allen gemeinsam ist dasselbe konisch geformte Rundelement über der Stirn und ein darüber aufwärtsgerichtetes Motiv. Das hier gezeigte ist die gebräuchlichste Form: ein als spitzer Zipfel auslaufender Stoffknoten.*

Seine Rechte hält einen mit perlenbesticktem Stoff umkleideten Stab. Dieser wird nach der Krönung durch den irukere, den perlenbesetzten Kuhschwanz-Fliegenwedel, ein in Afrika weitverbreitetes Herrschaftssymbol, ersetzt.

Der hohe Rang der dargestellten Person wird durch die Perlenmanschetten an Unterarmen und Waden und die vielen Perlenschnüre, die den größten Teil der Brust bedecken, hervorgehoben.

Seine Linke hält ein mit mächtiger Medizin gefülltes Tierhorn.

Ab 1910 wurden in der Nähe des Königspalastes und eines der alten Stadttore fast drei Dutzend »Bronzegüsse« (Kupfer mit geringem Zinn- und Zinkanteil) ausgegraben. Die Gusstechnik des Wachsausschmelzverfahrens könnte von Norden über den Transsaharahandel nach Ife gelangt sein.

▲ Statue eines *Oni*, Yoruba (Nigeria), 12.–15. Jh., Ife, Nationalmuseum.

Die kegelförmige Krone besteht aus mehreren Reihen zylindrischer Perlen; die Haare sind zu Zöpfen geflochten und hängen am Nacken herab.

Der Stil des Gesichts leitet sich von dem idealisierten Naturalismus der Ife-Kunst ab. Die Formen sind füllig, die Gesichtszüge entspannt, die Lippen fleischig, die Augen mandelförmig ohne Ausgestaltung der Pupille. Alles Merkmale, die später in die Bronzekunst übernommen wurden.

Über der Stirn ist noch die Stelle zu sehen, wo sich ursprünglich ein Schmuckelement befand, das mit großer Wahrscheinlichkeit denen der Bronzeköpfe und -figuren aus derselben Gegend ähnelte.

Bei den Ausgrabungen in Ife von 1957 fanden sich vier Köpfe aus Terrakotta und Bruchstücke mehrerer Statuen in der Nähe eines Altars. Bei den zwei gekrönten Köpfen nimmt man an, dass sie Königinnen darstellen, die anderen ohne Kopfschmuck vermutlich Dienerinnen – eine Annahme, die die unterschiedliche Größe der Köpfe zu bekräftigen scheint: Während die beiden gekrönten Köpfe fast normale Lebensgröße aufweisen, sind die anderen beiden kleiner, wie um zu zeigen, dass sie in der sozialen Hierarchie auf einer niedrigeren Stufe stehen.

▲ Kopf einer Königin,
Yoruba (Nigeria), 12.–13. Jh.,
Ife, Nationalmuseum.

In der Benin-Plastik ist die Schlange ein häufig wiederkehrendes Motiv und gilt als Bote von Olokun, dem Herrn des Meeres. Einst wurden Pythons zum Schutz des Königspalastes auf dessen Dach gestellt und übernahmen so eine vermittelnde Funktion zwischen der irdischen Herrschaft des Oba und der himmlischen Herrschaft des Gottes Osanobua.

Die Pfosten sind mit dem »Portugiesenkopf-Motiv« verziert, das ab dem 16. Jh. in der Benin-Kunst ständig Verwendung fand. Der Handel mit den portugiesischen Kaufleuten war die wichtigste Quelle des Wohlstands des Königreichs Benin, daher hatten diese Darstellungen vermutlich die Funktion, Unheil abzuwehren und die Götter freundlich zu stimmen.

Bei den meisten Reliefplatten aus dem Königreich Benin handelt es sich um Darstellungen von Königen, Häuptlingen und Dienern bei rituellen Handlungen.

Früher schmückten Messingplatten dieser Art (man weiß von mehr als 900) die Pfeiler des Palastes von Benin. Ihre rechteckige Form, aber auch die Tatsache, dass einige Figuren aufeinander abgestimmt waren und gelegentlich sogar in einer Weise, dass sich richtiggehende Szenenfolgen ergaben, lassen vermuten, dass Illustrationen aus europäischen Büchern aufgegriffen wurden; allerdings dürfte deren Inhalt kaum fiktional-narrativ gewesen sein.

▲ Palast, Reliefplatte, Königreich Benin (Nigeria), 16./17. Jh., Berlin, Staatliche Museen zu Berlin, Ethnologisches Museum.

In dem Loch, das sich in der Mitte des Kopfes befindet, steckte einst ein mit zahlreichen Reliefdarstellungen verzierter Elefantenstoßzahn. Wegen der ihm zugeschriebenen Stärke und Weisheit ist der Elefant ein Symbol königlicher Macht; aus diesem Grund hatte nur der König das Recht, Gegenstände aus Elfenbein zu besitzen.

Wie schon in Ife, waren auch in Benin die Bronzeköpfe, die auf königlichen Ahnenaltären platziert wurden, ein zentraler Bestandteil der Machtsymbolik. Sie dienten der Erinnerung an verstorbene Könige, aber auch als Kriegstrophäen. Es scheint, als wären von den Köpfen der gefährlichsten gefallenen Feinde Messinggüsse angefertigt worden, um sie dann auf den Kriegsaltären aufzustellen oder deren Nachfolgern zukommen zu lassen, um diese davon abzubringen aufzubegehren.

Wie die Reliefplatten gehen die Gedenkköpfe auf das 15. und 16. Jh. zurück, also auf eine Zeit der großen Ausdehnung des Königreichs Benin, die mit der Ankunft der Portugiesen einherging. Ihre stilistische Verschiedenheit wurde zeitlich bedingt als Übergang von einem naturalistischen, vielleicht von Ife beeinflussten Stil hin zu einer größeren Stilisierung (Erstarrung des Gesichts, Vergrößerung der Halskrause, Vermehrung der Schmuckelemente) erklärt.

▲ Gedenkkopf eines Königs, Königreich Benin (Nigeria), 15./16. Jh., Lagos, Nationalmuseum.

»Es sind riesige Hütten mit schön ›frisierten‹ Strohdächern, die aussehen wie von einem Londoner Friseur gestylte Haare.« (John Speke)

Königreiche der Großen Seen

Königreiche von Buganda und Ruanda

Verbreitung
Eduard-, Kivu-, Tanganjika-, Kioga- und Viktoriasee (Ruanda, Burundi, Uganda und Tansania)

Geschichte
16. Jh.: Abspaltung Ruandas vom kleinen Königreich Bugesera und Ausdehnung seines Herrschaftsgebietes
18. Jh.: Aufstieg des Königreichs Buganda zur größten Macht der Region der Großen Seen
1856–84: Regierung von Mutesa I. von Buganda
1899: Königreich Ruanda – deutsches Protektorat
1919: Ruanda und Burundi – Belgien; Verwaltung beider Gebiete durch Belgien bis 1946 als Mandat des Völkerbundes und 1946–62 als UN-Treuhandgebiet

Verwandte Stichworte
Suaheli

Die zentralisierten Königreiche von Buganda und Ruanda entstanden in der Region der Großen Seen Eduard-, Kivu-, Tanganjika-, Kioga- und Viktoriasee zwischen Ruanda, Burundi, Uganda und Tansania. Lange Zeit vermuteten die Europäer, dass die einheimischen Bantuvölker durch Gruppen semitischer Abstammung (Äthiopier, Niloten, Galla) unterworfen wurden und diese einen monarchistischen Feudalstaat mit einer Oberschicht aus Kriegern und Rinderhirten und den einheimischen Bauern als Unterschicht errichteten. In jüngerer Zeit aber geht man davon aus, dass die Interaktion zwischen Rinderhirten und Bauern über Jahrhunderte eine für diese Region spezifische Dynamik zwischen verschiedenen Kultur- und Sprachgruppen entfaltete. Sie führte dazu, dass die bestehenden staatlichen Institutionen die Kontrolle über kleinere Gemeinschaften und Hirtengruppen zu erlangen suchten. Durch Machtbeteiligung und Ehebündnisse versuchte man sie zu integrieren und erweiterte zugleich die Kontrolle über ihre Herden. In ähnlicher Form übte der König die Macht über die lokalen Gemeinschaften aus: Er übernahm ihre Kulte und verwendete sie als Mittel zur Legitimierung seiner Macht. Bis Mitte des 18. Jh.s war die Region völlig von der Welt abgeschnitten, danach wurde sie allmählich in das Handelsnetz der Suaheli eingebunden.

► Ronald Muwenda Mutebi II., König von Buganda, Uganda, 1993.

Die Landwirtschaft und die Kontrolle des Handelsnetzes der Suaheli, das im 19. Jh. das Binnenland mit der Küste verband, bildeten die wirtschaftliche Grundlage des Königreichs Buganda. Die Staatsmacht gründete auf einem Apparat von Beamten, die vom König ernannt wurden, einem effizienten Steuersystem und einer wirksamen Verteidigung der Grenzen gegen Angriffe von außen.

Starb ein König, wurde die Hauptstadt verlegt und damit das Königtum symbolisch erneuert. Die Kontinuität der Macht blieb dadurch gewahrt, dass man die Kiefer der verstorbenen Könige als gegenständliche Gedächtnisstütze für die Erinnerung an die Geschichte der Dynastie aufbewahrte.

Gegen Ende des 19. Jh.s stellte König Mutesa I. ein Heer auf und schuf das Amt des mujasi, *der für das königliche Arsenal verantwortlich war. Im Unterschied zu anderen Häuptlingen hatte er in militärischen Fragen fast überall im Königreich das Sagen und rekrutierte die fähigsten Krieger auf direktem Wege, statt die Aufgabe den lokalen Häuptlingen zu überlassen. Auf diese Weise stärkte Mutesa zwar seine Machtposition, riskierte gleichzeitig aber auch einen Machtverlust für den Fall, dass das königliche Heer rebellierte und die Lokalfürsten ihm nicht zur Hilfe kämen.*

▲ Dorothy Tennant Stanley, König Mutesa von Buganda, 19. Jh., Privatsammlung.

Während sich vom 18. Jh. an in Ruanda sukzessive eine Tutsi-Oberschicht etablieren konnte und die Hutu aus den Machtpositionen verdrängte, spielte die Baganwa-Dynastie in Burundi vom 18. Jh. an eine Vermittlerrolle zwischen Tutsi und Hutu. Die Belgier übernahmen das ruandische Modell einer rassisch begründeten Hierarchie und übertrugen es auf Burundi. Die Landesbewohner verinnerlichten die kolonialen Vorstellungen.

In Spiralwindungen aufgebaute Korbgefäße mit konischen Deckeln wurden von Tutsi-Frauen der Oberschicht hergestellt. Herkömmliche Farben waren der natürliche Goldton des Grases, Rot (durch Kochen von Wurzeln und Samen der Pflanze urukamgi erzeugt) und Schwarz (durch Kochen der Bananenblüte). Später wurden diese Gegenstände für Touristen angefertigt.

▲ Körbe und Teller, Tutsi (Ruanda), Privatsammlung.

Hutu und Tutsi haben eine gemeinsame Sprache, eine gemeinsame Geschichte und eine gemeinsame Heimat. Die ethnische Hutu-Tutsi-Dichotomie ist eine Folge der Rassenideologien des 19. Jh.s und der Kolonialpolitik. Die Tutsi wurden als »Zwischenrasse« zwischen Weiß und Schwarz angesehen, als Resultat der Durchmischung arischer Völker aus dem Norden. Diese rassistischen Vorstellungen wurden mit den Feudalstrukturen verknüpft und bei der Implantierung der Kolonialstrukturen in Ruanda und Burundi geltend gemacht. So wurde fortan zwischen den »Herrenmenschen« der Tutsi und der »Volksmasse« der Hutu unterschieden.

»Es ist genau so, wie einmal ein Kind sagte: Meine Mutter ist mein Häuptling, mein Vater der Häuptling meiner Mutter und der König der Häuptling meines Vaters.« (Sprichwort der Bamileke, Kamerun)

Chefferies des Graslandes

Mit *Chefferie* wird in der Ethnologie eine Zwitterform von unzentralisierten (akephalen) und staatlichen Gesellschaftsformen bezeichnet. Der Begriff ist insofern zweideutig, als die »Häuptlinge« in Afrika nicht selten eine koloniale Schöpfung waren und als Vermittler zwischen der europäischen Verwaltung und der ortsansässigen Bevölkerung dienten – ähnlich wie heutzutage, wo in den Ländern, in denen der Wechsel zum Mehrparteiensystem stattgefunden hat, die »traditionellen Häuptlinge« als effiziente Stimmensammler fungieren. Diese Interessen haben bei der Schaffung einer nationalen Identität in den postkolonialen Staaten zu einer Wiederbelebung der lokalen Autoritäten und der Heimatverbundenheit beigetragen. Auf den Hochebenen Westkameruns bildete sich seit dem 15. Jh. ein Mosaik kleinerer Staaten (Bamum, Tikar, Bamileke) als Ergebnis der Überlagerung von ortsansässigen durch eingewanderte Völker. Folglich bildeten sich politische Strukturen, die nicht auf einer ethnisch homogenen Grundlage, wohl aber auf der Anerkennung der politischen und religiösen Macht des Herrschers *(Fo)* aufbauten. Bei den Bamileke verwaltet der Fo das Land und teilt es unter den Familien auf; obwohl er nicht vergöttlicht wird, hat seine Macht sakralen Charakter und leitet sich vom Gründerahn ab: Von ihm hängt die Fruchtbarkeit des Landes und der Frauen, somit auch der Fortbestand des Lebens und das Wohlergehen des Volkes ab.

Völker
Bamileke, Tikar

Verbreitung
Ostafrika: Kamerun

Geschichte
15. Jh.: Entstehung der *Chefferies* und kleinerer Staaten
18. Jh.: Demografische Krise als Folge des Sklavenhandels
19. Jh.: Blütezeit der *Chefferies* der Bamileke
1902: Eintreffen der Deutschen im Grasland

Verwandte Stichworte
Kolonialära, Postkoloniale Ära, Schädelkult

◄ Büffelmaske, Bamileke (Kamerun), Privatsammlung.

Königsfiguren sind heilig. Der Körper des Fo *ist ein großes, mit Lebenskraft gefülltes Behältnis: Sie ist im Blut, das er von den Ahnen bekommen hat, im Speichel und in den Spermien. Darauf spielen auch zahlreiche seiner Insignien an, »Behältnisse« wie Pfeife und Palmweingefäß. Letzteres wird von König zu König weitergegeben und enthält die Kraft all derjenigen, die daraus getrunken und ihren Speichel und ihre Worte darin hinterlassen haben (denn über einem Palmweingefäß sagt man nichts als die Wahrheit).*

Der vom Vater zum Nachfolger ausersehene Sohn bekommt das ungeteilte Erbe: die Ehefrauen, die Ehrentitel, den Namen und die Macht über die Söhne (also diejenigen, die bis anhin seine Brüder waren).

Der Fo *ist kein absolutistischer Monarch, insofern seine Macht durch die höfischen Räte, die Macht kleinerer Häuptlinge und verschiedene, mehr oder weniger geheime Bünde, die häufig Masken verwenden, eingeschränkt und ausgeglichen wird. Die Machtgrundlage bilden religiöse Vorstellungen rund um mystische Energie, Lebenskraft* (kè), *den Gott* Si *und den Ahnen- und Geisterkult. Das eine und mannigfaltige* kè *ist die Quelle allen Lebens und erfüllt den Gott* Si *ebenso wie die Menschen und alles Seiende.*

▲ Statue eines *Fo* aus Holz, Bamileke (Kamerun), Privatsammlung.

Die Lehne des Königsthrons kuo fo *besteht aus zwei männlichen Figuren, die möglicherweise die Wächter und Beschützer des Königs* ('ngwala e tabue) *darstellen. Die Haltung der rechten und der linken Hand ist das Ehrerbietungszeichen, mit dem der König förmlich begrüßt wird.*

Das Gebäude im Hintergrund (nemo) *ist die Versammlungsstätte für den König und den Rat der Neun* (mkamvu'u), *ein politisch-religiöses Organ, das aus den Nachkommen der Gefährten des ersten Königs von Bandjoun (eines Jägers aus dem Norden) und der von ihm unterworfenen Lokalfürsten zusammengesetzt ist.*

Die mit Glasperlen verzierten Kalebassen gehören zu den heiligsten Gegenständen überhaupt: Sie verweisen auf den König und seine Fruchtbarkeit und stehen in symbolischer Verbindung zum Wasser. Was der Fo *aus den »bodenlosen« Kalebassen gießt, ist Wasser, das nie versiegt und die Ankunft des Regens, von dem die Fruchtbarkeit der Felder abhängt, gewährleistet. Die heiligen Kalebassen markieren den rituellen Bereich.*

Das Leopardenfell und die Elefantenstoßzähne zu Füßen des Königs sind Symbole königlicher Macht. Man glaubt, dass der Fo *die Macht besitzt, sich in einen Panther, einen Elefanten, einen Büffel oder in eine Boa zu verwandeln. Folglich besitzt er, ähnlich wie andere afrikanische Könige auch, eine dunkle, schreckliche Seite. Wie alles Heilige ist auch der König wohltätig und gefährlich zugleich.*

▲ König Ngnie Kamga von Bandjoun (1934–2003), Bamileke (Kamerun).

Die Türen bestehen aus verschiebbaren Platten aus Raphia; auch die Wände werden aus den Blattrippen der Raphia oder Nadelpalme gefertigt, die vom Material her dem Bambus ähneln. Die Gebäude haben einen quadratischen Grundriss. Das Grasdach weist eine konische Form auf. Seit den 1930er-Jahren wurde die Grasbedeckung zunehmend durch Wellblech ersetzt, und die Dächer bekamen eine pyramidale Form.

Die Figuren auf den Holzsäulen können Teil einer Szenenfolge sein, die an ein historisches Ereignis wie den Sieg über einen Feind erinnert, oder sie sind nach der Wiederholungsregel alle gleich gestaltet (Krieger, Köpfe getöteter Feinde usw.).

▲ Geschnitzte Holzsäule, Bandjoun, Bamileke (Kamerun), 19./20. Jh., Berlin, Staatliche Museen zu Berlin, Ethnologisches Museum..

Die Verwendung geschnitzter Holzsäulen und Türpfosten in Wohnhäusern oder Kultbauten war nicht freigestellt und, zumindest in der Vergangenheit, strengstens geregelt: Nur der König durfte eine unbegrenzte Anzahl davon besitzen, bei den Würdenträgern hing die Anzahl vom Titel und von den Reichtümern ab, die sie dafür aufzuwenden bereit waren. Das Zur-Schau-Stellen anthropomorpher Motive war allein dem König vorbehalten, die Würdenträger durften sich ihre Säulen und Pfosten mit nichtfigürlichen, manchmal auch mit Tiermotiven schmücken lassen.

»Wir sind mit den Rengyan verfeindet, wenn aber einer von uns gegen einen Dritten kämpft, tun wir uns mit ihnen zusammen.«
(Angehöriger des Nuer-Stammes der Bor)

Akephale Gesellschaften

Verbreitung
Westafrika, Zentralafrika, Ostafrika, Südliches Afrika

Verwandte Stichworte
Königreiche der Großen Seen, Altersklassen und Initiation

Akephale Gesellschaften besitzen keine zentrale politische Organisation. Entscheidungen fallen im Rahmen der Lineages (matrilinear oder patrilinear organisierte Abstammungsgemeinschaften, die einen gemeinsamen Urahn anerkennen und ein bestimmtes Gebiet besetzen) und der Klans (exogame Verwandtschaftsgruppen mit einem mythischen Urahn, die mitunter verstreut über ein Gebiet leben). Das Gesellschaftsleben wird durch die wechselnden Bündnisbeziehungen zwischen Klan und Lineage und durch ihre Konflikte bestimmt, was einen kontinuierlichen Prozess der Segmentierung und Verschmelzung der Gruppen, die auf gegebene Situationen reagieren müssen, aufrechterhält. Die Übergänge zwischen akephalen (oder segmentären) und »staatlichen« Gesellschaften sind jedoch fließend. Es lassen sich auch »segmentäre Staaten« ausmachen, wie etwa im Fall des alten Königreichs Buganda, wo neben der Zentralinstanz auch Lokalinstanzen existierten. Letztendlich lässt sich die Existenz segmentärer Gesellschaften in Afrika wohl besser verstehen, wenn man sie als Nebenprodukt staatlicher Gesellschaften, als Ergebnis eines durch übergeordnete politische Instanzen (der Großreiche etwa) auf schwächere Gemeinschaften ausgeübten Drucks begreift, statt sie an den Ausgangspunkt einer Entwicklung zu setzen, an deren Ende die Staatlichkeit steht.

◄ Mann vom Volk der Nuer (Sudan).

Die Nuer waren eines der Völker, die der britische Ethnologe Edward E. Evans-Pritchard in den 1930er-Jahren studierte. Sie zählten damals rund 200.000 Angehörige, gliederten sich in mehrere Stämme, die sich über ein System der Patrilineage organisierten und keine Zentralinstanz besaßen; ihre Haupteinnahmequelle bildeten die Viehzucht und Transhumanz.

Das soziale Gleichgewicht wurde über das Instrument der Fehde als Mittel der Konfliktbewältigung gewährleistet, indem die Gegensätze in kooperative Beziehungen umgewandelt wurden. Tatsächlich kann die Praxis der Rache durch die Zahlung einer Entschädigung, des sogenannten »Blutpreises«, unterbunden werden. Gerade die mit der Fehde verbundenen Vorstellungen von Schuld und Forderung sind ein wichtiger Faktor des gesellschaftlichen Zusammenhalts.

Nicht nur, dass das Vieh die Lebensgrundlage der Nuer sichert, es ist auch die »Sprache«, mit der die gesellschaftlichen Bande ausgedrückt werden. Die Nuer ignorieren die Nachbarvölker, die kein Vieh besitzen, befehden diejenigen, die Vieh haben, und verwenden dieses als Entschädigung im Falle eines Mordes. Nach dem Vieh richtet sich denn auch die Verteilung der Stämme auf dem Territorium entsprechend der Anzahl und Größe der Weiden und Wasserstellen.

▲ Ein Lager der Nuer (Sudan).

Stamm: Er ist »die größte Gruppe, deren Angehörige es für unerlässlich halten, sich für Beutezüge und die Verteidigung zu vereinen«, und also die größte politische Einheit. Wer einem Stamm angehört, sieht die Angehörigen eines anderen Stammes als unspezifische Gruppe, sich selbst aber als »Mitglied eines Segments des eigenen Stammes«. Ein Stamm bildet eine militärische Einheit.

Andere Nuer-Stämme: Die Bündnisse zwischen Stämmen, die einen Raubzug gegen Fremde zum Zweck hatten, waren nur von kurzer Dauer. Kriege zwischen Nuer-Stämmen unterlagen Einschränkungen (Frauen durften nicht belästigt, Häuser und Ställe nicht zerstört werden usw.), die Kriege gegen das fremde Volk der Dinka dagegen nicht.

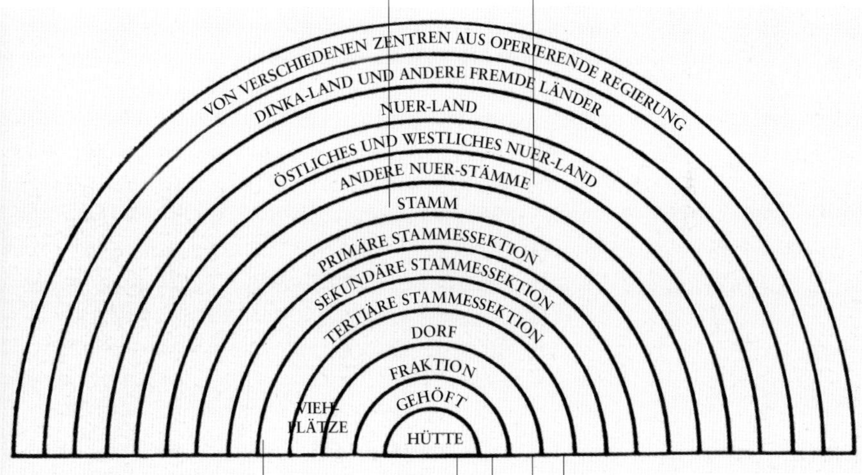

Viehplätze: Sie werden in der Trockenzeit von mehreren benachbarten Dörfern gebildet.

Hütte: Hier wohnt die Frau mit ihren Kindern, manchmal auch der Ehemann, der mit mehreren Frauen verheiratet ist.

Dorf: die politische Einheit der Nuer; die kleinste unter den nicht ausschließlich nach Verwandtschaftsprinzipien organisierten Gruppen: Gemeinschaft, basierend auf dem Wohnen, Verwandtschaftsbeziehungen (Blutsverwandte und Angeheiratete) und der Zusammenarbeit in vielen Bereichen; Dorfgemeinschaften entwickeln einen ausgeprägten Gemeinsinn in Abgrenzung zu anderen Dörfern.

Gehöft: Es besteht aus einem Stall und mehreren Hütten, in denen eine einzelne oder eine polygame Familie lebt.

Fraktion: Hier leben in männlicher Linie Verwandte, meist Brüder, mit ihren Familien.

▲ Die sozio-räumlichen Kategorien der Nuer im Sudan, Abbildung aus: Evans-Pritchard 1969, S. 114.

»Die Wade kann nicht für den Schenkel entscheiden.«
(Sprichwort der Mongo, Kongo)

Altersklassen und Initiation

Verbreitung
Westafrika, Zentralafrika, Ostafrika, Südliches Afrika

Verwandte Stichworte
Mande, Masai, Akephale Gesellschaften, Ackerbau

In afrikanischen Kulturen gilt das Kind als unvollkommenes, zerbrechliches Wesen mit Lebenspotenzialität: Es ist schon geboren, aber noch nicht lebendig. Vollkommenheit erlangt es erst durch den Eintritt in die Gesellschaft über den Initiationsweg des stufenweisen Erwerbs von Kenntnissen. Das Erwachsensein definiert sich nicht über das biologische, sondern über das »gesellschaftliche Alter«: den Kenntnisstand und Sachverstand, die erforderlich sind, um ein vollwertiges Mitglied der Gemeinschaft zu sein. Eine der institutionellen Möglichkeiten besteht in der Gruppierung der Knaben (seltener auch der Mädchen), die über einen bestimmten Zeitraum initialisiert werden. Die sozialisierende Funktion dieser Institutionen innerhalb der Gemeinschaft ist äußerst wichtig, weil sie die Solidarität und Zusammenarbeit quer durch die Abstammungs- und Siedlungsgruppen fördern. Die jüngeren Altersklassen erledigen eine Reihe von Gemeinschaftsaufgaben und übernehmen die Verteidigung, die ältesten kümmern sich um gemeinschaftliche Angelegenheiten. In Gesellschaften, die nicht zentral gelenkt werden, stellen die Altersklassen eine Art Regierung auf egalitärer Basis dar, insofern als sämtliche Gruppen mit der Zeit, Stufe um Stufe mit den Initiationsriten aufrückend, in den Genuss der im Alter zugewiesenen Titel kommen, die Autorität und Prestige verleihen.

▼ Eine Gruppe von Masai-Knaben wartet auf die nächste Etappe der Initiation, Kenia.

Hörner sind ein Fruchtbarkeitssymbol; ihre Anzahl variiert von Maske zu Maske entsprechend einer streng festgelegten Sexualsymbolik: Drei und sechs Hörner symbolisieren die Männlichkeit, den Lusttrieb und den Wissensdrang, vier und acht Hörner die Weiblichkeit, Passivität, Körperlichkeit und das Leben. Dagegen verweisen zwei, fünf oder sieben Hörner auf den Zwitter, das Nebeneinander von Aktivität und Passivität, die Dualität von Intelligenz und Triebhaftigkeit, die Notwendigkeit der Arbeit und die Kombination von Männlichem und Weiblichem im Ehe- und Gemeinschaftsleben sowie in der Einheit des Individuums.

Diese Masken finden im Kontext der Ntomo-Gesellschaft Verwendung, welche die erste Stufe des Initiationswegs bei den Bamana begleitet. Hier werden die Jungen im vorpubertären Alter auf das Beschneidungsritual vorbereitet. Die Masken dienen dem Zweck, Wissen an die Initianden weiterzuvermitteln. Die Ntomo-Maske ist ein Abbild des Menschen im Zustand nach der Erschaffung durch Gottes Hände. Ihre Symbolik verweist auf die Komplementarität von Männlich und Weiblich

Jede Initiationsstufe wird mit einem bestimmten Kenntnisstand und spezifischen Fähigkeiten der Sinne in Verbindung gebracht. In der Ntomo-Gesellschaft spielt die Nase, die als das Organ des Gefühls und des Gesellschaftssinns gilt, eine zentrale Rolle.

▲ Maske der *Ntomo*-Gesellschaft, Bamana (Mali), London, The British Museum.

Die Tyiwara-Gesellschaft bereitet die Jugendlichen auf das Erwachsenenleben und ihre Rolle als Ehemänner und Feldbauern vor; die Mitglieder dieses Initiations- und Kultbundes stammen aus der Altersklasse, die das Beschneidungsritual hinter sich hat.

Die obere Partie der Figur stellt ein Schuppentier oder Pangolin dar, der mit seiner Doppelnatur als Boden- und Baumbewohner die Beziehung zwischen den Wurzeln des Sorghum (einer Getreidepflanze) und seinen emporragenden Stängeln (den Hörnern der Pferdeantilope) herstellt.

Die Maske kombiniert die Merkmale verschiedener Tiere auf mehreren Ebenen, um eine auf die Feldarbeit bezogene Symbolik zu vermitteln. Die untere Partie stellt ein Erdferkel dar, ein in Erdhöhlen lebendes, nachtaktives Säugetier, und verweist auf die Sorghumwurzeln.

Die gebogenen Formen spielen auf die sich im Wind neigenden Sorghumstängel, das Gedeihen der Pflanzen und die Arbeit des Bauern an.

▲ Kopfaufsatzmaske *tyiwara*, Bamana (Mali), Paris, Musée du Quai Branly.

Korè stellt die Fortsetzung des Initiationsweges dar, der mit Ntomo begann. Die Korè-Gesellschaft stellt den Menschen nach Erlangung der Unsterblichkeit dar.

Die Löwenmaske symbolisiert Gerechtigkeit und Gelassenheit, Eigenschaften, die mit göttlichem Wissen assoziiert werden. Ihr Gegenstück bildet die Hyänenmaske, die das profane Wissen verkörpert.

Wer dem Korè-Initiationsbund angehört, strebt einen kontemplativen und mystischen Zustand an, in dem es nicht mehr um das »Sprechen« geht, sondern nur noch um das »Schauen«. Auf Fragen der Eingeweihten nach der Bedeutung der Symbole antworten die großen Meister mit »Ich weiß nicht … mir scheint, dass …«, damit sie von selbst auf die Antwort kommen.

▲ Maske *korè*, Bamana (Mali), Seattle, Seattle Art Museum.

»Der Löwe, der jagt, um zu töten, brüllt nicht.«
(Sprichwort der Toucouleur, Senegal))

Geheimbünde

Verbreitung
Westafrika, Zentralafrika, Ostafrika, Südliches Afrika

Verwandte Stichworte
Westliche Guineaküste, Nigerianische Völker, *Chefferies* des Graslandes, Altersklassen und Initiation, Männlich und Weiblich

Die Geheimgesellschaften haben oft weniger Geheimnisse zu verbergen, als gemeinhin angenommen wird. Vielleicht wäre es daher, wenigstens in einigen Fällen, angebrachter, von »geschlossenen Gesellschaften« zu sprechen, insofern als ihre Mitglieder trotz des durch Initiationsriten streng geregelten, beschränkten Zugangs allen gleichermaßen bekannt sind. Andererseits hat diese Geschlossenheit einen selektiven Charakter und richtet sich z. B. gegen die eigene gesellschaftliche Gruppe, nicht aber gegen andere Gruppen, mit denen Allianzen geschmiedet werden. Das Geheimnis betrifft das, was an den Versammlungsorten stattfindet, und die magisch-sakralen Quellen der Macht dieser Bünde. Doch auch in diesem Fall ist die Wirksamkeit des Geheimnisses als Quelle von Macht davon abhängig, dass man von dem Akt der Geheimhaltung weiß. In Wirklichkeit ist der Inhalt des Geheimnisses oft sehr banal oder besteht nur in dem Wissen darum, dass es keines gibt. Oft dient die Maske den Geheim- und Initiationsbünden als Mittel, Macht auszuüben, indem Regelübertretungen sanktioniert werden und soziale Kontrolle ausgeübt wird. Insbesondere den Männern bietet sie die Möglichkeit, ihre Autorität gegenüber Frauen und Kindern geltend zu machen, indem sie ihrer Macht etwas Übermenschliches verleihen. Doch auch in diesem Fall wissen alle, wer sich unter der Maske verbirgt; das »Geheimnis« beruht auf dem Spiel, das alle mitspielen, indem jeder den ihm zugewiesenen Part übernimmt.

▼ Maske *waniugo*, Senufo (Elfenbeinküste), Genf, Musée Barbier-Müller.

Masken spielen eine zentrale Rolle im Poro-*Initiationsbund, der in verschiedenen Völkern in Sierra Leone, Guinea, Liberia und in der Elfenbeinküste (Mande, Kpelle, Senufo, Mano und Vai) verbreitet ist.*

▲ Maske *poro*,
Mano (Elfenbeinküste),
Privatsammlung.

Der Poro *ist eine Institution, die sich um die Initiation und Ausbildung von Jugendlichen kümmert, um aus ihnen verantwortungsvolle Erwachsene zu machen, die imstande sind, ihre gesellschaftlichen Pflichten zu erfüllen. Die Masken des Initiationsbundes werden bei allen für das Gemeinschaftsleben bedeutenden Ereignissen getragen, so erscheinen sie außer bei Initiationsriten auch anlässlich von Begräbnissen, Festen zum Ende der Trauerzeit und Bauernritualen.*

Die Helmmaske wird auf dem Kopf getragen; Gesicht und Körper des Maskenträgers werden von dem Kostüm vollständig bedeckt. Wichtigstes Zentrum und möglicherweise das Herkunftsland dieses Maskentyps scheint das alte Bamileke-Königreich Bandjoun gewesen zu sein. Hier werden sie von den Mitgliedern des Geheimbundes Msop als Instrumente sozialer Kontrolle benutzt. Sie werden nur äußerst selten bei rituellen Anlässen (Inthronisation, Begräbnis) gezeigt, die die Person des Königs und die Würdenträger am Königshof betreffen.

Charakteristisch für die Formsprache der Kunst des Graslandes sind die aufgeblähten, vorstehenden Wangen und der offene Mund, der eine lange Zahnreihe zum Vorschein bringt.

Die pupillenlosen Augen verleihen der Maske ein gespenstisches Aussehen. Ihre Ausdruckskraft, die Tatsache, dass es trotzdem einen Blick gibt, hat mit der bedrohlich wirkenden Dynamik zu tun, die von den gewölbten, weit vorstehenden Augenbrauen ausgeht.

Die Maske stellt den Kopf eines aus dem Wasser auftauchenden Flusspferdes dar und repräsentiert damit das »Doppel« eines hohen Würdenträgers. Die Skulptur gliedert sich in zwei Ebenen: eine horizontale (untere Gesichtspartie) und eine vertikale, die sich durch die nach oben strebenden, riesigen Augenbrauen ergibt. Ihre starke Ausdruckskraft entsteht aus dem rhythmischen Spiel der Linien und Volumen, die trotz der analytischen Dekomposition des Gesichts in geometrische Elemente ein einheitliches Ganzes bilden.

▲ Helmmaske *tsesah*, Bamileke (Kamerun), Zürich, Museum Rietberg.

Die Aufsatzmaske in Form eines menschlichen Kopfes besteht aus einem Holzkern, der mit Antilopenhaut überzogen ist; sie wird auf einen geflochtenen Sockel montiert, an dem das Kostüm des Tänzers befestigt ist. Dadurch wirkt die Maske insgesamt optisch weit größer und ist wesentlich imposanter. Es gibt auch Masken, die mit menschlicher Haut überzogen sind. Das hat zu der Annahme geführt, dass einst die Häupter der getöteten Feinde auf dem Kopf zur Schau getragen wurden.

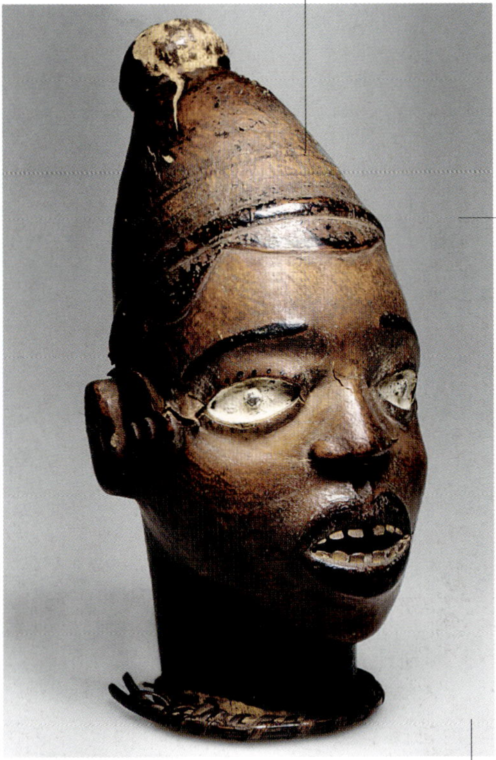

Ngbe *ist der Leopard, dessen Geist während der Tänze, bei denen seine Bewegungen nachgeahmt werden, zum Schutz der Gemeinschaft angerufen wird. Die* Ngbe-*Gesellschaft regelt die Angelegenheiten des Dorfes und nimmt gesetzgeberische und richterliche Aufgaben wahr.*

Bei den Ejagham (oder Ekoi) im Cross-River-Gebiet ist die Ngbe-*Gesellschaft ein Geheimbund der Krieger, der zusätzlich bestimmte Aufgaben in Politik und Handel übernimmt. Die Gruppenzugehörigkeit baut auf einem System von Symbolen auf, zu denen diese Masken und die Symbolik der nsibidi-Schrift gehören, deren Zeichen bei den Zeremonien der Gesellschaft mimisch dargestellt werden.*

▲ Hautüberzogene Aufsatzmaske, Ejagham (Nigeria), Privatsammlung.

»Wenn du eine Hacke schmiedest, so mache auch die Spitze für den Stiel.« (Sprichwort der Kongo, Demokratische Republik Kongo)

Schmiede

Verbreitung
Westafrika, Zentralafrika, Ostafrika, Südliches Afrika

Geschichte
15. Jh. v. Chr.: Zentren der Metallverarbeitung (Eisen) in Niger
9. Jh. v. Chr.: Zentren der Metallverarbeitung (Eisen) in Nigeria
9.–3. Jh. v. Chr.: Zentren der Metallverarbeitung (Kupfer) in Niger und Mauretanien
7. Jh. v. Chr.: Zentren der Metallverarbeitung (Eisen) in der Region der Großen Seen
5. Jh. v. Chr.: Zentren der Metallverarbeitung (Eisen) in Gabun

Verwandte Stichworte
Töpferinnen, Männlich und Weiblich

Im Siedlungsgebiet der Mande stehen die Wohnhäuser und Werkstätten der Schmiede, die eine endogame »Kaste« bilden, nicht nur außerhalb der Dörfer, sondern auch jenseits der bebauten Felder in der gefährlichen und unkultivierten Savanne. Der Beruf des Schmiedes wird vom Vater auf den Sohn vererbt und basiert v.a. auf einer Beherrschung der Werkstoffe, die durch die Ausübung der Kontrolle über die Lebenskraft *nyama* sowie durch Bündnisse mit den Geistern der Savanne erreicht wird, in der die Schmiede Holz und eisenhaltige Minerale sammeln. Daher auch ihre weitreichenden Kenntnisse der Pflanzen, die sie zu Heilzwecken verwenden. Den Schmieden werden viele Kräfte zugeschrieben, u.a. auch die Fähigkeit, Regen zu verhindern oder kommen zu lassen. Das macht sie zu ambivalenten Figuren: unerlässlich, aber gefürchtet, sogar verachtet. Ihre handwerkliche Tätigkeit (die Herstellung von Metallgegenständen, aber auch das Schnitzen von Holzskulpturen und -masken) ist mit ihren sakralen Aufgaben eng verbunden. Schmiede spielen eine zentrale Rolle etwa bei den Beschneidungsritualen, die den jungen Männern den Zugang zum Erwachsenenleben eröffnen, und betätigen sich als Wahrsager, interpretieren Vogelgesänge oder Bewegungen von Schlangen und werfen Kaurischnecken. Eisen gilt bei den Bamana-Schmieden wegen seiner Formbarkeit als Sinnbild der Erziehung, Feuer, das nur schwer zu beherrschen ist, als das des Wissens. Gerade weil er einem »erziehbaren« Stoff Form zu verleihen und ein gefährliches Naturelement zu beherrschen vermag, wird dem Schmied ein Wissen zugeschrieben, das nur noch von dem Gottes überragt wird.

► Reiterfigur aus Eisen, Dogon (Mali), London, Entwistle Gallery.

In vielen Gegenden eignen sich die Schmiede die Fortpflanzungskraft der Frauen sinnbildlich an. Bei den Shona in Simbabwe findet diese Analogie ihren deutlichen Niederschlag in der weiblichen Form des Schmelzofens, auf dem Brüste und Narbenschmuck der Frauen, gelegentlich auch Lendenschnüre wiedergegeben sind, die die Fruchtbarkeit verdeutlichen, bewahren und steigern; aus dem »Bauch« fließt die »Frucht« durch eine Öffnung, die sich zwischen zwei beinartigen Fortsätzen befindet.

Nicht selten nimmt der Blasebalg, mit dem das Feuer angefacht wird und der das Schmelzen des Eisens und das Hervorbringen der Formen gewährleistet, die Gestalt eines männlichen Gliedes an, wobei die Hoden durch die seitlichen Luftkammern aus Tierhaut dargestellt werden (diese werden mithilfe zweier daran befestigter Holzgriffe betätigt).

In der Zeit, in der sie mit der Schmelze beschäftigt sind, verzichten Schmiede häufig auf Geschlechtsverkehr, denn dann sind sie – nach Auffassung der Chewa in Malawi beispielsweise – mit dem Schmelzofen »verheiratet« und müssen ihm ihre ganze Energie widmen. Misslungene Gegenstände werden als Folge eines Ehebruchs – und sei es mit der eigenen Gattin – angesehen.

▲ Blasebalg (Senegal),
Paris, Musée du Quai Branly.

Heutzutage ist der eisenhaltige Werkstoff, den die Schmiede verarbeiten, nicht mehr lokaler Herkunft, sondern wird aus den Fahrzeugwracks europäischer Provenienz gewonnen.

Bis in die 1980er-Jahre gingen die meisten Fachleute davon aus, dass die Technik der Eisenverhüttung sich von Karthago und Meroë aus auf dem afrikanischen Kontinent südlich der Sahara ausgebreitet hat. Doch dann konnten archäologische Untersuchungen Datierungen liefern, die die Möglichkeit einer eigenständigen Erfindung nahelegen: Zentren der Metallverarbeitung gab es nachweislich im 15. Jh. v. Chr. auf dem Gebiet des heutigen Niger, im 9. Jh. v. Chr. in Nigeria, im 7. Jh. v. Chr. in der Region der Großen Seen und im 5. Jh. v. Chr. in Gabun.

Während Eisen wegen seiner Eigenschaften als formbares und widerstandsfähiges Material vorwiegend für die Herstellung von Gebrauchsgegenständen und Waffen verwendet wird, finden Kupfer und die dazugehörigen Legierungen, die zwar leichter formbar sind und mehr Glanz besitzen, aber auch weniger widerstandsfähig sind, für Objekte Verwendung, die Symbolwert besitzen und Repräsentationszwecken dienen.

Die Kupferverarbeitung erschien in Afrika zu einem vergleichsweise späten Zeitpunkt: Funde aus Niger und Mauretanien, die in die Zeit zwischen dem 9. und 3. Jh. v. Chr. datiert wurden, geben Anlass zu der Vermutung, dass sie von Frühberbern, den Vorfahren der heutigen Tuareg, eingeführt wurde.

▲ Schmiede in Njaluahan, Sierra Leone.

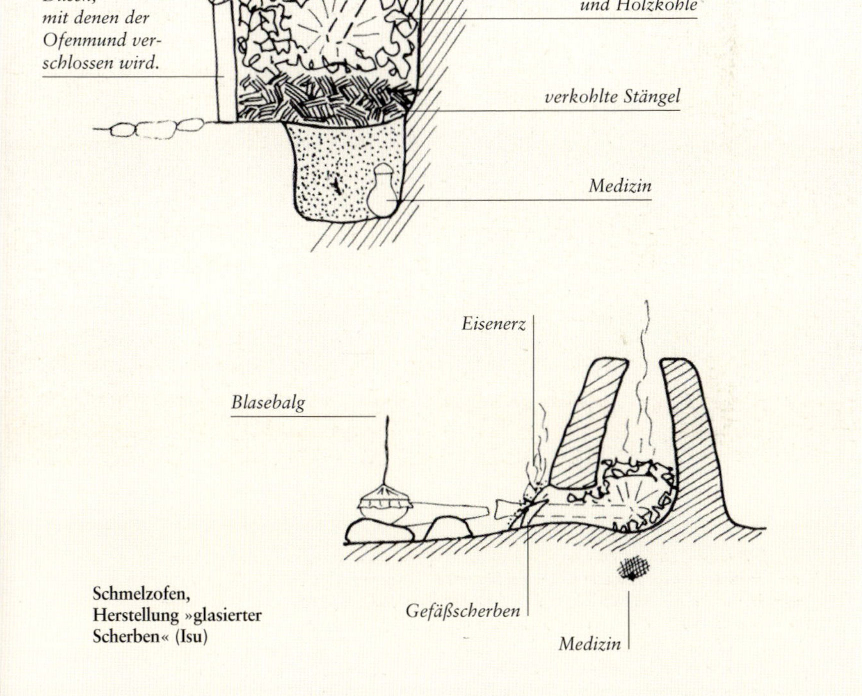

▲ Zwei Schmelzöfen im Querschnitt,
Bamessing und Iso (Kamerun),
Abbildungen aus: Arnoldi 1996, S. 58.

Es ist der göttliche Töpfer Alaja, der die Köpfe der Menschen modelliert; manchmal missraten sie ihm allerdings auch, wenn er sie auf dem Feuer vergisst. (Mythos der Yoruba)

Töpferinnen

Verbreitung
Westafrika, Zentralafrika, Ostafrika, Südliches Afrika

Verwandte Stichworte
Nguni, Schmiede, Männlich und Weiblich

▼ Töpferinnen bei der Arbeit, Kassena (Burkina Faso).

Töpferei ist in Afrika überwiegend Frauenarbeit. Nur in seltenen Fällen werden Töpferwaren von Männern hergestellt (z.B. bei den Hausa in Nigeria). In dem Fall fertigen sie figürliche Keramik an und überlassen die Produktion von Gebrauchsware den Frauen. Häufig gehört die Tonverarbeitung zu den üblichen Haushaltsaufgaben der Frau, wird aber auch als spezialisierter Beruf ausgeübt. In den Savannen Westafrikas sind die Ehefrauen der Schmiede Töpferinnen, die ihr Handwerk (genauso wie ihre Ehemänner) weitervererben. Häufig wird die Verbindung von Frau und Ton konzeptionell untermauert, indem eindeutige Parallelen zwischen Modellierung des Tons/Brand des Geschirrs und dem Kochen von Speisen bzw. dem Zeugen von Kindern gezogen werden. In Westkamerun beispielsweise sagt man, dass man der Ware »eine Haut gibt«, wenn man sie schwärzt, und »Blut gibt«, wenn man sie mit besonderen Substanzen anfeuchtet. Eine andere gängige Assoziation, die möglicherweise an die vorgenannte anknüpft, ist die von Töpferware und Begräbnis, wie dies beispielsweise bei den figürlichen Gefäßen der Akan in Ghana und in der Elfenbeinküste oder den Terrakotten aus den Fundstätten von Bura im Niger der Fall ist.

Bei der Herstellung der Tonware wird in Afrika nicht die Töpferscheibe, sondern die sogenannte Wulsttechnik angewendet: Erst wird der runde Boden des Gefäßes mit der Hand modelliert (oder es wird der Boden eines zerbrochenen Gefäßes verwendet), anschließend die Gefäßwand durch sukzessives Auflegen und Andrücken von Tonwülsten geformt. Anschließend wird das Gefäß innen wie außen geglättet und mit Ritzornamenten oder mit zusätzlichen erhabenen Schmuckelementen versehen. Nach dem Trocknen werden die Gefäße unter freiem Himmel in einem Holzfeuer gebrannt und schließlich entweder poliert oder in einem weiteren Brand geschwärzt.

In Afrika gibt es eher keine prinzipielle Unterscheidung zwischen Terrakottaplastik und Gebrauchsware, im Gegenteil, oft geht beides zusammen: Mal bildet ein Gefäß den Sockel einer Plastik, mal sind der Deckel, der Verschluss oder die Öffnung des Gefäßes als Figur ausgebildet. Dieser Umstand hat zu der Annahme geführt, dass die antike afrikanische Terrakottaplastik ebenfalls ein Werk der Frauen gewesen sein dürfte. Die Töpfererde wird meist in der Nähe von Wasserläufen entnommen, weil sie dort geschmeidiger ist. Nach dem Trocknen wird sie in einem Mörser gleichmäßig zerkleinert und anschließend mit Wasser zu einem Klumpen geknetet und geschmeidig gemacht; manchmal werden zerkleinerte Scherben zerbrochenen Geschirrs untergemischt.

▲ Töpferin bei der Fertigstellung eines Gefäßes (Benin).

Manchmal wird eine Kokosnuss verwendet, um den Boden des Gefäßes anzufertigen. Die Tonwülste werden dann spiralförmig um die Frucht gelegt.

Als Unterlage bei der Anfertigung des Bodens können aber auch ein Fuß oder eine Handfläche dienen.

Die »Ton-Spirale« wird auf den Boden eines auf dem Kopf stehenden Gefäßes gelegt und modelliert, um eine regelmäßige Form zu erhalten.

Für den oberen Abschluss des Gefäßes werden noch einige letzte Tonwülste hinzugefügt, die den Hals und Rand des Gefäßes bilden.

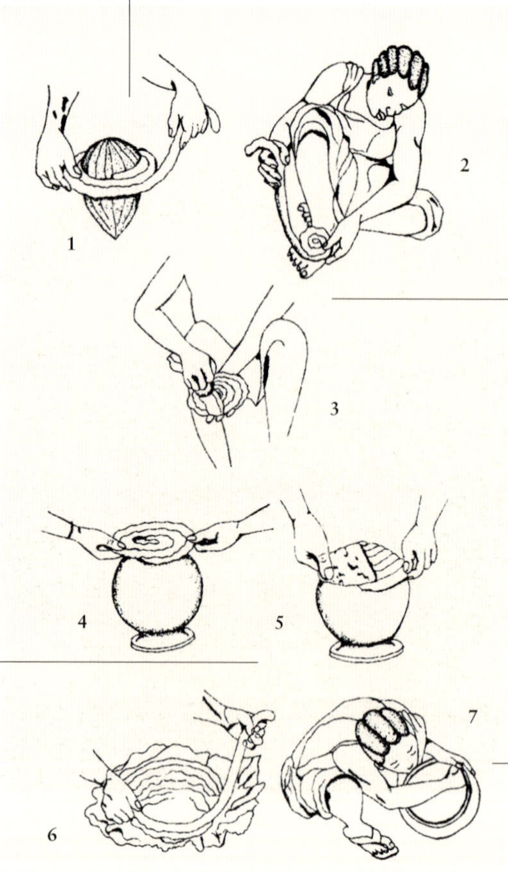

Um das Ganze stabiler zu machen, wird der Boden des Gefäßes in eine Kuhle gestellt und anschließend die Gefäßwand aus weiteren Ringwülsten gebildet.

▲ Die Herstellung von Tongefäßen in Wulsttechnik, Abbildung aus: Arnoldi 1996, S. 115.

Die erhabenen Muster erinnern an den Narbenschmuck, wie ihn die Frauen früher hatten, verweisen aber auch auf das Vieh, das bei den Zulu die Hauptquelle des Reichtums darstellt.

Bei den Zulu in Südafrika stellen die Frauen die fast kugelrunden Gefäße her, die zum Servieren und Trinken von Sorghumbier verwendet werden. Normalerweise wird die Öffnung mit einem geflochtenen, perlengeschmückten Deckel verschlossen.

Es sind nicht nur die Lebenden, die trinken und dabei dem Besitzer huldigen, sondern auch die Ahnen, denen bei rituellen Anlässen etwas Bier dargeboten wird.

Gefäße, die Nahrung oder Getränke enthalten sollen, werden ein zweites Mal mit getrockneten Kuhmistfladen gebrannt. Nach dem Brand wird den Gefäßen mit Tierfett und einem Reibstein ein glänzender schwarzer Überzug verliehen, der aus fein gesiebtem Ruß und Blätterasche besteht.

▲ Biergefäß, Zulu (Südafrika), Indianapolis, The Indianapolis Museum of Art.

Anthropomorphe Skulpturen waren für Frauen allgemein tabu, sonst drohte ihnen der Verlust der Fruchtbarkeit. Daher wurden Gefäße dieser Art von Männern hergestellt.

Das Verbot für Frauen, mit anthropomorphen Skulpturen und figürlichen Darstellungen im Allgemeinen in Berührung zu kommen, ist in vielen Gegenden Afrikas verbreitet, so auch im Grasland, wo Menschendarstellungen allein dem König vorbehalten waren.

Vermutlich entwickelten die Lurangu diesen Typus des Wasserkrugs gegen Ende des 19. Jh.s auf Nachfrage der Europäer, denen Gegenstände mit anthropomorphem Schmuckdekor besonders gut gefielen.

▲ Terrakottagefäß, Lurangu (Sudan), London, The British Museum.

»Eine Welt ohne Griots wäre so fad wie Reis ohne Sauce.«
(Sprichwort der Fulbe, Mali)

Griots

Verbreitung
Westafrika

Verwandte Stichworte
Mande, Großreiche der Subsahara, Schmiede, Traditionelle Musik, Zeitgenössische Musik

Die Kunst der Griots ist die Sprechkunst. Schon der arabische Geograf Ibn Battuta bezeugte im 14. Jh. die Anwesenheit von Griots am Hof des Kaisers von Mali. In vielen westafrikanischen Völkern, v.a. im Siedlungsgebiet der Mande, sind die »Barden« eine feste Institution. Den Beruf des Griots können nur (v.a. männliche) Mitglieder bestimmter Familien ergreifen, die eine endogame Kaste bilden. Die Griots werden geachtet und gefürchtet: Die Macht ihres Wortes kann über das Wohl und Wehe einer Person entscheiden, wenn böswillige Geister auf sie gelenkt werden. Dies gibt den Griots eine gewisse Ausdrucksfreiheit (ähnlich der der Narren an den europäischen Höfen), die bisweilen mit sittenwidrigem Verhalten einhergeht. Griots können in Dörfern und Städten selbstständig tätig sein oder ihre Dienste hohen Würdenträgern anbieten. Sie übernehmen eine wichtige soziale, erzieherische und politische Funktion durch die Tradierung und Wahrung des »historischen Gedächtnisses« und dadurch, dass sie die verschiedenen Teile der Gemeinschaft zusammenbringen. Die tief greifenden Umwälzungen der Kolonialzeit, die mit einem Verschwinden des alten Mäzenatentums einhergingen, zwangen die Griots nach neuen Betätigungsfeldern zu suchen, und so kommt es, dass heute einige unter ihnen zu den namhaften Musikern auf internationalen Bühne zählen.

◀ Ein Griot bläst das traditionelle Horn, Mali.

Bei den Bamana in Mali beruht die Macht der Worte des Griots auf ihrer Bedeutung als Tonikum: Sie stärken die Person seelisch wie körperlich, an die sie gerichtet sind, und mehren deren nyama, *jene Lebenskraft, die allen Wesen, belebten wie unbelebten, in unterschiedlichem Maße innewohnt.*

Die Griots, die Dichter und Musiker in einem sind, erzählen Geschichten, geben Ratschläge, übersetzen und interpretieren die Aussagen von anderen, tun Nachrichten kund und verbreiten sie, übernehmen diplomatische Aufgaben und vermitteln zwischen Konfliktparteien, feuern Krieger und die Teilnehmer von Sport- und Wahlveranstaltungen an.

Die Musik der Griots hat einen charakteristischen Klang. Im Unterschied zur gängigen Fünftonmusik beruht sie auf einem siebenstufigen Tonsystem, das jedoch anders ist als das abendländische.

Die Musikinstrumente der Griots sind: die Kora, *eine im Siedlungsgebiet der Mande verbreitete Stegharfe mit 21 Saiten, das* Balafon, *ein Xylofon mit Klangstäben aus Holz und Kürbisresonatoren, und die* Ngoni, *eine kleine Laute mit 3 oder 4 Saiten. Sie werden ausschließlich von Männern gespielt, den Griot-Frauen* (frz. griotte) *sind die Karinya (Glocken) vorbehalten. Die Griots spielen außerdem die* Dunun *(eine größere Trommel) und die kleine Sprechtrommel, die unter der der Achsel gehalten wird. Die in der Region weitverbreitete (und auch in Europa bekannte)* Djembe *ist hingegen das Instrument der Schmiede-Kaste.*

▲ Kora spielender Griot, Elfenbeinküste.

»Ungerechter Krieg, Krieg gegen Gott.« (Sprichwort der Bamileke, Kamerun)

Jäger und Krieger

Verbreitung
Westafrika, Zentralafrika, Ostafrika, Südliches Afrika

Verwandte Stichworte
Mbuti, San, Nguni, Männlich und Weiblich, Abomey

Für den Großteil der Bewohner des afrikanischen Kontinents stellt die Jagd bei der Nahrungsversorgung eine Ergänzung zum Feldbau dar. In den wenigsten Gemeinschaften basiert das Ernährungssystem, wie bei den Pygmäen in Äquatorialguinea oder den San in der Kalahari, auf dem Jagen und Sammeln. Die Jagd hat generell einen hohen Symbolwert, und in zahlreichen Kulturen ist der Urahn und Gründer eines Geschlechts ein Jäger. Die Jagd, insbesondere die Großwildjagd, wurde von Spezialisten praktiziert, die nicht selten in Berufsständen organisiert waren oder endogamen Gruppen angehörten. Ihre Tätigkeit war rituell geregelt: In Ritualen der Versöhnung und Entschädigung holte man sich die Zustimmung und Vergebung des zu tötenden Tieres ein. Auch der Krieg war früher eine rituell geregelte Disziplin und zielte in den akephalen Gesellschaften nicht auf die Vernichtung des Feindes oder die Eroberung von Land, sondern darauf, Gefangene zu machen und Güter zu erbeuten; daher waren Kriege immer zeitlich und örtlich begrenzt. Selbst die Gründung kleinerer Staaten – zumeist durch eingewanderte Gruppen, die sich über die »Autochthonen« stellten – verdankte sich weniger der Anwendung militärischer Gewalt als geschickter politischer Schachzüge. Dennoch spielte das Militärische in einigen Staaten eine zentrale Rolle, so in Luanda und Ruanda-Urundi, wo das Kriegerdasein ein Kennzeichen des Adelsstandes war und jeder neue König sein eigenes Heer aufstellte, oder in Südafrika mit der Ausdehnung des Zulu-Staates im 19. Jh.

▼ Jäger, Mali.

Gejagt wird mit Schleudern, Pfeil und Bogen sowie Netzen. Das Jagen ist immer Gemeinschaftssache, die Beute wird unter allen geteilt. Bei Treibjagden scheuchen Frauen, Kinder und Hunde die Tiere in Richtung der Männer, die im Halbkreis ein riesiges Netz über Hunderte von Metern aufgespannt haben.

Der Wald wird als die alles enthaltende »Große Gebärmutter« gedacht – »So wie unsere Väter und Mütter gibt uns der Wald Nahrung, Unterkunft, Kleidung, Wärme und Liebe« – und die Beziehung zu ihm als sexuelle aufgefasst.

Den guten Ausgang einer Jagd erbitten die Mbuti in Tänzen und Gesängen, in denen sie die Laute der gejagten Tiere nachahmen, und mit dem »heiligen Jagdfeuer«, mit dem der Segen des Waldes eingeholt wird: Sie entzünden ein Feuer unter einem Baum am Rand oder auch innerhalb des Lagers, wobei die Feuerstelle mit Stöcken eingezäunt wird, die in die Richtung des Jagdgebietes weisen. Die Mbuti betrachten das Feuer als ein Geschenk des Waldes; das Ritual ist eine Art Eingeständnis ihrer Schuld ihm gegenüber und eine Geste der Wiedergutmachung.

▲ Jäger vom Volk der Mbuti im Ituri-Wald (Demokratische Republik Kongo).

In Westafrika sichern sich die Jäger und Krieger den nötigen Schutz, um im Busch bestehen zu können, dadurch, dass sie sich Amulette, auf denen Koransuren stehen und die »Medizin« enthalten, auf ihre Tunika stecken. Die Erscheinung dieser Kleidungsstücke wandelt sich entsprechend den Unternehmungen und gibt Auskunft über das Leben des Besitzers und die gute Wendung, die sein Schicksal nehmen soll.

Während die Dorfbewohner sich in weiße oder bunte Baumwollstoffe kleiden, die ein Zeichen für Zivilisation sind, trägt der Jäger eine dunkle Tunika mit Amuletten aus Haut, Horn, Fell und Zähnen, die auf die Lebewesen im Busch verweisen und auf die Macht des Menschen über sie. Wird ein Tier getötet, wird ein Teil von ihm dem Kleidungsstück hinzufügt, das auf diese Weise immer mehr dem Busch »ähnelt« und die Ambivalenz des Jägers deutlich macht, der sich zwischen zwei Welten – Zivilisation und Wildnis – bewegt.

▲ Jägertunika, Bamana (Mali).

Die um den Löwen angeordneten helleren menschlichen Figuren stellen die Krieger des Königs dar, die dessen Feinde töten (die dunklen Figuren). Das Königreich von Dahomey war seit der 2. Hälfte des 18. Jh.s für seine Amazonenarmee bekannt – eine Ausnahme von der weitverbreiteten Regel, die besagt, dass Frauen als Lebensspenderinnen kein Blut vergießen dürfen, weder bei der Jagd noch im Krieg, und auch nicht bei der Darbringung von Opfern.

»Kein Tier zeigt seinen Zorn so deutlich wie der Löwe.« Der Löwe, der einen Feind verschlingt, symbolisiert König Glele (1858–89), der gegen das Nachbarvolk der Yoruba kämpfte, um die Unabhängigkeit seines Königreiches zu konsolidieren, nachdem sein Vater, König Ghezo (1818–58), die Fon von der Herrschaft des Yoruba-Staates Oyo befreit hatte.

Textilarbeiten wie diese hatten die Bedeutung von Standarten und schmückten die Säle der Königspaläste von Abomey. Die in Stoffapplikationen dargestellten Szenen verweisen, gleich einem Bilderrätsel, auf die »Kraft-Namen« (Bezeichnungen, die das Schicksal des Königs beschreiben) des Fon-Herrschers, die dieser im Orakelritual Fa *verliehen bekommt und die seine Macht zum Ausdruck bringen.*

▲ Standarte, Fon (Benin), Paris, Musée du Quai Branly.

Die Maße der Skulptur, 74 cm, und die sorgfältige Ausführung heben die Bedeutung des Kopfes hervor. Der kunstvolle Narbenschmuck (Skarifikationen) im Gesicht ist das Zeichen der lokalen Zugehörigkeit, indes markieren die Verzierungen auf den Schläfen die Stelle, wo sich die Weisheit im Kopf des Mannes einen Weg bahnt. Die rote Färbung der rechten Gesichtshälfte symbolisiert hellseherische Fähigkeiten.

Die Skulptur stellt ein Oberhaupt dar, das die höchste Initiationsstufe in der Rangordnung der Luluwa-Oberhäupter erreicht hat, die eines nkashaama *(Leopard). Darauf verweisen die zahlreichen Gegenstände, die ihm beigegeben sind, u.a. der Schurz aus Leopardenfell, die helmartige Frisur, das Zeremonialschwert, das Halsband und die Armreife.*

Die Ringe um den vorgewölbten Bauchnabel verweisen auf die Zeugung von neuem Leben und auf die familiäre Verbindung zu den Ahnen.

▲ Männliche Figur, Leopardenhäuptling, Luluwa (Demokratische Republik Kongo), 19. Jh., Berlin, Staatliche Museen zu Berlin, Ethnologisches Museum.

Möglicherweise sollten solche Standfiguren den Schutz des Oberhauptes gewährleisten und zum Wohlbefinden des Volkes beitragen. Ferner vermutet man, dass sie bei Kriegen mitgeführt wurden.

»Am Tag sind die Männer das Oberhaupt, die Frauen werden es bei Nacht.« – Anspielung auf die Zauberei (Sprichwort der Luba, Demokratische Republik Kongo)

Männlich und Weiblich

Verbreitung
Westafrika, Zentralafrika, Ostafrika, Südliches Afrika

Verwandte Stichworte
Schmiede, Töpferinnen, Jäger und Krieger, Ackerbau, Kunst am Körper

Der Unterschied der Geschlechter schreibt sich ein in eine kosmologische Ordnung, in der sich die einander ergänzenden Prinzipien von Männlich und Weiblich gegenüberstehen: Er liefert den Stoff, aus dem sich innerhalb der Kulturen das soziale Beziehungsgeflecht herausbildet, einhergehend mit einem Regelkanon, der den Inzest verbietet sowie die erlaubten sexuellen Beziehungen und die geschlechterspezifische Arbeitsteilung festlegt. Der Status von Mann und Frau wird erst durch die Erlangung der gesellschaftlich anerkannten Identität erreicht: nach Absolvierung der Beschneidungsrituale in der Pubertät, gefolgt von der Eheschließung und der Zeugung ehelicher Kinder. In vielen afrikanischen Gesellschaften und insbesondere in den Agrargesellschaften Westafrikas wird die Polygynie praktiziert, und zwar hauptsächlich zu dem Zweck, über den Tausch von Frauen Bündnisse mit anderen Gruppen zu schließen. Selbst zur Kolonialzeit, als die Missionare die Monogamie predigten, sahen sich die Männer gezwungen, wegen der Arbeit in der Landwirtschaft, die auf den Familien lastete, mehrere Frauen zu haben, die sie auf die Felder schickten. Aufgrund der zentralen Bedeutung der Fruchtbarkeit haben zwei Kategorien von Beziehungen, die miteinander verschränkt sind, den Vorrang: Mann-Frau und Ahnen-Nachkommen. Um sich fortzupflanzen, ist nicht nur die Vereinigung von Mann und Frau notwendig, sondern auch der Schutz der Vorfahren, der Zugang zu den Lebensquellen und die Einschreibung in einen Stammbaum.

► Sitzendes Figurenpaar, Djenné/Mopti (Mali), London, Entwistle Gallery.

Die »Kälte«, die die Mutter-Kind-Figuren dieses Typus vermitteln können, hat damit zu tun, dass sie aus dem emotionalen Kontext gerissen wurden, in dem sie entstanden sind: den Hoffnungen und Ängsten der Frauen aus Fleisch und Blut. Die Figuren geben keine realen Erfahrungen wieder, sondern sind Teil davon: Indem sie die Mutterschaft beschwören, begünstigen sie ihre Verwirklichung.

Ein Kind zu zeugen ist nicht nur die Sache der Eltern allein, sondern etwas, das sich zwischen zwei Welten abspielt und die Beteiligung und Unterstützung der Ahnen erfordert. Mutterschaftsfiguren stellen daher meist die Ahnin oder eine Göttin dar, deren Schutz unbedingt notwendig ist, damit überhaupt ein Kind gezeugt werden kann.

Die scheinbare Härte und Steifheit afrikanischer Mutterschaftsdarstellungen lässt sich mit den verschiedenen stilistischen Konventionen und mit der Tatsache erklären, dass sie keine konkrete Gegebenheit im Leben eines Individuums wiedergeben, sondern jene Merkmale, die allen Mutterschaften unabhängig von den biografischen Unterschieden gemeinsam sind.

▲ Mutterschaftsfigur, Kongo (Yombe) (Demokratische Republik Kongo), Tervuren, Musée royal de l'Afrique centrale.

Die zentrale gesellschaftliche und symbolische Bedeutung der Fruchtbarkeit und der Zeugung von Kindern erklärt, warum die Mutterschaft eines der wichtigsten Themen afrikanischer Holzschnitzkunst ist. Afrikanische Familien sind erweiterte, häufig auf Mehrehe basierende Verbünde, die aus mehreren Generationen bestehen und zu denen außer den Lebenden auch die Geister der Toten und der ungeborenen Kinder gehören.

Die Puppe hat die für Ashanti-Figuren charakteristische runde Kopfform, das durch die konvexen Bögen der Augenbrauen eingerahmte Gesicht und den dünnen Hals mit Wulstringen. Ihr Stil variiert von Ort zu Ort und reicht von minimalistischen Darstellungen (zylindrischer Körper mit ausgestreckten Ärmchen und reduzierte Wiedergabe von Brüsten und Nabel) bis hin zu komplexen Darstellungen, die die wichtigsten Körperpartien zeigen.

In Afrika kommen die Frauen für 80 Prozent des täglichen Nahrungsmittelbedarfs der Familie auf und erledigen den Großteil der Feldarbeiten. Außerdem betreiben sie öfter einen kleinen Handel, z.B. auf dem Markt, was ihnen eine gewisse Autonomie verschafft. Manche Frauen sind äußerst erfolgreiche, wohlhabende Geschäftsfrauen und werden »Maman Benz« genannt, nach dem Auto, das für ihren Erfolg steht.

Unfruchtbarkeit ist suspekt und gilt häufig als Hexenwerk, weil Hexen sich zu einer antisozialen Abkapselung verdammen und damit sämtliche Brücken zur Gesellschaft abbrechen. Sie wird kaum als biologische Funktionsstörung angesehen, sondern als Bedrohung für die Gesellschaft; freilich wird dafür den Frauen die Schuld gegeben, da Sterilität beim Mann allgemein als unvorstellbar gilt.

Der Überlieferung zufolge hieß die erste Frau, die eine solche Puppe verwendete, Akua. Sie konnte keine Kinder bekommen und wurde von allen verspottet, weil sie die Holzpuppe überallhin mitnahm. Schließlich wurde sie schwanger und brachte ein prächtiges Mädchen zur Welt. Seitdem tragen Frauen mit Kinderwunsch diese Puppen auf dem Rücken, genau in derselben Art, wie Kinder getragen werden.

▲ Fruchtbarkeitspuppe *akua ba*, Ashanti (Ghana), frühes 20. Jh., London, The British Museum.

Bei den Gola in Liberia gehören die Männer dem Poro-*Bund und die Frauen dem* Sande-*Bund an. Beide Vereinigungen sind für die Ausbildung der jungen Leute zuständig und kümmern sich um politische und wirtschaftliche Belange. Die gegensätzlichen und einander ergänzenden Bünde bestimmen den rhythmischen Ablauf des gesellschaftlichen Lebens, indem sie abwechselnd die Regierungsgeschäfte übernehmen. Ein Teil ihrer Autorität hängt davon ab, ob sie die Geister mithilfe der Masken unter Kontrolle zu bringen vermögen.*

Die Frauen müssen dem Künstler Hinweise für die Gestaltung der Maske liefern, ohne Geheimnisse zu offenbaren; so entsteht ein Verhältnis, das vordergründig auf Witzen und sexuellen Anspielungen basiert, hinter dem sich aber im Grunde eine ernsthafte Auseinandersetzung um das Übernatürliche verbirgt. Der Künstler nimmt an den Angelegenheiten des Sande-*Frauenbundes in einem Maße teil, wie dies außer einigen Ältesten keinem anderen Mann vergönnt ist.*

Masken sind Männersache; eine Ausnahme bilden die Frauenbünde in Liberia und Sierra Leone. Die feinen Gesichtszüge, die glänzende Haut, die Fettröllchen um den Hals und der Kopfputz sind die Zeichen für Gesundheit, Schönheit und einen hohen gesellschaftlichen Status. Masken dieses Typus stellen darüber hinaus Geister dar, die, wenn sie aus dem Wasser steigen, ein Kräuseln an der Oberfläche verursachen, wiedergegeben durch die Halswülste.

▲ Maske *zo ghe*, Gola (Liberia), Privatsammlung.

»... über der Alten und der Neuen Welt das gekreuzigte Afrika. Sein rechter Arm streckt sich über mein Land aus, die linke Seite taucht Amerika in Schatten.« (L. S. Senghor)

Sklaverei

Verbreitung
Westafrika, Zentralafrika, Ostafrika, Südliches Afrika

Geschichte
9.–19. Jh.: Sklavenhandel durch die Araber
15.–19. Jh.: Sklavenhandel durch die Europäer
18. Jh.: Haiti – Flucht Tausender Sklaven in die Berge und Begründung unabhängiger Gemeinschaften (*maroon*)
1791: Revolution: Ausrufung des Endes der Sklaverei auf Haiti; Anerkennung drei Jahre später in der französischen *Convention*
1807: Votum für die Abschaffung des Sklavenhandels im britischen Parlament

Verwandte Stichworte
Akan, Nigerianische Völker, Suaheli, *Chefferies* des Graslandes, Kolonialära, Islam, Abomey

Für die Anhäufung des Kapitals, das die Grundlage der industriellen Revolution in Europa und Amerika bildete, spielte die Arbeitskraft der afrikanischen Sklaven eine Schlüsselrolle. Heute geht man davon aus, dass vom 15. bis 19. Jh. zwischen 12 und 15 Mio. Afrikaner dem Sklavenhandel zum Opfer fielen. Er war Teil des atlantischen Dreieckshandels, der Europa, Afrika und Amerika miteinander verband: Stoffe, Waffen, Alkohol, Gegenstände aus Metall, Perlen u.a. wurden in Afrika gegen Sklaven getauscht, die dann auf Schiffen in die Neue Welt deportiert wurden; Zuckerrohr, Tabak und die Baumwolle der Plantagen, auf denen die Sklaven arbeiteten, wurden anschließend nach Europa verschifft. Sklavenhandel gab es allerdings seit dem 9. Jh. Er wurde von den Arabern praktiziert, die Sklaven in Nordafrika und Sansibar verkauften, aber auch von den Afrikanern selbst, die Kriegsgefangene versklavten. Für viele afrikanische Völker hatte der Sklavenhandel verheerende Folgen und war eine menschliche Tragödie sondergleichen, andererseits entstanden aber sowohl in Afrika als auch in Übersee neue Kulturformen und politische Systeme. Manches westafrikanische Königtum, so das der Mossi, der Ashanti, der Fon, der Oyo sowie das Königreich Segou und Kaarta, konnte seinen Reichtum auf den Sklavenhandel aufbauen: Sie unterwarfen andere Völker und verkauften die Menschen im Küstengebiet an die europäischen Händler.

Diese Manillen wurden im 15. Jh. von den Portugiesen in Afrika eingeführt und galten an der westafrikanischen Küste als wichtigstes Tausch- und Zahlungsmittel: Man verwendete sie sowohl im Rahmen gewöhnlicher Handelsgeschäfte als auch bei Bestattungszeremonien und für die Entrichtung des Brautpreises. Vermutlich wiesen sie dieselbe Form wie herkömmlicher Armschmuck auf und wurden als Armreife von Frauen getragen, die damit den Reichtum ihrer Familie zur Schau stellen wollten. Im 16. Jh. waren die Manillen das am weitesten verbreitete Zahlungsmittel im Sklavenhandel (Sklavengeld).

1948 führte die britische Kolonialregierung eine »Operation Manille« durch, um die als reguläres Zahlungsmittel verwendeten Manillen, die an den Sklavenhandel erinnerten, aus dem Verkehr zu ziehen und durch die offizielle Währung von Britisch-Westafrika zu ersetzen. Ab 1949 wurden die Manillen nicht mehr zurückgenommen.

In der 2. Hälfte des 18. Jh.s wurden entsprechend der veränderten Nachfrage aus Afrika keine Kupfer-, sondern Gelbgussmanillen in unterschiedlicher Form, Größe und Leuchtkraft hergestellt. Die Hauptproduktionsstätte war Birmingham. Der Preis eines Sklaven in Manille-Währung schwankte erheblich und hing nicht nur vom Zeitpunkt und Ort des Handels, sondern auch vom Typ der Manille ab. Ihre Verbreitung schwand im Laufe des 19. Jh.s mit dem Rückgang des Sklavenhandels. Trotzdem blieben die Manillen als Zahlungsmittel im Palmölgeschäft in Gebrauch.

◄ Théodore de Bry (1528–98), Farbstich mit der Darstellung spanischer Soldaten, die einen Aufstand schwarzer Sklaven niederschlagen, Berlin, Kunstbibliothek.

▲ Als Tausch- und Zahlungsmittel verwendete Manillen aus europäischer Herstellung (Westafrika), 16. Jh., Wien, Privatsammlung.

Die am oberen Rand der Tafel aufgereihten Köpfe stellen verstorbene Sklaven dar. Vermutlich wurde die erste Tafel dieser Art für König Amachree I. angefertigt: Da ihm als ehemaligem Sklaven der Zugang zu traditionellen Machtobjekten der Kalabari verwehrt war, sah er sich gezwungen, zum Gedenken an die eigene Person und seine Nachkommen ein neues Bestattungsritual zu begründen.

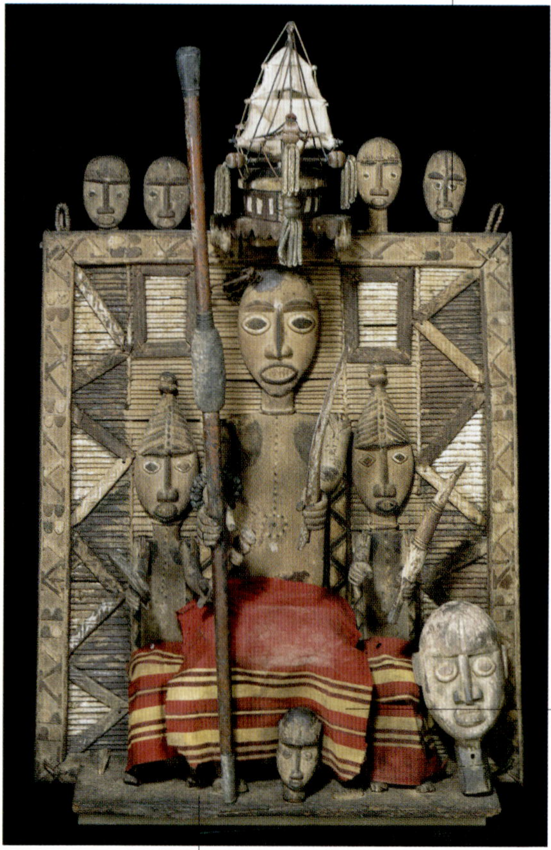

Die bei Bestattungsritualen verwendete Tafel stellt den Verstorbenen im Maskentanzkostüm als Jugendlichen in Begleitung seiner Söhne dar. Die Figuren sind in einem Holzrahmen mit einer Tafel aus Rohrstocklatten eingefasst. Diese in der afrikanischen Plastik ungewöhnliche Zusammenstellung verschiedener Elemente lässt sich auf Kenntnisse zurückführen, die einheimische Lotsen auf dem Gebiet der Tischlerei erwarben, als sie die europäischen Schiffe durch das Nigerdelta leiteten.

Der Stadtstaat New Kalabar im Nigerdelta wurde Ende des 18. Jh.s von Amachree gegründet, vermutlich ein ehemaliger Sklave, der es im Sklavenhandel zu großem Reichtum gebracht hatte.

▲ Bestattungstafel, Kalabari (Nigeria), 19. Jh., London, The British Museum.

Diese Trommel im Ashanti-Stil, die eine große Ähnlichkeit mit den Trommeln aus Ghana aufweist, befindet sich heute in der Sammlung des British Museum in London. Dorthin gelangte sie allerdings nicht aus Afrika, sondern aus den Vereinigten Staaten (Virginia), wo sie 1730 ein gewisser Sir Hans Sloane überreicht bekam. Vermutlich kam sie mit einem Sklavenschiff in die USA und befand sich im Gepäck eines britischen Beamten, der sie aus Afrika mitbrachte.

Die Trommel ist aus einem Stück Holz geschnitzt und mit einem Antilopenfell bespannt, das mit Pflanzenfasern und kleinen Pflöcken festgemacht ist.

Im 18. Jh. wurden jährlich an die 60.000 bis 80.000 Menschen nach Amerika deportiert. Die Abschaffung des Sklavenhandels zu Beginn des 19. Jh.s führte weder zu seinem vollständigen Verschwinden noch zum Ende der Sklaverei. In den USA, dem Staat mit den meisten Sklaven, wurde der Bedarf an Arbeitskräften durch die natürliche Vermehrung gedeckt; hier fand auch ein riesiger interner Sklavenhandel mit Deportationen quer durch das ganze Land statt.

▲ Trommel im Ashanti-Stil (USA), 18. Jh., London, The British Museum.

Trotz der verheerenden Auswirkungen des Sklavenhandels auf den Prozess der Weitergabe kultureller Traditionen überlebten viele religiöse Überzeugungen und ästhetische Vorstellungen die Überquerung des Atlantiks. Ohne ihre Webstühle ging den Sklaven zwar das traditionelle technische Know-how verloren, aber sie passten das ästhetische Repertoire in äußerst kreativer Form ihrer elenden Situation an: So entstand das Patchwork.

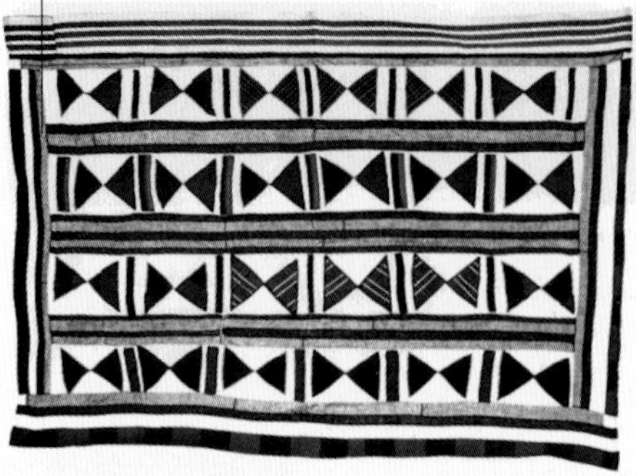

Anhand dieser Stoffe, in denen Reste und Ausschuss unterschiedlicher Provenienz zusammengefügt werden, lässt sich die für afrikanische Stoffe charakteristische Vorliebe für Unerwartetes und Ungefähres, für spontane rhythmische Wiederholung und asymmetrische Abweichung wiedererkennen.

Die Muster wurden nicht allein aus Notwendigkeit geboren, sie waren auch das Ergebnis einer bewussten Entscheidung. Als sich nämlich die Lebensbedingungen der ehemaligen Sklaven im 20. Jh. besserten und die Möglichkeit bestand, neue Stoffe zu kaufen, wurden sie nicht unbearbeitet verwendet: Man schnitt verschiedene Stoffe in Streifen und setzte sie unter dem Gesichtspunkt des Farbkontrastes in Anlehnung an die Ästhetik der afrikanischen Streifenstoffe der Mande und Akan neu zusammen.

▲ Zeichnungen von Saramaka-Patchworkstoffen.

»Die beste Art zu lernen, ein unabhängiger souveräner Staat zu sein, besteht darin, ein unabhängiger souveräner Staat zu sein.« (Kwame Nkrumah, 1. Staatsoberhaupt von Ghana)

Kolonialära

1885 teilten die europäischen Mächte Afrika auf der sogenannten Berliner Konferenz untereinander auf. Damit wurden künstliche Grenzen geschaffen, die manche Völkerschaften teilten und andere zur Koexistenz zwangen. Die fruchtbarsten Landstriche wurden den Weißen zugesprochen, die die einheimische Bevölkerung vertrieben. Wirtschaft und Infrastruktur wurden ganz im Interesse der europäischen Staaten auf die Ausfuhr von Rohstoffen zugeschnitten. Der Anbau von Kaffee, Kakao, Baumwolle und Ölpalmen wurde auf Monokultur umgestellt, was eine Reduzierung der Fläche zum Anbau von Nahrungsmitteln zur Folge hatte. Die Rohstoffe wurden in Europa zu Fertigprodukten verarbeitet, von denen wiederum ein Teil nach Afrika exportiert wurde. Die Briten zogen die Form der indirekten Herrschaft (*indirect rule*) vor und gestanden der Verwaltung eine gewisse funktionale Autonomie zu; die Franzosen setzen im Namen des universalistischen Prinzips der Republik auf Assimilation; doch beide machten sich die »traditionellen Ämter« zunutze (die sie größtenteils selbst schufen), um den sozialen Frieden zu erhalten, Tribute einzuziehen und Arbeitskräfte zu rekrutieren. Einige Folgen dieser Kolonialpolitik waren eine Verstärkung des Tribalismus und die Vertiefung des Grabens zwischen den Häuptlingen bzw. Notabeln und der übrigen Bevölkerung.

Verbreitung
Westafrika, Zentralafrika, Ostafrika, Südliches Afrika

Geschichte
1885: Aufteilung des afrikanischen Kontinents auf der Berliner Konferenz
1919: 1. Panafrikanischer Kongress in Paris
1957: Unabhängigkeit als erstes afrikanisches Land: die Goldküste unter dem Namen Ghana
1960 Unabhängigkeit von 17 afrikanischen Ländern im sogenannten »Afrika-Jahr«
1963: Gründung der Organisation für Afrikanische Einheit (OAU)
1994: Ende des Apartheidregimes in Südafrika

Verwandte Stichworte
Postkoloniale Ära, Literatur, Kino

◄ Kasongo, *Les parachutistes à l'assaut (Der Angriff der Fallschirmjäger)*, Tervuren, Musée royal de l'Afrique centrale.

Oft halten diese Figuren in der rechten, erhobenen Hand einen Speer und nehmen eine bedrohliche Haltung ein. Sie widmen sich dem Heilen von Krankheiten, der Verführung von Frauen und der Jagd auf Diebe. Was wirklich zählt, ist jedoch nicht das Erscheinungsbild, sondern der unsichtbare Teil: die »Medizin«, die im Bauch verborgen ist, und der ihr innewohnende »Geist«.

Ritualexperten treiben Eisen in den Körper der Figur, um ihren Geist zu aktivieren; entweder ist es der Geist eines Ahnen, der zurückkehrt, um dem Besitzer des nkondi *zu helfen, oder ein herumirrender Geist, der der Hexerei zum Opfer fällt und eingefangen wird, um in den Dienst der Gemeinschaft oder einer Person gestellt zu werden.*

In der Kolonialzeit stellten diese Figuren eine Form des symbolischen Widerstands und ritueller Opposition dar. In einer Situation, in der angesichts der Ungleichheit der Kräfte kein äußerlicher politischer Widerstand möglich war, fand dieser mehr im Verborgenen statt und bestand in der Erhaltung einer Vorstellungswelt, in der die Menschen sich weiterhin als eigenständige Wesen und in ihrem Anderssein begreifen konnten. Die belgischen Kolonialbeamten, die sich der potenziellen Gefahr durchaus bewusst waren, die von diesen Figuren ausging, versuchten die größtmögliche Anzahl zu beschlagnahmen.

▲ Kraftfigur *nkondi tatu*, Yombe (Republik Kongo, Demokratische Republik Kongo oder Angola), 19. oder frühes 20. Jh., Berlin, Staatliche Museen zu Berlin, Ethnologisches Museum.

In der Kunst der Kolonialzeit wurden Kräfteverhältnisse, Anpassung und Widerstand zum Ausdruck gebracht. Hinter scheinbarer Ehrerbietung konnte sich Ablehnung verbergen: mal durch »Afrikanisierung« der Figur (die Größe des Kopfes), mal durch Rückgriff auf Stilelemente westlicher Porträtkunst als Mittel des »magischen Einfangens« der dargestellten Person.

Das Gesicht der Königin sieht jünger aus, als es in Wirklichkeit war. Hier schlägt sich womöglich ein ästhetisches Prinzip der Yoruba-Kunst nieder, wonach den alten Noblen gewürdigt wurde, indem man sie im besten Mannesalter darstellte. In anderen Fällen, wie auf bestimmten Trommeln aus Ghana, wurde die Queen hingegen mit entblößter Brust dargestellt.

Zur Kolonialzeit wurde Nigeria nach dem Prinzip der indirect rule von den Briten verwaltet, die die Beamten der öffentlichen Verwaltung aus den Akademikerkreisen der Yoruba und Igbo rekrutierten. Dieses Auswahlverfahren trug dazu bei, dass ein Bewusstsein ethnischer Zugehörigkeit entstand, das es vorher so nicht gegeben hatte.

Als Vorlage für diese Figur diente dem Künstler höchstwahrscheinlich eine der zahlreichen Fotografien mit dem Konterfei der britischen Königin, die zur Kolonialzeit in Nigeria überall zu sehen waren.

▲ Statue der Queen Victoria, Yoruba (Nigeria), 19. Jh., London, The British Museum.

Nach dem Zweiten Weltkrieg zerbröckelten das britische und das französische Kolonialreich unter dem Druck der beiden Siegermächte USA und UdSSR und der allgemeinen Erwartungen hinsichtlich Freiheit und Demokratie und auch wegen der afrikanischen Soldaten, die den Weltkrieg als einen Befreiungskrieg auffassten: Nach der Befreiung vom Faschismus in Europa musste die Befreiung Afrikas vom Kolonialismus erfolgen.

1957 erlangte die Goldküste unter der Führung von Kwame Nkrumah als erstes afrikanisches Land die Unabhängigkeit. In symbolischer Anknüpfung an das alte Großreich nannte sich das Land nun Ghana. Die Unabhängigkeitsbewegung gipfelte 1960 mit der Entlassung von 17 Ländern – teils friedlich, teils nach bewaffneten Auseinandersetzungen – in die Unabhängigkeit.

Die antikolonialen, nationalistischen Forderungen mündeten in den Panafrikanismus, der die Einheit aller afrikanischen Völker in Afrika und in der Diaspora propagierte. Die von Afroamerikanern initiierte politische und kulturelle Bewegung trat 1900 in London zu einer ersten Panafrikanischen Konferenz zusammen und fand später in Kwame Nkrumah ihren wichtigsten Exponenten.

Das letzte Bollwerk des Kolonialismus, das zusammenfiel, war das südafrikanische Regime, das 1910 errichtet wurde und ab 1948 unter der National Party (der Partei der Weißen burischer Abstammung) und mit einem von Weißen gewählten Parlament an Stärke gewann. In den 1970er-Jahren fanden die ersten Streiks statt, die Gewerkschaftsforderungen mit Protesten gegen das Apartheidregime verbanden. Das Ende des Kalten Krieges läutete auch das Ende dieses Regimes ein. 1990 wurde Nelson Mandela nach 26 Jahren Haft aus dem Gefängnis auf Rhode Island entlassen und 1994 in freien Wahlen zum ersten schwarzen Präsidenten Südafrikas gewählt.

▲ Eine Frau trägt ein Kleid mit dem Konterfei von Nelson Mandela auf dem Stoff, Cape Town (Südafrika).

► Ein Junge läuft vor einer Mauer mit einer Anti-Apartheid-Parole entlang (»Wir ziehen ihre Kinder groß / Sie töten unsere Kinder«), Johannesburg (Südafrika), 1985.

»Der Zerfall eines Staates beginnt im Bauch der Menschen.«
(Sprichwort der Akan, Ghana)

Postkoloniale Ära

Die Übertragung des westlichen Industrie- und Stadtentwicklungsmodells, finanziert durch Export der Rohstoffe und durch Entwicklungshilfe, war ein Misserfolg: Die Länder Afrikas blieben wirtschaftlich abhängige Agrarstaaten, und an die Stelle des politischen Kolonialismus trat ein wirtschaftlicher Neokolonialismus, von dem die Nordhalbkugel und die lokalen Eliten profitierten. Nach dem Ende der Ost-West-Polarisierung kamen in den 1990er-Jahren neue Demokratiebewegungen auf, die in zahlreichen Ländern einen Wechsel vom Ein- zum Mehrparteiensystem herbeiführten und etwas mehr Meinungs- und Pressefreiheit und die Gründung privater Zeitungen, Radio- und TV-Sender mit sich brachte. Häufig war der Wechsel an der Spitze jedoch nur Schein, und die alten Seilschaften blieben an der Macht. Mit wachsender Bedeutung der Wahlen bekamen Fragen nach der Staatsangehörigkeit und die Differenzierung zwischen »Einheimischen« und »Fremden« ein neues Gewicht: So leisteten »demokratische« Mechanismen letzten Endes dem Tribalismus und der Klientelwirtschaft Vorschub, während andererseits der Zerfall des Staates das erhöhte Risiko eines völligen Kontrollverlusts gegenüber staatlicher und privater Gewalt mit sich brachte.

Verbreitung
Westafrika, Zentralafrika, Ostafrika, Südliches Afrika

Geschichte
1989: Einführung des Mehrparteiensystems in Benin
1991–2002: Bürgerkrieg in Sierra Leone
1995: Massenmord an den Tutsi in Ruanda durch Hutu-Milizen
1995: Gründung der Wahrheitskommission in Südafrika zur Aufarbeitung des Apartheidregimes und zur »Versöhnung durch Wahrheit«
1997: Sturz des zairischen Diktators Mobutu Sese-Seko durch die rebellischen Truppen von Laurent Kabila; Zaire wird in »Demokratische Republik Kongo« umbenannt
1999: Übernahme der Führung Nigerias nach jahrelanger Militärherrschaft durch Zivilisten

Verwandte Stichworte
Kolonialära, Bilder der Macht, Zeitgenössische Kunst, Zeitgenössische Musik, Großstädte

Eine der häufigsten Ursachen für Krieg in Afrika sind wirtschaftliche Interessen um mineralische Ressourcen und Edelsteine, wie die Bürgerkriege in Sierra Leone, Liberia, Nigeria, Angola, Kongo oder Uganda zeigen. Große westliche Unternehmen rivalisieren um Konzessionen und rüsten die Kriegsparteien auf. 1960 unterstützte Belgien die Abspaltung der Provinz Katanga im Kongo und schürte den Bürgerkrieg, um die Kontrolle über die Region zu behalten. 1961 wurde der kongolesische Premierminister Lumumba in Katanga ermordet, und Mobutu putschte sich mithilfe der USA an die Macht.

Der Diamantenhandel ist eine der Ursachen für die Kriege, die in den letzten Jahren in Liberia, Sierra Leone und der Demokratischen Republik Kongo wüteten. Die Machtposition von Großunternehmen wie De Beers wurde in den 1980er-Jahren durch Händler gefährdet, die neben Diamanten auch mit Waffen und Drogen handelten und die Regierungen der Länder mithilfe von Söldnerheeren zu kontrollieren versuchten.

In ihrer Skulptur verarbeiten die Künstler Waffen aus dem Bürgerkrieg von Mosambik, der das Land von 1976 bis 1992 erschütterte und von Rhodesien und Südafrika geschürt wurde.

Die Erdölvorkommen, die am Vorabend der Unabhängigkeit (1958) durch die Royal Dutch/Shell in Nigeria entdeckt wurden, waren die Ursache für spätere Militärputsche und Bürgerkriege. 1967 brach der Biafrakrieg aus, in dem die modernistischen Eliten des Südens (Igbo) die traditionalistischen Eliten des Nordens (Hausa) zu entmachten und die Kontrolle über die Erträge aus dem Ölgeschäft in ihrer Region zu erlangen versuchten. Ebenfalls in Nigeria kämpfen die Ogoni seit den 1980er-Jahren gegen die Ungerechtigkeit und die Umweltverschmutzung, die die Ölförderung mit sich bringt.

▲ G. A. Mabunda und F. D. Santos, Skulptur aus Waffen.

In Zaire (seit 1997 Demokratische Republik Kongo) entstand eine populäre urbane Malerei, die auch international auf Resonanz stieß und die Kolonialgewalt, die Korruption afrikanischer Staatsmänner, die Spannungen zwischen den Geschlechtern und die sozialen Ungerechtigkeiten in nachkolonialer Zeit thematisierte. Die Künstler – Moke, Chéri Samba und Thsibumba Kanda sind die bekanntesten – holen sich Anregungen aus alltäglichen Gegebenheiten und Ereignissen der Lokalpolitik und unterziehen sie einer moralischen Kritik, deren wirksamste Waffe häufig die Ironie ist.

Der Prediger erscheint wie ein Riese neben den Gläubigen, auf die er mit seinen löwenmäuligen Schuhen tritt, ohne es zu merken. Im postkolonialen Afrika entstanden unzählige unabhängige Kirchen und messianische Erneuerungsbewegungen.

Die Bildsprache ist der europäischen Malerei entlehnt, gelegentlich werden auch schriftliche Botschaften in der Art von Comics vermittelt. Die Bilder haben narrativen Charakter, sie greifen Anekdoten und Gegebenheiten auf, die die lokale Kundschaft – das städtische Kleinbürgertum von Kinshasa – gut kennt.

▲ Moke, *Der Prediger*, 1995.

Die Wirtschaft der Länder im postkolonialen Afrika ist äußerst fragil: einerseits durch die laufenden Kreditkosten belastet, andererseits auf den Export weniger Rohstoffe angewiesen, deren Preise von transnationalen Unternehmen mit Sitz auf der Nordhalbkugel festgesetzt werden. Die exportorientierten Monokulturen setzen die Länder heftigen Wirtschaftskrisen aus, wenn die Weltmarktpreise fallen, und reduzieren die verfügbaren Flächen und die Zeit für den Anbau von lokalen Nahrungsmitteln.

Die »Verlierer des Fortschritts« überleben dank einer informellen Wirtschaft, die sich einer Erfassung durch die offiziellen Messindizes entzieht und auf neoklanischen Netzwerken der Solidarität aufbaut, welche zumindest in Teilen nicht nach den Marktgesetzen funktionieren. So entstehen »Gesellschaften von Freunden«, parallele Kreditsysteme, die hohe Summen flüssig machen und die offiziellen Systeme in ernsthafte Schwierigkeiten bringen können.

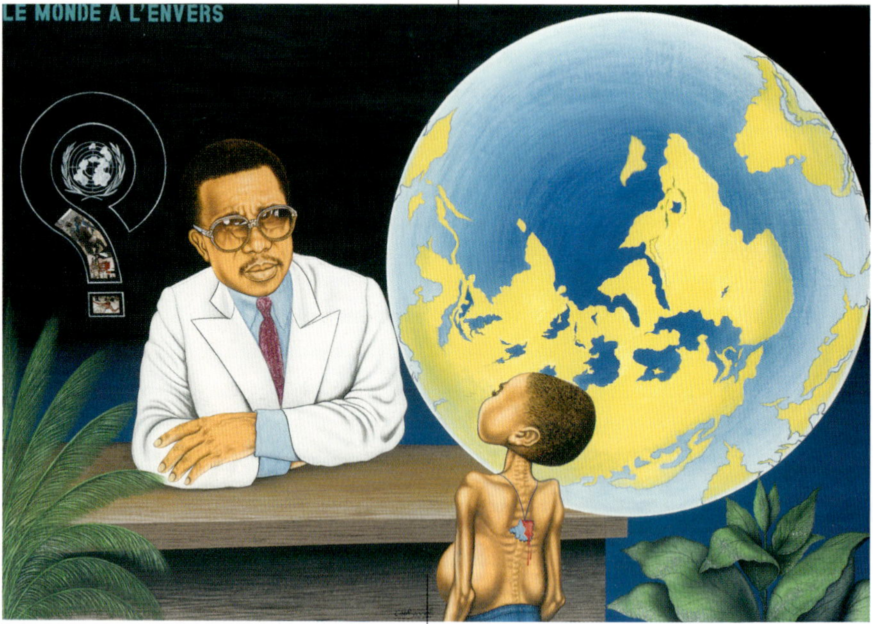

In Afrika leben 40 Prozent der Menschen unter der Armutsgrenze. Allerdings ist Unterernährung, von der jeder dritte Bewohner südlich der Sahara betroffen ist, nicht die Folge eines Mangels an Nahrungsmitteln, sondern der Armut. Armut, Bevölkerungswachstum, Umweltzerstörung bilden einen ausweglosen Teufelskreis. Die Lage hat sich aufgrund der vom Internationalen Währungsfonds (IWF) auferlegten Strukturanpassungsmaßnahmen zugespitzt: Nach Kürzung der staatlichen Budgets für Sozialleistungen haben sich die Lebensbedingungen der Menschen verschlechtert.

▲ Chéri Samba,
Le monde à l'envers (Die Welt auf dem Kopf), 2000.

»Gleich dem Fell der Löwen und Leoparden ist die Macht voller Löcher.« (Sprichwort der Fang, Gabun)

Bilder der Macht

In Afrika sind Stoffe sehr beliebt, deren Motive an einen Verstorbenen erinnern, an eine Begebenheit (Todestag, Besuch eines Staatsoberhaupts, Nationalfeiertag usw.), eine politische Bewegung oder ein Staatsoberhaupt. Durch ihre Sichtbarkeit in der Öffentlichkeit stellen diese Stoffe die Weitergabe der Familiengeschichte sicher und konsolidieren die bestehenden Machtverhältnisse. Die Stoffe werden in Europa hergestellt, sind aber dem Geschmack und den Bedürfnissen der Menschen vor Ort angepasst; ihre Verbreitung setzte in den 1920er-Jahren ein, als preiswerte Ware (*fancy cloth*) verdrängten sie die seit dem 19. Jh. von Briten und Niederländern entworfenen und industriell gefertigten Wax-Stoffe, die indonesische Batikmuster nachahmten und in Afrika äußerst beliebt waren. Einer der Gründe für den Erfolg der *fancy cloth* war, dass es technisch möglich war, Fotografien und folglich auch Porträts zu drucken. Zum ersten Mal wurden diese Stoffe zu propagandistischen Zwecken im Rahmen der Unabhängigkeitsbewegungen genutzt, aber auch im postkolonialen Afrika erwiesen sie sich – als Geschenk oder zu Niedrigpreisen über das Netz der örtlichen Märkte vertrieben – für Staatsmänner als ein ideales Mittel der Propaganda und des Ausbaus der Klientelnetzwerke.

◄ Eine Frau trägt ein Kleid mit dem Konterfei des ehemaligen ugandischen Staatspräsidenten Idi Amin, Uganda.

Verbreitung
Westafrika, Zentralafrika, Ostafrika, Südliches Afrika

Geschichte
19. Jh.: Britisch-niederländischer Handel mit Wax-Stoffen
20. Jh.: Handel mit fancy cloth

Verwandte Stichworte
Kolonialära, Postkoloniale Ära, Kunst am Körper, Weberei und Kleidung

Kein Träger eignet sich besser als Stoff, um Porträts von Staatsmännern dauerhaft und bis in die kleinsten Winkel eines Landes zu verbreiten. Das Tragen solcher Stoffe bedeutet aber nicht notwendigerweise, dass der- oder diejenige mit den politischen Positionen, für die der Stoff steht, konform geht. Dadurch hat der Verwender die Möglichkeit, seine Verbundenheit mit den »Leuten, auf die es ankommt«, zum Ausdruck zu bringen, oder er nutzt einfach die Gelegenheit, ein kostenloses Kleidungsstück zu tragen.

Armando E. Guebuza, einer der Anführer und Generäle der Frelimo (Befreiungs-front von Mosambik) und Geschäftsmann, wurde 2005 zum Staatspräsidenten von Mosambik gewählt.

Aus der Art, wie der Stoff verwendet wird, und aus den Kommentaren zum Kleidungsstück ist mitunter eine gewisse Distanz zu den Darstellungen herauszuspüren, die nicht selten mit Ironie und Doppeldeutigkeiten einhergeht. Wenn jemand sich beispielsweise auf das Gesicht des Staatspräsidenten setzt, verändert sich die Botschaft. Manchmal erfolgt die Umkehrung der Bedeutung dadurch, dass man dem Stoff einen Namen gibt. So wurde in der Elfenbeinküste ein Stoff, der die Erfolge der Regierung im Kampf gegen die Inflation anpries, von den Leuten »Rezession« genannt … Auf diese Weise bildet sich mehr oder weniger explizit in den »Falten« des öffentlichen Diskurses ein Gegendiskurs heraus, der dessen Bedeutung auf den Kopf stellt.

▲ Stoff mit dem Konterfei des mosambikanischen Staatspräsidenten Armando Emílio Guebuza, Mosambik.

General Mobutu putschte sich 1965 – mitten im Bürgerkrieg, der nach der Unabhängigkeit ausgebrochen war, und nach der Ermordung des Premierministers Patrice Lumumba – im Kongo an die Macht. Das despotische Regime, das er unter dem Vorzeichen des Kalten Krieges errichtete, wurde vom Westen, aber auch von belgischen Bergbauunternehmen unterstützt. Das Ende des Ost-West-Konflikts Anfang der 1990er und die Situation im Land, das durch das räuberische Treiben seines Regimes völlig ausgeblutet war, führten dazu, dass ihm keine Unterstützung mehr zuteilwurde, weder im In- noch im Ausland. Mobutu starb 1997 im marokkanischen Exil.

Das Regime in Zaire gründete auf dem Personenkult um die Person des Staatsoberhaupts und auf der Ideologie der »Authentizität«. Mobutu legte 1972 seine Namen europäischer Herkunft ab – er nannte sich fortan Sese-Seko – und erzwang im ganzen Land eine Umbenennung der Personen- und Ortsnamen in afrikanische Namen. Selbst das Land, dessen Name »Kongo« aus der Kolonialzeit stammte, wurde in »Zaire« umbenannt.

▲ Stoff mit dem Konterfei des zairischen Staatspräsidenten Joseph-Désiré Mobutu (Sese-Seko), Zaire (heute Demokratische Republik Kongo), um 1992.

Die Verwendung von Stoff zu politischen Zwecken fällt in Afrika in den größeren Kontext der gesellschaftlichen Bedeutung von Kleidung insgesamt. Die industriell gefertigten Stoffe erhalten generell Namen (entsprechend ihrem Design oder auch willkürlich) und werden mit Sprichwörtern assoziiert. Viele Stoffe sind deswegen so beliebt, weil sie die Wünsche oder den Unmut der Menschen aufgreifen und ihnen die Möglichkeit geben, wortlos ihre Meinung zu sagen, ohne politische Verfolgung oder einen Streit mit der Familie zu riskieren.

Götter und Religionen

Traditionelle Religionen
Wahrsagung
»Speicher reiner Erde«
Nommo-Genien
Wassergeister
Zwillingskult
Donnergott Shango
Schelmgott Eshu
Vodun
Mami Wata
Islam
Christentum

◄ Kultstab *oshe Shango* des Donnergottes Shango, Yoruba (Nigeria), Seattle, Seattle Art Museum.

»Gibt es etwas nach dem Tod? / Eure Angst ist kindisch! / Gibt es etwas nach dem Tod? / Fragt der Lautenspieler / Was gibt es im Reich der Toten?« (Gesang der Fon, Benin)

Traditionelle Religionen

Verbreitung
Westafrika, Zentralafrika, Ostafrika, Südliches Afrika

Grundprinzipien
Schöpfergott, niedere Götter und Geister, Gottesdarstellungen, Pantheon der Yoruba

Verwandte Stichworte
Wahrsagung, »Speicher reiner Erde«, *Nommo*-Genien, Wassergeister, Zwillingskult, Donnergott Shango, Schelmgott Eshu, Vodun, Mami Wata, Islam, Christentum

Wenn von traditionellen afrikanischen Religionen die Rede ist, spricht man von Animismus, Fetischismus, Polytheismus oder primitivem Monotheismus. Unklar ist dabei nur, was bei dieser Vielfalt den afrikanischen Anschauungen und was dem Deuter, was der Überlagerung von Islam und Christentum und was den traditionellen Religionen zuzuschreiben ist. Bei den Bantuvölkern beispielsweise wendet man sich an den Schöpfer wie an einen fürsorglichen Vater, der sich auch nach der Schöpfung um seine Kreaturen kümmert, anderswo scheint Gott die Welt eher aus Langeweile oder per Zufall erschaffen zu haben und vergisst sie dann wieder. Während der Schöpfergott hier eine zentrale Stellung einnimmt und niedere Götter und Geister nur Manifestationen dieses einen Gottes sind, führt er dort ein Dasein am Rande und ist eine vernachlässigbare Größe. Manche Fachleute meinen, dass niedere Götter nur Erscheinungen Gottes in kleineren Brechungen sind, für andere hingegen existiert ein höchster Gott schlicht und ergreifend nicht, weshalb man von einer pantheistischen, polytheistischen, ja atheistischen Weltsicht sprechen sollte. Die Tatsache, dass es trotz der Anwesenheit von Gottesbildern in vielen Kulturen keine Darstellungen des höchsten Gottes gibt, ist für die einen ein Indiz der Transzendenz Gottes, für die anderen eine logische Schlussfolgerung: Wenn Gott überall ist, dann muss man sich kein Bild von ihm machen und kann sich direkt an eine seiner Schöpfungen wenden.

► Altar an einer Straße im Osten von Nigeria.

Die ikenga-*Altäre der Igbo sind dem persönlichen Geist* (chi) *des Menschen geweiht, also dem individuellsten Teil einer Person, der keine moralischen Einschränkungen durch die Verwandtschaftsordnung erfährt: Sie sind Werkzeuge und Darstellungen des persönlichen Erfolgs, und man wendet sich in regelmäßigen Abständen mit Opfergaben an sie, um sich den positiven Ausgang von Unternehmungen zu sichern. Die katholischen Missionare versuchten diesen persönlichen Geist mit dem Schutzengel gleichzusetzen.*

Das Messer und der Kopf des getöteten Feindes bringen die Angriffslust des Kriegers zum Ausdruck.

Der Kopfputz stellt die Hörner des Widders dar, eines Tiers, das Stärke und Fruchtbarkeit versinnbildlicht; gelegentlich sind Tiere auf den Hörnern aufgespießt, die mit Jägern assoziiert werden, etwa Schlangen oder Leoparden.

▲ Altarfigur *ikenga*, Igbo (Nigeria), Privatsammlung.

Die Götter und Wächter der Wahrsagung Ifa und Eshu (der eine ist Garant der Weltordnung, der andere Herr über das Chaos, das den Wechsel einleitet) stehen an der Grenze zwischen den zwei Welten und bringen Botschaften von der einen in die andere.

Die Orisha *sind vergöttlichte Ahnen oder personifizierte Naturkräfte. Sie werden in zwei Kategorien unterteilt: die »hitzigen« Götter, die unbeständig und unberechenbar sind (z. B. der Donnergott Shango oder der Eisen- und Kriegsgott Ogun), und die »kühlen« bzw. »ruhigen« Götter, die gelassen und besonnen sind (z. B. der Medizingott Osanyin).*

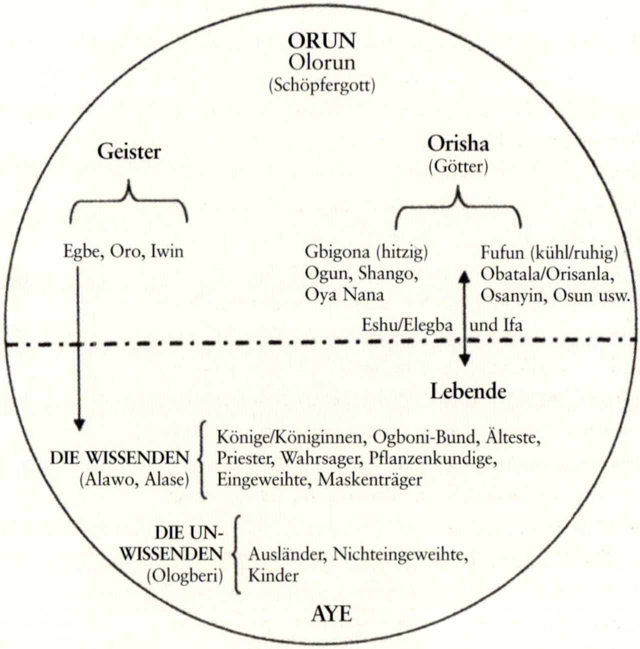

Die kosmische bildet die Grundlage für die politische Ordnung: Der König leitet seine Macht von dem Himmelsgott Olorun ab; der Ogboni-*Bund, in dem die Ältesten versammelt sind, ist der Erdgöttin Onile (bzw. den Ahnen, die mit der Erde vereint sind) ergeben; der Staatsrat* Oyo Misi, *dessen Titularräte das Volk repräsentieren, verkörpern auf einer anderen Ebene die gesamte Menschheit.*

*Die Yoruba aus Nigeria stellen sich die Welt als einen in der Mitte durchgeschnittenen Kürbis vor, wobei die untere Hälfte als Gefäß (Erde, Diesseits/*Aye*) und die obere Hälfte als Deckel (Himmel, Jenseits/*Orun*) dient. Leben ist entlang der Öffnung bzw. des Schnitts möglich, der die beiden Welten voneinander trennt und miteinander verbindet.*

▲ Schematische Darstellung des Yoruba-Kosmos mit wesentlichen Elementen (Nigeria), Abbildung aus: Drewal/Pemberton/Abiodun 1989, S. 14.

»Ein Mann bat, die Frau seines Nachbarn haben zu dürfen; der Wahrsager sagte: ›Nimm die, die du willst‹. Da nahm der Mann die Frau des Wahrsagers.« (Erzählung der Bamileke, Kamerun)

Wahrsagung

Verbreitung
Westafrika, Zentralafrika, Ostafrika, Südliches Afrika

Grundprinzipien
ifa- und *fa*-Orakel, Wüstenfuchs-Orakel, Spinnenorakel, Orakelgeräte

Verwandte Stichworte
Traditionelle Religionen, Krankheit und Heilung, Zauberei

Die Dinge, die den Menschen im Lauf ihres Lebens widerfahren, und die Unsicherheit darüber, was die Zukunft bringen wird, bedürfen der Interpretation, um für Abhilfe zu sorgen, um Entscheidungen fällen zu können: Die Welt des Sichtbaren wird sinnvoll durch die Welt des Unsichtbaren, die harmonischen oder konfliktgeladenen Beziehungen zu den Göttern, Geistern und Ahnen. Die am weitesten verbreitete Wahrsagemethode besteht darin, bestimmte Gegenstände (Nüsse, Steine, Knochen u.a.) zu werfen und anschließend aus ihrer Anordnung Schlüsse zu ziehen. Beim *ifa-* bzw. *fa*-Orakel der Yoruba in Nigeria und der Fon in Benin kommen Kolanüsse zum Einsatz: Die Ergebnisse werden mit Strichen auf ein Orakelbrett gezeichnet; maximal sind 256 Kombinationen möglich, der Anzahl der Schicksale entsprechend, mit denen das menschliche Leben zusammengefasst wird. Manchmal sind auch Tiere ein Weissagungsmedium. Bei den Dogon in Mali ist es der Fennek (Wüstenfuchs): die Frucht der Vereinigung des Himmelsgottes mit der Erde und Empfänger des ersten Wortes Gottes. Der Wahrsager lockt ihn mit einem Köder zum Orakelbrett, wo er Fußspuren im Sand hinterlässt. Bei den Bamileke in Kamerun ist die Erdspinne das Orakeltier: Der Seher zieht Linien vor ihrem Bau, die die Ahnen mütter- und väterlicherseits darstellen, in das Loch steckt er Blätter, Blumen, Kolanusssplitter, kleine Zweige und Steine; verlässt die Spinne nachts den Bau, schiebt sie die Gegenstände vor sich her auf die Linien, die es dann zu deuten gilt.

◄ Gesichtsmaske *keeko kia bwelo*, Vili (Republik Kongo), 19. Jh., Berlin, Staatliche Museen zu Berlin, Ethnologisches Museum.

Mit dem weit vorstehenden Unterkiefer, der langen Nase, die die plane Wangenpartie teilt, den vorgewölbten Lidern, die die Augen als Schatten erscheinen lassen, und der Kammfrisur weist der Kopf die typischen Stilmerkmale der Senufo-Plastik auf. Die harmonische Wirkung der Figur entsteht aus der kunstvollen Balance zwischen rundlichen Volumen und scharfen Kanten, die geballte, beherrschte Kraft suggerieren.

Diese sitzenden Figuren bilden ein Paar mit weiblichen Reiterfiguren und gehören zum umfangreichen Repertoire der Gegenstände, die die Wahrsagerin befragt, um Antworten auf die Fragen ihrer Klienten zu erhalten. Manchmal »verschreibt« die Wahrsagerin ihren Klienten Figuren desselben Typs, allerdings in einfacherer Ausführung, die sie dann zu Hause aufstellen sollen.

Für ihre Orakeltätigkeit verwenden die Wahrsager der Senufo in der Elfenbeinküste – meist Frauen – Figuren, die als Mittler zu den Buschgeistern dienen, mit denen sie in Verbindung treten und Kontakt halten, vorausgesetzt, dass bestimmte rituelle Vorschriften eingehalten und ihnen regelmäßig Opfergaben dargebracht werden.

▲ Weibliche Wahrsagefigur, Senufo (Elfenbeinküste), Privatsammlung.

Der Auffassung der Igbo zufolge besitzt jeder Mensch einen moralischen, mit der Gruppe verbundenen Aspekt, der von einem Pakt abgeleitet ist, der vor der Geburt zwischen dem persönlichen Gott (chi) *und den Ahnen geschlossen wurde, sowie einen nicht vorbestimmten Aspekt, der an den zweckmäßigen, mit der Gruppe der Ebenbürtigen geschlossenen Pakt geknüpft ist und im* ikenga, *dem dem eigenen* chi *geweihten Altar, ihren sichtbaren Ausdruck findet.*

Die Hörner verweisen auf Stärke, Fruchtbarkeit, das Gedeihen der Pflanzen und die Angriffslust des Schafbocks.

Auf der Stirn ist der Narbenschmuck der Titelträger (Ozo) *dargestellt.*

Neben persönlichen und offiziellen ikenga *gibt es auch kleinere Anfertigungen wie diese, die zu Wahrsagezwecken bestimmt sind. Ihr Körper ist ähnlich gestaltet wie das Ritualobjekt* ofo *(ein Bündel kleiner Stöcke, das den Zusammenhalt der Gruppe symbolisiert).*

▲ Wahrsagefigur *ikenga*, Igbo (Nigeria), Privatsammlung.

Die Kuba benutzen kleine geschnitzte Holzfiguren namens itoom, *die Tiere darstellen – Krokodil, Eidechse, Busch- oder Warzenschwein, Hund -, um eine Vielzahl persönlicher und familiärer Probleme zu lösen. Der glatte Rücken des itoom wird angefeuchtet und eine kegelförmige Holzscheibe hin- und hergerieben; die gesuchte Formel (oder der Name) ist gefunden, sobald die Scheibe plötzlich auf der Oberfläche des* itoom *haften bleibt.*

▲ Orakelgerät *itoom*,
Kuba (Demokratische Republik Kongo), Privatsammlung.

Itoom *werden in Divinationsriten verwendet, um Zauberern, Dieben und Ehebrechern auf die Spur zu kommen. Die genannten Tiere spielen wegen ihres Spürsinns, ihrer hervorragenden Augen und ihrer Fähigkeit, Beute aufzustöbern und zu fangen, in der Wahrsagekunst eine Rolle.*

Der Wahrsager erhält Hinweise auf die Lösung der Probleme seines Klienten aus der Anordnung einer bestimmten Anzahl von Stöckchen, die eine Maus im Gefäß hin- und herbewegt.

Das Orakelgefäß ist mit einer geschnitzten menschlichen Figur versehen, die vermutlich den Klienten darstellt, der den Wahrsager aufsucht. Wenn er auf Reisen geht, hängt sich der Wahrsager das Gefäß um die Schulter; dank der Figur können ihn die Menschen auf der Straße als Wahrsager erkennen.

Die Antworten, die aus der Divinationsmethode mit den Mäusen zu erhalten sind, sind weniger klar als diejenigen, die bei Orakeltechniken, die mit Trance arbeiten, erzielt werden. Hier wird der für die Divination günstigste Zustand akustisch, durch das rhythmische Anschlagen eines Gongs mit einem Hämmerchen, erreicht. In den Körper des Wahrsagers dringt ein Waldgeist oder der Geist von Göttern, deren Verbundenheit mit bestimmten Familien von Generation zu Generation weitervererbt wird. Der Zustand der Besessenheit kann äußerst aggressive Formen annehmen, die mitunter das Leben des Wahrsagers gefährden.

▲ Orakelgefäß, Baule (Elfenbeinküste), Paris, Musée du Quai Branly.

»Nur aus Zorn oder wegen des Gedränges fallen die Geister vom Himmel.« (Ogotemmêli, Dogon-Ältester, Mali)

»Speicher reiner Erde«

Völker
Dogon

Verbreitung
Westafrika: Mali

Grundprinzipien
Herabkunft der *Nommo*-Genien, der Speicher als Weltsystem, die Arbeit des Menschen, Ackerbau, Baukunst

Verwandte Stichworte
Schmiede, *Nommo*-Genien, Ackerbau, Ernährung, Dogon

In den 1960er-Jahren erzählte der alte Dogon Ogotemmêli dem Anthropologen Marcel Griaule, dass die acht Ahnen des Menschengeschlechts in den Himmel hochfuhren, hier auf das Ur-Genienpaar namens *Nommo* stießen und sich selbst in *Nommo* verwandelten, Wesen mit menschlichem Oberkörper und schlangenförmigem Unterleib. Nun waren aus zwei zehn *Nommo* geworden, und das brachte alles in Unordnung. Sie verstießen gegen das Gebot Gottes *(Amma)*, einander nicht zu besuchen, wurden unrein und beschlossen, den Himmel zu verlassen und zur Erde herabzusteigen: Sie nahmen alles mit, was ihnen für ein Leben unter den Menschen nützlich erschien, und fuhren auf einer Arche in Form eines umgestülpten Korbes herab, die der Ahn der Schmiede ins Firmament geschleudert hatte: Es war der »Speicher reiner Erde«. Auf der Terrasse hatte der Baumeisterahn die Werkzeuge einer Schmiede, welche die Menschen zur Herstellung der Gerätschaften für den Feldbau benutzen würden, und Feuer – ein Stück Sonne, das er geraubt hatte – zusammengestellt. Sogar die Form des Speichers erinnerte an die Form eines Ambosses. Als der Speicher am Ende der Reise entlang des Regenbogens auf der Erde aufschlug, verteilten sich Menschen, Tiere und Pflanzen in alle Richtungen, und dem Ahn der Schmiede wurden die Beine und Arme gebrochen, sodass Knie und Ellbogen entstanden. So verwandelten sich seine Gliedmaßen, die so biegsam waren wie ein Schlangenkörper, in arbeitsfähige Hebel.

◄ Getreidespeicher der Dogon, Mali.

Der Korb, in den die Ahnen die Erde taten, um die Welt zu erbauen, diente als Vorbild für die modernen Getreidespeicher. Allerdings wurde der Korb umgedreht, sodass der quadratische Boden zum Dach wurde. Die quadratische Terrasse symbolisierte den Himmel, die kreisrunde Basis die Sonne.

Von der Mitte der vier Seiten der oberen quadratischen Terrasse führt jeweils eine zehnstufige Treppe nach unten. Jede waagerechte Trittstufe ist weiblich und jede senkrechte Setzstufe männlich. Diese Gesamtheit der vier Treppen von je zehn Tritt- und Setzstufen gibt das Vorbild für acht mal zehn Familien, aus denen die Ahnen hervorgingen.

In der sechsten Stufe der Nordtreppe befindet sich eine Tür, durch die man in das Innere des Speichers gelangt, wo acht Räume sich über zwei Stockwerke verteilen.

Der Kreis im Zentrum der Terrasse steht für den Mond.

Die Tür in der sechsten Stufe ist wie der Mund, und der Speicher ist wie der Bauch, das Innere der Welt. »Den Kopf durch die Tür eines Speichers strecken heißt, in einen Schoß eindringen, die Familie aufstören, Eingeweide bloßlegen.«

Jede Treppe trug eine Gattung von Lebewesen und stand mit einem Sternbild in Beziehung: Die Westtreppe entsprach einem Stern namens »der große Schweif« und trug die wilden Tiere, die Pflanzen und die Insekten; die Nordtreppe (Plejaden) trug Menschen und Fische; die Südtreppe (Gürtel des Orion) enthielt die Haustiere, und die Osttreppe (Venus) war von Vögeln besetzt.

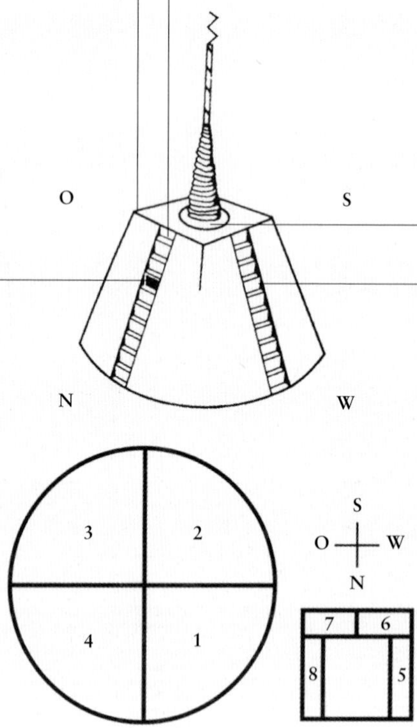

Grundriss des Untergeschosses

Grundriss des Obergeschosses

In den acht Räumen waren die Samen gelagert, die Gott den Ahnen gegeben hatte: die kleine Hirse, die weiße Hirse, die Schattenhirse, die weibliche Hirse, die Bohne, der Sauerampfer, der Reis, die Fingerhirse.

Die acht Räume waren auch das Abbild der acht Hauptorgane des Wassergeistes: Magen, Vormagen, Herz, kleine Leber, Milz, Eingeweide, große Leber und Gallenblase. Ein kugelförmiges Tongefäß in der Mitte symbolisierte die Gebärmutter. Die Außenwände und inneren Trennwände der Räume/Organe waren das Skelett. So glich der Speicher der Frau und die Tür in der Nordtreppe ihrem Geschlecht.

▲ Der »Speicher reiner Erde« mit den Grundrissen des Unter- und Obergeschosses, Abbildung aus: Griaule 1970, S. 35.

Die Speichertüren der Dogon in Mali zieren häufig abstrakte oder figürliche Motive (Ahnenfiguren, Eidechsen, Vögel, Brüste). Eine einzelne Figur am Türschloss wird meist als Darstellung des Gründers einer Lineage gedeutet; Figurenpaare gelten als Zwillingspaar und symbolisieren die Fruchtbarkeit. Zickzacklinien verweisen hingegen auf fallenden Regen und die spiralförmige Bewegung der Sonnenstrahlen.

Die Türen bestehen meist aus zwei oder drei Holzpaneelen, die durch Eisenklammern zusammengehalten werden.

An einem auf Steinen ruhenden Holzskelett werden dünne Wände mit einer Mischung aus Lehm, Hirsestroh und Mist hochgezogen; den Abschluss bildet ein kegelförmiges Strohdach. Es gibt Unterschiede zwischen den Frauen-Speichern und denen, die den Männern vorbehalten sind.

▲ Getreidespeichertür, Dogon (Mali), Privatsammlung.

Die geschnitzten Türschlösser mit den abstrakten oder figürlichen Motiven, die man an Getreidespeichern und anderen Bauten findet, haben nicht nur einen praktischen Nutzen, sondern auch eine symbolische Bedeutung und verweisen auf die Person des Eigentümers und ihren gesellschaftlichen Rang.

In formaler Hinsicht lassen sich die Türschlösser in unterschiedliche Kategorien einordnen, je nachdem, ob man die obere (figürliche) Partie, den (funktionalen) Mittelteil oder die untere Partie in Betracht zieht.

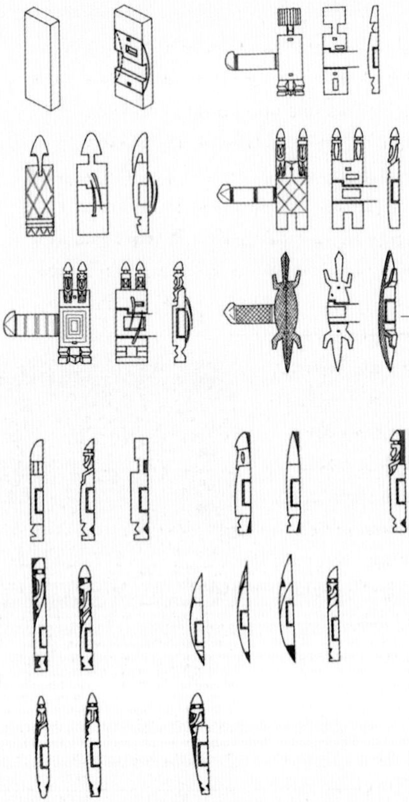

In einigen Fällen entfällt die Dreiteilung, weil die figürliche Darstellung den gesamten Schlosskorpus bedeckt.

Die Schlösser sind ursprünglich arabischer Herkunft. Als sie nach Afrika gelangten, wurden sie umgestaltet und erhielten neue symbolische Bedeutungen, sodass ein eigener neuer Schlosstypus entstand.

▲ Türschlösser, Dogon (Mali), Abbildung aus: Bedaux/van der Waals 2003, S. 155.

»Gott hat sie wie aus Wasser geschaffen. In grüner Farbe, in Gestalt von Mensch und Schlange. Vom Kopf bis zu den Hüften waren sie menschlich, darunter schlangenförmig.« (Ogotemmêli, Dogon-Ältester, Mali)

Nommo-*Genien*

Bei den Dogon in Mali sind *Nommo* anthropomorphe Genien, halb Mensch (Oberkörper), halb Schlange (Unterleib). Da sie aus Wasser sind, haben sie keine Gelenke und können, im Unterschied zu den Menschen, keine Felder bestellen. Die Zwillinge *Nommo*, ein männlicher und ein weiblicher, sind der Vereinigung des Schöpfergottes Amma und der durch seinen Samenregen befruchteten Erde entsprungen. Sie sind in allen Wasserzuständen präsent, aber auch in den Sonnenstrahlen aus Kupfer, den Exkrementen der Geister: Ihnen verdankt daher die Erde ihre Fruchtbarkeit. Die Menschen ihrerseits verdanken ihnen die Sprache, die Weberei und die Schmiedekunst. Das Zwillingspaar beiderlei Geschlechts steht für Vollkommenheit und wird dem Schakal Ogu gegenübergestellt, der allein geboren wurde und sich nicht vermehren kann, weil er keine Zwillingsschwester hat: Auch er entstammt der Vereinigung von Amma und der Erde. Als Ausgleich für die daraus resultierende Unreinheit der Erde opferte Amma einen noch nicht geschlüpften männlichen *Nommo*, indem er ihn in 66 Stücke zerriss. Hiernach setzte er ihn neu zusammen und gab ihm mit der Erde, die er seiner eigenen Plazenta entnahm, das Aussehen eines Menschen und erweckte ihn mit reinem Baumsaft wieder zum Leben. Dieses Opfer reinigte die Erde und leitete den Abstieg der acht Ahnen des Menschengeschlechts mit der Arche ein.

Völker
Dogon

Verbreitung
Westafrika: Mali

Grundprinzipien
Zwillingspaar beiderlei Geschlechts, Schakal, Opferung und Auferstehung des *Nommo*

Verwandte Stichworte
Schmiede, Wahrsagung, »Speicher reiner Erde«, Dogon

◄ Männliche Figur mit erhobenen Armen, Dogon (Mali), Privatsammlung.

Die Gelenke sind dem Menschen eigen; Nommo *sind keine Menschen, sondern Genien – halb Mensch (Oberkörper), halb Schlange (Unterleib). Die gewundene Form der Figur ließe sich durch ebendieses Fehlen der Gelenke und die wellenartige Fortbewegung der* Nommo *erklären, die aus Wasser sind. Der Schnitzer dürfte sich die natürliche Form des Holzes zunutze gemacht haben, die sich wunderbar mit dem Thema des Darstellungsgegenstands deckte.*

Möglicherweise stellt diese mit Brüsten und Phallus ausgestattete Statue die mythologische Figur des Nommo *dar.*

▲ Zweigeschlechtliche Figur, Dogon (Mali), Paris, Musée du Quai Branly.

Im Heiligtum der Dogon im Dorf Sanga befindet sich eine Reihe von Figuren, die die Auferstehung des Nommo *darstellen und an seine Rolle als »Vater« der Menschheit, Wächter des Kosmos und Regenmacher erinnern.*

Die Zeichnung gibt das repräsentierte Wesen »schematisch« wieder, von dem der Anstoß zur Vollendung ausgeht; es verhält sich wie mit den Steinen, die beim Hausbau zwischen den Ecksteinen aufgereiht werden und den künftigen Verlauf der Mauern angeben. Die Zeichen sind unmittelbarer Ausdruck der Gedanken des Schöpfergottes Amma.

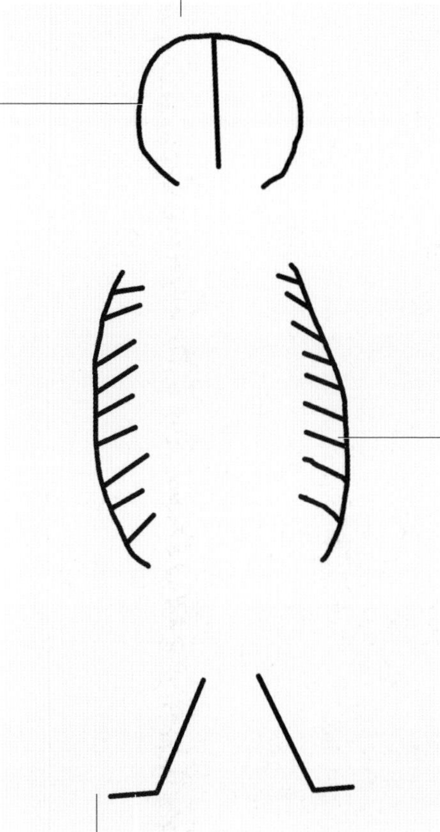

Der Längsstrich, der den Kopf in zwei Hälften teilt, verweist auf die aufrechte Haltung des auferstandenen Nommo.

Die neun Rippen verweisen auf die Zwillingsschwester des Nommo *und die acht Ahnen der Menschen, seine Söhne; die zehn Wesen wurden von Amma auf die Erde geschickt.*

Die Zeichnung gibt die Position des Nommo zum Zeitpunkt seiner Auferstehung »schematisch« wieder. Die drei Teile (die 3 ist eine männliche Zahl) befinden sich unter den Hauptaltären des Dorfes Sanga (der Kopf im Osten, der Oberkörper im Zentrum und die Beine im Westen) und gewährleisten seinen Schutz. Das Gründungsritual beinhaltet die Opferung eines Menschen, der dem Nommo assistiert und auf dessen Kopf der Altar »gepflanzt« wird.

▲ Der auferstandene *Nommo*, Abbildung aus: Griaule/Dieterlen 1965, S. 318.

»Söhne des Meeres mit Muscheln auf dem Haupt / Herren heute, Herren morgen, Herren immerdar / Feuer auf dem Haupt, vom Wasser gelöscht.« (Gebet für die Wassergeister)

Wassergeister

Völker
Ijo

Verbreitung
Westafrika: Nigeria

Grundprinzipien
Nigerdelta, Naturgeister, Masken

Verwandte Stichworte
Postkoloniale Ära, Traditionelle Religionen

Die Ijo kennen keine Darstellungen des Schöpfergottes, aber sie schnitzen Masken und Statuen, mit denen sie ihren Ahnen sowie den Wald- und Wassergeistern Gestalt verleihen. Obwohl sich die meisten Ijo heute zum Christentum bekennen, ist der traditionelle Glaube noch sehr lebendig. Die in der Zentralregion des Nigerdeltas lebende Volksgruppe glaubt, dass die Menschen vor ihrer Geburt Beziehungen zu den Naturgeistern knüpfen und ihnen diese in ihr irdisches Dasein folgen können. Im Jenseits entscheidet sich der Einzelne, mit mehr oder weniger Weitblick, für ein bestimmtes irdisches Leben, deshalb gelten Reichtum und Armut, Zeugungsfähigkeit oder -unfähigkeit nicht als Zufall, sondern als Folge der Schicksalswahl. Die Geister haben dieselben Leidenschaften und Schwächen wie die Menschen. Schwierigkeiten und Unglücksfälle werden meist auf Probleme in den Beziehungen zwischen Mensch und Geistern zurückgeführt, wobei Letztere sich den Menschen im Traum zeigen, Besitz von ihnen ergreifen oder sich z.B. in Gestalt einer Piroge manifestieren, die plötzlich auf dem Wasser erscheint und sofort wieder verschwindet. Um einem Übel abzuhelfen, geht man zum Wahrsager, der dessen Ursachen nachgeht, das vorgeburtliche Leben nachzeichnet und Mittel und Wege aufzeigt, die Geister zu beruhigen.

▼ Aufsatzmaske *abua*, Ijo (Nigeria), Indianapolis, The Indianapolis Museum of Art.

Bei den Ijo Kalabari sind die Masken, die Wassergeister darstellen, ausschließlich den Männern vorbehalten. Dennoch ist der Name des Maskenbundes Ekine *ein Frauenname, da es dem Mythos zufolge einer Frau zu verdanken ist, dass die Masken aus der Welt der Wassergeister in die Menschenwelt gelangten und hier verbreitet wurden.*

Die großen Aufsatzmasken, die quer auf dem Kopf getragen werden, verkörpern Wassergeister in Gestalt von Haien, Delfinen oder Sägefischen, oder sie vereinen verschiedene Charakteristika einzelner Tierarten wie die von Fischen oder Krokodilen. Merkwürdig anmutende Gestalten stellen die Wassergeister in der Weise dar, wie sie auf dem Wasser erscheinen. Die Maskentänze sind heiter-ausgelassen und die Gelegenheit, sich über die unglaublichen Meeresgeschichten der Fischer zu amüsieren.

Während die Waldgeister dunkelhäutig, hässlich und gefährlich sind, gelten die Wassergeister generell als hellhäutig, schön und wohlwollend, obwohl sie manchmal auch zerstörerisch sein können, da sie Stürme auslösen. Als die Europäer in die Gegend kamen, sahen die Ijo enge Parallelen zwischen den Weißen und den Wassergeistern, da beide vom Meer kamen und Wohlstand brachten.

▲ Aufsatzmaske *agbo ekine*, Ijo (Nigeria), Seattle, Seattle Art Museum.

Statt sinnvoll genutzt zu werden, wird das Gas, das mit dem Erdöl austritt, im großen Maßstab verbrannt; das führt zu einer erheblichen Umweltbelastung durch die Emission von Treibhausgasen, deren Konzentration im Nigerdelta höher ist als im gesamten übrigen Afrika.

Bei den Ijo scheint der Glaube verbreitet zu sein, dass die Ölkonzerne den Wassergeistern Menschenopfer darbringen, um ihre Zustimmung für die Bohrung von Erdölbrunnen zu erhalten.

▲ Fischer im Nigerdelta, Nigeria.

Ken Saro Wiwa, Menschenrechtsaktivist vom Volk der Ogboni, prangerte öffentlich die mit der Erdölförderung einhergehende Umweltverschmutzung, soziale Ungerechtigkeit und Korruption an und bezahlte dafür mit seinem Leben: Er wurde 1995 von den nigerianischen Machthabern gehängt.

Vor einigen Jahrzehnten begannen Ölmultis sich im Nigerdelta niederzulassen; von dem gigantischen Reichtum, den das hervorbrachte, haben allerdings die lokalen Bevölkerungen nichts. Im Gegenteil: Sie zahlen für die Folgen der Umweltverschmutzung. Widerstand formierte sich, auch mit den damit einhergehenden Gewalttaten von normalen Kleinkriminellen wie etwa Überfälle auf die Ölplattformen.

Dieser Geist wird halb als Mensch, halb als Flusspferd dargestellt. Otobo-Masken sind keine Gesichtsmasken, sondern Kopfaufsätze, die waagerecht auf dem Kopf getragen werden, wobei das »Gesicht« der Maske in den Himmel schaut.

Die Feste, bei denen diese Masken ihren Auftritt haben, geben den Menschen Gelegenheit, ihre Beziehung zu den Wassergeistern wieder aufzufrischen. Die Flussgeister werden aufs Festland eingeladen und sich unter die Menschen zu mischen. Für diese Gastfreundschaft revanchieren sich die Geister mit reicher Beute beim Fischfang.

Die Ijo lebten früher nicht nur von Fischfang: Sie waren auch Krieger, die Schiffe überfielen, und sie trieben Sklavenhandel. Zu den Bewährungsproben, die die angehenden Krieger zu bestehen hatten, gehörte es, ein Flusspferd zu töten. In einigen Gegenden besteht eine ausdrückliche Verknüpfung zwischen Maske und Gewalt, und die Maskenauftritte dienen als Mittel, um Spannungen abzubauen.

▲ Aufsatzmaske *otobo*, Ijo (Nigeria), Paris, Musée du Quai Branly.

Die braune Farbe der Ahnenfigur verweist auf ihren menschlichen Charakter, der sie von den Helden und Wassergeistern unterscheidet, die entweder weiß oder mehrfarbig angemalt sind. Einziges Erkennungsmerkmal der Helden ist ihre Kopfbedeckung (sansum).

Die Kalabari glauben, dass die Welt von einem Gott erschaffen wurde, aus dem drei Arten von Geistern entspringen: Ahnen, Wassergeister und Dorfhelden. Diese Kosmologie verweist auf eine Gesellschaft, die auf der Gegenüberstellung von Klanautonomie und Dorfeinheit beruht.

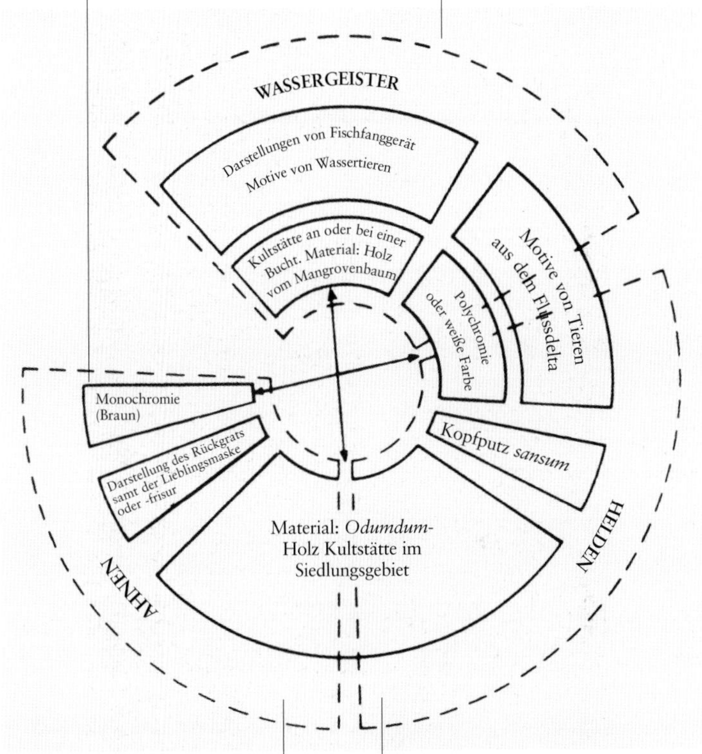

Anders als bei Schnitzfiguren der Wassergeister werden bei den Helden- und Ahnenfiguren weder Wassertiere noch Fischfanggerät dargestellt. Während die Ahnen mit einem Rückgrat ausgestattet sind, fehlt dieses bei den Helden und Wassergeistern.

Die Helden, die vom Meer kommen, lehren die Menschen das Zusammenleben verschiedener Klans in einem Dorf; sie übernehmen eine Vermittlerrolle zwischen den Ahnen und den Wassergeistern. Für Heldenskulpturen wird das Holz von Bäumen verwendet, die im Dorf wachsen, für die Figuren der Wassergeister hingegen das Holz von Mangrovenbäumen aus der Uferregion.

▲ Gestaltungsmotive der Kalabari aus Nigeria und ihre Bedeutung, Abbildung aus: Layton 1981, S. 107.

»Hier gibt es Palmöl und Bohnen / darum hab ich keine Angst / darum hab ich keine Angst, Zwillinge auf die Welt zu bringen / hier gibt es Palmöl und Bohnen.« (Lied der Yoruba, Nigeria)

Zwillingskult

Völker
Dogon, Bamana, Malinke, Gourmantché, Ewe, Fon, Yoruba, Igbo, Bantuvölker

Verbreitung
West- und Zentralafrika: Mali, Burkina Faso, Togo, Benin, Nigeria, Kongo

Grundprinzipien
Doppeldeutigkeit der Zwillinge, Vollkommenheit und Ungeheuerlichkeit, Kultfiguren

Verwandte Stichworte
Wahrsagung, *Nommo*-Genien, Donnergott Shango

In zahlreichen afrikanischen Kulturen gilt das Kind als ein ambivalentes Geschöpf, das an der Grenze der Welt der Geister, die es erst kürzlich verlassen hat, und der Welt der Menschen steht. In den ersten Lebensjahren besteht noch Ungewissheit, ob ein Kind bei den Menschen bleibt: Seine Bindungen zur anderen Welt sind sehr stark und die Wahrscheinlichkeit groß, dass es dorthin zurückkehrt. Sein Krabbeln und sein unverständliches Gebrabbel gelten als Zeichen seines Einverständnisses mit den Buschgeistern. Ein Verdacht, der bei Zwillingen umso stärker ist. Während z. B. bei den Dogon, den Bamana und den Malinke Zwillingsgeburten mit dem Prinzip originärer Vollkommenheit gleichgesetzt werden, gelten sie in vielen anderen Völkern (Gourmantché, Ewe, Yoruba, Igbo, Bantuvölkern) als unheilvoll, weil die nötige Distanz zwischen gegensätzlichen Wesen aufgehoben ist: Sie stellen einen ungeheuerlichen Akt der Einmischung des Ani- malischen in die Fruchtbarkeit der Frau oder – wenn Zwillinge als Kinder des Himmels oder des Mondes gelten – eine Bedrohung für die kosmische Ordnung dar, die auf der Trennung zwischen Himmel und Erde beruht. Daher wurden Zwillinge getötet oder im Wald, ihrer vermeintlichen Heimat, ausgesetzt. In jüngerer Zeit entstand bei den Yoruba, Ewe und Fon ein Zwillingskult mit kleinen Holzfiguren. Heute gilt die Geburt von Zwillingen als Glück verheißend, obwohl die Furcht vor ihren obskuren Kräften und ihrem äffischen Ursprung nach wie vor groß ist.

► Weibliche Zwillingsfigur *ibeji*, Yoruba (Nigeria), Privatsammlung.

*Wenn ein Zwilling oder beide sterben, werden auf Anweisung des Wahrsagers (*babalawo*) Figuren desselben Geschlechts geschnitzt, die die Mutter rituell ernährt, ankleidet und wäscht, da sie über den Geist der Kinder wachen. Vernachlässigt die Mutter diese Pflichten, könnte das ihren Zorn erregen und schlimme Folgen nach sich ziehen.*

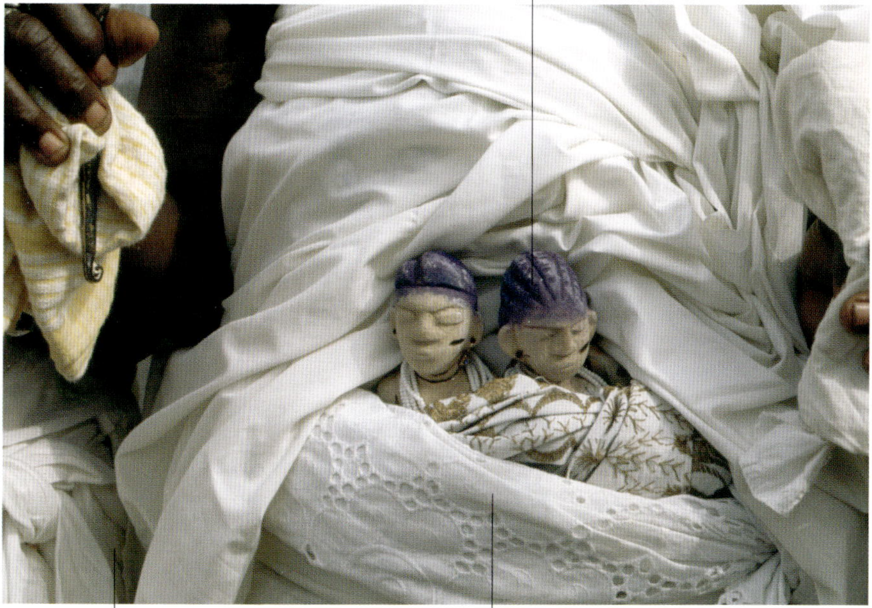

Überlebt einer der Zwillinge sein Geschwister, wird manchmal dieser anstatt der Mutter zum Hüter der Figur auserkoren.

Die Frauen tragen die Zwillingsfiguren in den Wickelröcken, tanzen und besingen ihre Taten öffentlich und nehmen Geschenke von Leuten entgegen, die gesegnet werden.

▲ Eine Frau trägt Zwillingsfiguren in ihren Wickelröcken, Ouidah (Benin).

Die Einmaligkeit der Stellung von Zwillingen kommt in der Gleichzeitigkeit von gegensätzlichen Elementen zum Ausdruck: Mit dem kleinen Format, das ihr Kindsein kenntlich machen soll, verbinden sich die Geschlechtsmerkmale, Gesichtsschmucknarben und Frisuren der Erwachsenen. Schon allein die Tatsache, dass sie ohne ihre Mutter geschnitzt wurden, trägt zur Hervorhebung ihrer außergewöhnlichen Stellung bei.

Die parallel zum Körper herabfallenden Arme mit den auf den Hüften aufliegenden Händen suggerieren – durch die Gemessenheit des Auftretens – inneres Gleichgewicht.

Zwillinge gelten manchenorts als Söhne des Donners, weshalb sie im Zusammenhang mit dem Kult des Donnergottes Shango, mit dem sie die symbolische Verwendung der roten Farbe gemein haben, eine Rolle spielen. Shango, der selbst Vater von Zwillingen war, wird in der Region um Oyo als Beschützer der Zwillinge und als ihre Kraftquelle angesehen.

▲ Zwillingsfiguren *ibeji*, Yoruba (Nigeria), Privatsammlung.

»Es ist nicht leicht, mit Shango zusammenzuleben.«
(Sprichwort der Yoruba, Nigeria)

Donnergott Shango

Die Mythen der nigerianischen Yoruba über den Donnergott Shango spielen auf die Macht der Könige an, die dem Wohle des Volkes nicht nur dienlich, sondern auch gefährlich sein kann. Shango war der 4. König *(Alafin)* der Oyo-Dynastie und wurde von seinen Anhängern als Gott verehrt. Er wird als ein erbarmungsloser Tyrann beschrieben, der über magische Kräfte verfügte, die er allerdings nicht ganz beherrschte; nachdem er von seinen Untertanen geschasst wurde, rächte er sich nach seinem Selbstmord, indem er Blitze auf sie herabfahren ließ. Der Shango-Mythos lehrt, dass die Kraft beherrscht werden muss, um fruchtbar zu sein: Der Begriff der Yoruba für Energie *(ashe)* umfasst auch den Charakter *(iwa)* und die mystische Ruhe *(ititu)*. All das findet seinen Niederschlag in den Gegenständen, die mit Shango assoziiert werden und mithilfe derer die Macht des Donnergottes (deren Gleichgewicht dank des Kultes wiederhergestellt ist) umso größer und lobenswerter ist, je kontrollierter und besonnener sie eingesetzt wird. Wahr ist allerdings auch, dass sie nichts ist, was man besitzen kann, sondern vielmehr ein Zustand, den es zu erreichen gilt: In den Shango geweihten Tänzen ergreift der Donnergott Besitz von den ihm Ergebenen und versetzt sie in Trance. Daher hinterlassen auch in ästhetischer Hinsicht die Shango-Skulpturen bei ihren Auftritten wesentlich vielschichtigere und widersprüchlichere Eindrücke, als dies bei den unbewegten, aus ihrem Kontext gerissenen Ausstellungsobjekten westlicher Museen der Fall ist.

Völker
Yoruba

Verbreitung
Westafrika: Nigeria

Grundprinzipien
Königreich Oyo, Zweideutigkeit von Macht, Darstellung des Gottes, Männlich und Weiblich

Verwandte Stichworte
Nigerianische Völker, Nigerianische Königreiche, Männlich und Weiblich, Traditionelle Religionen, Zwillingskult, Oralität und Schriftlichkeit

◀ Kultgefäß *arugba Shango* für den Shango-Kult, Yoruba (Nigeria), Privatsammlung.

Die Spitze der Shango-Kultstäbe verweist auf die »glühenden zwei Steine« des Donnergottes, den Donnerkeil in Form einer stilisierten Doppelaxt, die Shango während des Gewittersturms vom Himmel schleudert und die den Donner erzeugt. Die Steinaxt ist das Symbol seiner Macht und Virilität. Frühgeschichtliche Äxte, die die Bauern auf ihren Feldern finden, werden als Zeichen gedeutet, die Shangos Blitze hinterlassen haben.

Während der Tanzrituale bewegen die Gläubigen diese Kultstäbe abwechselnd in geordneten Bewegungsabläufen und in konvulsivischen Zuckungen und bringen so die ambivalente Macht des Donnergottes zum Ausdruck, die ein Segen, aber auch ein Fluch für die Menschen sein kann.

Shango wird nie als solcher dargestellt; seine furchterregende Macht wird in weiblichen Figuren gebannt, die sich durch Schönheit, Anstand und Genügsamkeit auszeichnen. Die symbolische Dimension findet ihren passenden Ausdruck in der kunstvollen Komposition der Figuren. Die zentrale Bedeutung des Gleichgewichts, ein sowohl ethisches wie ästhetisches, wird unterstrichen: die Waagebalken-Struktur, die Symmetrie der Formen und der ornamentalen Einritzungen, die würdevolle Haltung und die gravitätische Miene.

▲ Kultstab *oshe Shango* des Donnergottes Shango, Yoruba (Nigeria), Seattle, Seattle Art Museum.

Nur die Anhängerinnen von Shango wissen, wie man die »glühenden zwei Steine« der Axt, das Symbol des Donnergottes, auf dem Kopf trägt. Nicht so sehr körperliche Kraft ist dafür vonnöten – tatsächlich wirken die Muskeln und Gesichtszüge der Figuren nie angestrengt – als vielmehr seelische Kraft.

Der Kopf als Sitz der Intelligenz steht im Mittelpunkt der Symbolik und Ästhetik der Yoruba-Plastik: Aufgrund der Frisur, die den Kopf nach oben hin verlängert, wird seine Bedeutung noch betont. Die Frisur lässt sich als sichtbar gewordener Ausdruck des Innenlebens des Kopfes (ori inu) *deuten.*

Doppeldeutigkeit und Ambivalenz sind nicht allein dem Donnergott Shango eigen, sondern auch den Frauen, die gefürchtete Hexen sein können. Der positive Aspekt von Weiblichkeit besteht in der Mutterschaft, die das Fortbestehen des Lebens und damit auch der Gemeinschaft gewährleistet. Als Herr über den Regen repräsentiert Shango das fruchtbare Prinzip der Natur. Daraus erklärt sich das Übergewicht des Weiblichen in Shango-Ritualen und in der dazugehörigen Kunst.

▲ Weibliche Figur mit Kind aus einem Shango-Heiligtum, Yoruba (Nigeria), Seattle, Seattle Art Museum.

Shango wird niemals als solcher dargestellt, sondern immer vermittels der Priesterinnen und Anhängerinnen seines Kultes.

Die Gestaltung des Kultstabes oshe Shango *basiert auf dem unveränderlichen Grundelement der »glühenden zwei Steine«, die auf den Donner verweisen und die Macht des Donnergottes symbolisieren. Während die Symbolik unverändert bleibt, kann die Form erheblich variieren.*

Zu den Varianten des gestalterischen Grundschemas tritt eine weitere, die auch einen Verweis auf die Menschheit beinhaltet – in Gestalt der Priesterinnen des Shango-Kultes – und von der Darstellung des Kopfes bis hin zur ganzen Figur reicht.

In Gesellschaften, die keine Schriftkultur im engeren Sinne kennen, werden plastische Darstellungen zu »Wissensbewahrern« und ermöglichen deren Übermittlung über größere Entfernungen, indem sie für das Wort eine dauerhafte Stütze darstellen. Ihre soziale Funktion schränkt die Variationsmöglichkeiten der künstlerischen Gestaltung ein (ohne sie jedoch gänzlich zu unterdrücken), deren Verständlichkeit bewahrt bleiben muss.

▲ Gestaltungsvarianten des Kultstabes *oshe Shango* des Donnergottes Shango, Abbildungen aus: Williams 1974, S. 23.

»Dort, wo du Schlechtes hernimmst, nimmst du auch Gutes her.«
(ifa-Priester, Yoruba, Nigeria)

Schelmgott Eshu

Bei dem Divinationsritual *ifa* der Yoruba spielen die Götter Eshu und Ifa eine Mittlerrolle, da sie auf der Schwelle zum unsichtbaren Reich der Geister und Götter *(Orisha)* stehen und deren Botschaften an die Menschen übermitteln. Während Ifa die Ordnung repräsentiert, steht Eshu für Unordnung und Veränderung: zwei gleichermaßen notwendige Prinzipien, damit es Leben geben kann, denn »ohne Sturm gibt es kein Gedeihen und keine Ernte«. Der Legende zufolge verlieh der höchste Gott Olorun nach einem Wettbewerb mit den anderen Göttern Eshu die Macht *(ashe)*, Dinge geschehen zu lassen und sie zu vermehren. Damit ist er eine Verkörperung der Prinzipien der Lebenskraft, der Tat und des Individualismus, welche die Menschen dazu antreibt, zu entscheiden, was wahr und was falsch ist. Aus diesem Grund bevorzugt Eshu Durchgangsorte: Ihm sind Kreuzungen, Marktplätze und Hauseingänge geweiht, wo Gegensätze aufeinandertreffen und miteinander verschmelzen, was die Entscheidungsfindung zu einem schwierigen, sittlich-moralisch aufwendigen Unterfangen macht. Eshu ist ein Gott mit ambivalenten Charakterzügen, der die Gaben des Himmels großzügig auf der Erde verteilt, andererseits die Menschen täuscht, und sie dazu verleitet, folgenschwere Irrtümer zu begehen.

Völker
Fon, Yoruba

Verbreitung
Westafrika: Benin, Nigeria

Grundprinzipien
Ordnung und Unordnung, Veränderung, Wahrsagung, Orakelgerät

Verwandte Stichworte
Nigerianische Völker, Traditionelle Religionen, Wahrsagung

◀ Kultstab des Schelmgottes Eshu, Yoruba (Nigeria), Privatsammlung.

Der Kopfputz weist häufig die Form eines Phallus und einer Messerklinge auf: Jedes Mal, wenn Eshu ein Wunder vollbringt oder sexuell erregt ist, wächst die Klinge aus seinem Kopf. Auf Yoruba heißt sowohl Messer als auch Penis abe. *Die Klinge, die das Tragen von Lasten auf dem Kopf unmöglich macht (das Symbol für Arbeit), und der unkontrollierte Geschlechtstrieb versinnbildlichen die Unbeständigkeit und Verantwortungslosigkeit des Schelmgottes.*

Die Auswüchse auf dem Kamm stellen kleine Kalebassengefäße dar. Sie sind mit Zauberstoff gefüllt, von dem Eshu Gebrauch macht.

Die langen Ketten aus Kaurischnecken dienen als Schellen und suggerieren Lärm und Bewegung. Wegen der einstigen Verwendung der Kauri als Zahlungsmittel fungieren sie außerdem als Tribut an Eshu, der stets seinen Anteil der Opfergaben an die anderen Götter fordert, und spielen auf den Reichtum an, den er den Menschen zuweilen beschert.

Die Unordnung, mit der Eshu in Verbindung gebracht wird, strahlt auch auf den Bereich der Sexualität ab. Wegen seiner Doppeldeutigkeit und Ambivalenz wird der Schelmgott sowohl mit weiblichen als auch mit männlichen Zügen oder auch als Paar dargestellt.

▲ Schreinfigur des Schelmgottes Eshu, Yoruba (Nigeria), Seattle, Seattle Art Museum.

In der Schale liegen 16 zu Divinationszwecken verwendete Palmnüsse. Der Wahrsager wendet die Nüsse mit beiden Händen und versucht möglichst viele mit der rechten Hand zu greifen. Der Anzahl der in der Linken verbleibenden Nüsse entsprechend zieht er Striche auf dem Schalenrand, die auf bestimmte Verse des Ritualtextes Odu ifa *verweisen, welche der Wahrsager rezitiert. Da er das Problem des Klienten nicht kennt, muss dieser die brauchbare Lösung selbst aus dem Vers ableiten.*

Die Palmnüsse symbolisieren das Verhältnis zwischen den Menschen und dem Gott Ifa. Der schenkte sie den Menschen am Anfang der Zeiten als Hilfsmittel, um die Schwierigkeiten des Lebens zu meistern.

Die Orakelschale trägt ein Reiter auf dem Kopf. Kennzeichen seines hohen gesellschaftlichen Ranges sind die Platzierung im Zentrum der Figurengruppe, der Bart, das Reittier und die ihn begleitenden Soldaten. Darstellungen dieses Typs lassen möglicherweise Rückschlüsse auf die Identität der Klienten des Wahrsagers zu.

Anhand des ifa-*Orakels und des damit verbundenen, mündlich überlieferten Ritualtextes* Odu ifa *kennen die Yoruba die Kräfte, die ihr Leben bestimmen und dieses zu ordnen versuchen. Wahrsager werden aufgesucht, wenn jemand ein Problem hat (Krankheit, frühzeitiger Tod eines Verwandten, Unfruchtbarkeit, Verhexung) oder bei anstehenden Entscheidungen eine Orientierungshilfe braucht.*

▲ Orakelschale, Yoruba (Nigeria), Privatsammlung.

Orakelbretter können eckig, rund oder mondförmig sein; der breite Rand ist mit Reliefs abstrakter oder figürlicher Motive geschmückt. Die geometrische Form des Orakelbretts spielt auf die kosmische Ordnung an und darauf, dass das ifa-*Ritual die ursprüngliche Ordnung wiederherzustellen vermag, indem Störfaktoren entfernt werden.*

*Die Mitte des Orakelbrettes (*ita orun, *»Stätte des Paradieses«) muss leer, schmucklos bleiben. Beim Wahrsagen zeichnet der Wahrsager, der* babalawo, *die Ergebnisse der wiederholten Palmkernwürfe mit Strichen auf die mit Holzmehl des* cam-*Baumes bestreute Oberfläche.*

Die am Rand eingeritzten Formen und Figuren gleichen einem Lobgesang auf Ifa, die Wahrsager und die Menschen, die sich an sie wenden.

Der Wahrsager setzt sich vor das Antlitz des Eshu, das den Mittelpunkt der gesamten Darstellung bildet: Eshus Anwesenheit und seine Lebenskraft sind notwendig, damit sich die Vorhersagen von Ifa *erfüllen.*

▲ Orakelbrett des *ifa*-Orakels, Yoruba (Nigeria), Privatsammlung.

»Gerät ein Mensch unter den Einfluss eines Geistes, weiten sich seine normalen Augen und machen Platz für die inneren Augen, die Augen Gottes.« (Araba Eko, Vodun-Priesterin, Nigeria)

Vodun

Wenn von *Vodun* (auch Wodu, engl. Voodoo) die Rede ist, denkt man meist an Haiti, wo Elemente der von den Sklaven aus Afrika mitgebrachten Religionen der Ewe, Fon, Yoruba und Kongo und der Katholizismus miteinander verschmolzen. Auf Haiti besteht die kreolische Religion aus zwei Strängen: dem *Rada*-Kult, benannt nach dem Namen, den die Sklaven aus Arada an der Küste von Benin bekamen, und dem *Petro-Lemba*-Kult, benannt nach dem haitianischen Prediger Don Pedro und der kongolesischen Gesellschaft der Heiler und Händler namens Lemba. Das haitianische Pantheon hat seine Wurzeln im Pantheon der Yoruba (die ihre Götter *Orisha* nennen) und der Fon (bei denen die Götter *Vodun* heißen, »Numen«). Von den Kongo stammt wiederum der Glaube an die Macht der Toten und der Gebrauch von Statuetten *(nkisi)* zu Heilungs- und Einschüchterungszwecken. *Rada* stellt den bedächtigen Aspekt des Vodun, *Petro-Lemba* seinen ungebärdigen Aspekt dar. In der 1. Hälfte des 18. Jh.s dehnte das Königreich Abomey seine Herrschaft bis an die Küste aus und spielte eine aktive Rolle im Sklavenhandel: Die Fon übernahmen die Götter der unterworfenen Völker (Ketu und Anago Yoruba) in ihren eigenen Pantheon. So findet man heute die Götter des Krieges und des Donners mit ähnlich klingenden Namen sowohl in Benin und Nigeria als auch auf Haiti wieder.

Völker
Ewe, Fon, Yoruba

Verbreitung
Westafrika: Togo, Benin, Nigeria

Grundprinzipien
Haitianischer Voodoo, Besessenheit, Kultfiguren

Verwandte Stichworte
Nigerianische Völker, Traditionelle Religionen, Krankheit und Heilung, Abomey

▼ Eingeweihte bei der Abhaltung einer Vodun-Zeremonie (Togo).

Auf Ouatchi bedeutet vo *»Loch, Höhle«. Der Begriff verweist weniger auf das Fehlen von etwas als auf die Unsichtbarkeit eines Geheimnisses. Eine Höhle ist auch der heilige Bezirk* (vodukpame), *der die Eingeweihten »in sich birgt«. Du bedeutet Zeichen, Botschaft* (du *wird das Gerät genannt, das beim* afa-*Orakel verwendet wird). Somit bedeutet vodu so viel wie »in der Höhle versteckter Bote« oder »Bote des unsichtbaren Gesetzes«.*

▲ Frau in Trance, Lomé (Togo).

Bei der Einweihung in einen Kult stellt sich der Initiand unter den Schutz der Gottheit und bietet ihr zum Tausch den eigenen Körper an, den sie im Trancezustand »reitet«. Die Wahl eines Vodun erfolgt auf eigenen Wunsch oder auf Anweisung eines Wahrsagers (man glaubt, bestimmte Kinder würden von ganz bestimmten Vodun gezeugt und gehörten ihnen deswegen); auch Eltern können ein Kind einem bestimmten Vodun-Kult weihen, um die Gottheit zu entschädigen oder sie in die Pflicht zu nehmen.

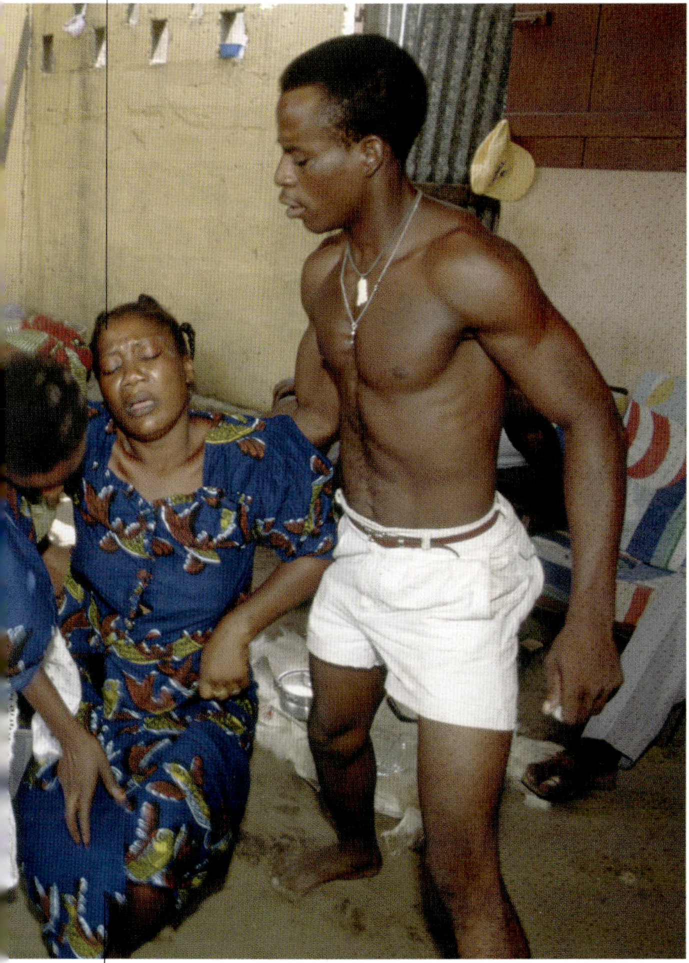

Der Vodun kann auch die stoffliche Gestalt eines mehr oder weniger anthropomorphen »Fetischs« annehmen, der sich aus den unterschiedlichsten Materialien zusammensetzt, die ihm sukzessive als »Nahrung« bei Opferritualen dargereicht werden. Auf diese Weise wird der Vodun in die Welt des Sichtbaren zurückgeführt. Das macht ihn zugänglicher und erlaubt den Menschen, eine größere Kontrolle über ihn zu gewinnen.

Bei den Fon in Benin unterscheiden sich die Vodun in hennovodun, *Gottheiten der Familienkulte, und* tovodun, *in deren Kult die Verwandtschaftsbeziehungen im Mittelpunkt stehen. Des Weiteren unterscheidet man zwischen »Erd-Vodun« und »Himmels-Vodun« bzw. zwischen »Kopf-Vodun« und* achinan. *Die »Kopf-Vodun« ergreifen Besitz von den Gläubigen, während die anderen »auf den Schultern getragen« werden.*

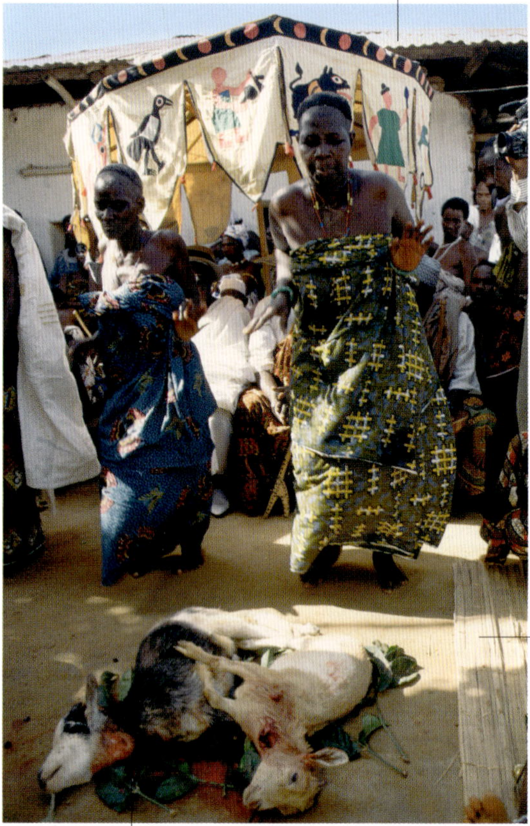

In der Küstenstadt Ouidah sind die drei wichtigsten Vodun-Priester: Dangbenon, Großwürdenträger des Meeresvodun; Huessinon, Priester des Pockengottes Sakpata; Zonon, Großherr der Flamme. Der erste ist der bedeutendste unter ihnen, auch weil er Beziehungen zum König von Abomey unterhält.

1972 wurde der Vodun in Benin mit der Erhebung des Marxismus-Leninismus zur Staatsdoktrin verboten. Seit 1995 ist er offiziell als Religionsgemeinschaft anerkannt und dem Christentum und dem Islam gleichgestellt. 1992 fand unter der Schirmherrschaft der UNESCO das erste internationale Festival der Künste und Kulturen des Vodun statt. Heute ist der unter dem marxistischen Regime von Mathieu Kérékou fast ganz zerstörte heilige Hain ein Ausflugsziel für Touristen, aber auch der Ort, in dem sich die Kräfte des Vodun in tierhafter Gestalt versammeln und religiöse Zeremonien abgehalten werden.

▲ Tieropfer in einem Tempel in Ouidah (Benin).

»Viele Mädchen und Frauen schminken sich wegen Mami Wata, denn Mami Wata hat ein schönes Gesicht.« (Sim Simaro, Künstler aus der Demokratischen Republik Kongo)

Mami Wata

Verbreitung
West- und Zentralafrika

Grundprinzipien
Modernität, Erotik, Verführung, Reichtum, Individualismus

Verwandte Stichworte
Traditionelle Religionen

Der Kult der Mami Wata (auch: Mammy Wata) ist über die Landesgrenzen hinweg sowohl in Westafrika als auch in der Demokratischen Republik Kongo verbreitet. Je nach Standort wird Mami Wata auch Königin der Frauen, Königin der Gewässer oder Sirene genannt. Trotz dieser engen Verbindung mit dem weiblichen Geschlecht ist ihre sexuelle Identität nicht eindeutig, was damit zu tun hat, dass es sich nicht um ein menschliches Wesen handelt, sondern um einen Geist, der menschliche Züge angenommen hat. Ist sie eine männliche Erscheinung, wird sie als Hindugottheit mit drei Köpfen und sechs Armen dargestellt und heißt in Togo Densu. Bei Mami Wata kommt alles im Überfluss vor, die Schönheit ebenso wie der Reichtum. Ihre Anhänger streben danach, mit denselben Gaben beschenkt zu werden: Wer mit Mami Wata ins Bett geht, kann ein erfolgreicher Geschäftsmann werden. Der Mami-Wata-Kult erlaubt es dem Einzelnen, sich eine eigene Identität zu geben, die sich der kollektiven Identität der Verwandtschaftsgruppe entzieht. Das »Urbild« von Mami Wata dürfte eine Frau mit langen schwarzen Haaren und einer Schlange in den Händen und um den Hals gewesen sein, die auf europäischen Farbdrucken aus den 1880er-Jahren prangte und v.a. in den 1940er- und 1950er-Jahren verbreitet wurde. Während die Europäer darin eine Schlangenbändigerin und ein Symbol für das sinnliche Indien sahen, machten die Afrikaner in ihr einen Wassergeist europäischen Ursprungs aus.

◄ Agbagli Kossi, *Mami Wata*, 1990.

Mami Wata wird als verführerische Frau mit langen schwarzen Haaren und heller Haut, mit Modeschmuck und in modischen Kleidern dargestellt. Ihre Nacktheit ist eindeutig erotisch konnotiert. Das Sexualleben von Mami Wata hat folglich mit sinnlichem Vergnügen, und das Wohlergehen, das sie verspricht, mit westlichen Konsumgewohnheiten zu tun. Deshalb wird sie als Weiße gesehen, die mit moderner Technik vertraut ist: Sie reist per Schiff, kommuniziert per Telefon, und im Internet finden sich Websites, die ihrem Kult geweiht sind.

Der Dreizack in der Rechten kommt ursprünglich aus der hinduistischen Ikonografie und wird dort v.a. mit Shiva, dem höchsten Gott des Hinduismus, assoziiert.

In der Linken hält Mami Wata eine Schlange fest, die auf ihren Schultern liegt; das Tier bekräftigt ihre Verbindung zum Wasser. Tatsächlich symbolisiert die Schlange den Regenbogen, der nach dem Regen am Himmel erscheint, Himmel und Erde vereint und auch »Python-im-Himmel« genannt wird.

Mami Wata ist ein launischer, ungestümer Geist, der die Ungewissheit und Unsicherheit der heutigen Zeit zum Ausdruck bringt: Was er gibt, nimmt er wieder weg oder überlässt es zu einem hohen Preis. Wer von ihm besessen ist, wird oft krank oder ist mit Sterilität oder Geschlechtskrankheiten geschlagen. Insbesondere Frauen müssen für ungewöhnliche Schönheit mit dem Ausbleiben von Schwangerschaften zahlen, ja die Gottheit selbst gilt als unfruchtbar.

▲ Mami-Wata-Altarfigur, Privatsammlung.

Mami Wata ist in der urbanen Volkskunst Afrikas zu einem beliebten Thema geworden. Beispiel Zaire: In den 1960er- und 1970er-Jahren begleitete sie den Aufstieg des Mobutu-Regimes und die Zeit des Wirtschaftsbooms (1970–75) bis hin zur einsetzenden Flaute: In einer Zeit relativen Wohlstands mit einem reichlichen Angebot an Konsumgütern pries sie das goldene Zeitalter, in dem die Götter den Menschen ihre Gunst erwiesen hatten.

▲ John Goba, *Untitled Sculpture*, um 1990.

Die Arbeiten von John Goba (geb. 1944), einem Künstler aus Sierra Leone, dessen Werk inzwischen international Anerkennung gefunden hat, stehen in enger Beziehung mit dem Initiationsbund Ode-Lay. *Diese Vereinigung trat in den 1970er-Jahren in der Hauptstadt Freetown mit ihren Masken in einer Weise in Erscheinung, die als eine Art Straßentheater an alte Traditionen anknüpfte, und nicht nur unterhielt, sondern auch als knallharter Wettkampf zwischen Jugendgruppen um Territorien und um die Behauptung der eigenen Modernität ausgetragen wurde, verbunden mit Opfergaben in Form von Schallplatten, die während des Umzugs zerschmettert wurden.*

Häufig hält Mami Wata einen Spiegel in Händen: Er verweist auf die Wasseroberfläche und die Grenzlinie, die das Wasser von der Erde trennt. Der Spiegel steht für die Grenze, die Mami Wata überschreitet, wenn sie in den Körper ihres Mediums dringt, sowie diejenige, die die Besessenen überschreiten, wenn sie träumen. Der Spiegel ist ein Werkzeug, das die Geister anzieht, und zugleich das Symbol von Mami Watas Eitelkeit.

Dass Mami Wata so oft als Sirene wiedergegeben ist, dürfte vielleicht eine Reminiszenz an die Galionsfiguren der europäischen Segelschiffe sein.

Der zwiespältige Charakter von Mami Wata drückt sich auch in den Farben aus, die ihr in Westafrika symbolisch zugewiesen werden: Weiß und Rot, die für Schöpferkraft und Zerstörung stehen.

Das Ineinandergreifen von Elementen aus verschiedensten Kulturen wird in den Altären besonders deutlich, die Mami Wata geweiht sind. Die »Tafel« – ein Einrichtungsgegenstand, der in Afrika keine Tradition hat – erinnert an den Schminktisch voller Schönheitsprodukte der europäischen Frauen, an den Esstisch, an dem nach dem Vorbild abendländischer Bankette rituelle Speisen gereicht werden, und an den christlichen Altar mit dem Kreuz, den Kerzen und den Marienbildern. Nicht zuletzt erinnert er aber auch an die hinduistischen Schreine mit den Räucherstäbchen und Götterdarstellungen.

▲ Mami-Wata-Altar, London, Horniman Museum.

»Alles, wonach sie trachten und was sie in der Ferne suchen, gibt es in ihrer eigenen Heimat.« (Maurisches Sprichwort, Senegal)

Islam

Verbreitung
Westafrika, Ostafrika, Südliches Afrika

Grundprinzipien
Islam afrikanischer Prägung, Dschihad, Handel, Baukunst, Schrifttum

Verwandte Stichworte
Fulbe, Nigerianische Völker, Suaheli, Großreiche der Subsahara, Traditionelle Religionen, Handel, Oralität und Schriftlichkeit

Bereits im 7. Jh. gelangte der Islam nach Afrika, Nubien und ans Rote Meer; im 8./9. Jh. breitete er sich an der Küste Ostafrikas und im 9./10. Jh. in Westafrika aus. Im 10. Jh. rückten die islamisierten Soninke, die zu den Mande-Völkern gehören, bis in die Täler der Flüsse Senegal und Niger vor. In dieser Region entstanden die Königtümer der Savanne und beteiligten sich am Transsaharahandel, der das afrikanische Mittelmeer mit dem Regenwald verband. Später, insbesondere seit dem 17. Jh., bauten islamisierte schwarze Händler – Hausa, Dioula, Ligbi – ein großes Handelsnetz mit Stützpunkten von Liberia bis Kamerun auf. Die Ausbreitung des Islam in Afrika, die durch Unnachgiebigkeit und Pragmatismus zugleich gekennzeichnet war, brachte einen typisch afrikanischen, lokal unterschiedlich geprägten Islam hervor, der die vorislamischen Religionen ergänzte: Wo die Religion des Propheten es dem Menschen ermöglicht, sich um sein Heil im jenseitigen Leben zu kümmern, erlauben ihm die lokalen Religionen mit ihren ortsgebundenen Geistern einen Umgang mit Alltagsproblemen wie der Fruchtbarkeit der Felder oder guten Ernten. Der Islam veränderte auch Lebensweisen und Anschauungen besonders in den Bereichen Baukunst und Urbanisierung, im Bereich der Bestattungsrituale und der Ernährung, des materiellen Besitzes, des Schrifttums, der politischen Institutionen und der Beziehung zwischen den Geschlechtern. Der arabische Sklavenhandel erreichte im 19. Jh., als der europäische Sklavenhandel abnahm, enorme Ausmaße. Streckenweise ging die Islamisierung, wie etwa im Südsudan, mit einer Zwangsarabisierung einher.

▼ Berittene Hausa feiern das Ende des Ramadan, Kano (Nigeria).

Die waagerecht aus den Mauern ragenden Hölzer ›toro‹ sind ein charakteristisches Stilelement der islamischen Baukunst Westafrikas: Sie verleihen dem Gebäude eine größere Stabilität, dienen bei Reparaturen als Gerüst und versinnbildlichen die Zweige eines Baumes, mit denen das Austreiben und das Wiedererwachen der Natur assoziiert werden.

▲ Moschee, Kani Komboli (Mali).

Mit der Ausbreitung des Islam begannen sich die Städte immer deutlicher von den Dörfern zu unterscheiden: hier Flachdachhäuser mit viereckigem Grundriss, dort Rundhütten mit strohgedecktem Kegeldach. Am wichtigsten war, dass die Moschee (oder zumindest ihr Innenhof) nach dem Vorbild der Kaaba in Mekka eine »quadratische« Form aufwies, und dann entsprechend auch die Wohnhäuser.

Mit dem Islam bauten Städte und Dörfer auf zwei unterschiedlichen religiösen, kosmologischen, sozialen und architektonischen Systemen auf: Das eine wurde durch den traditionellen Ahnenaltar und die Verwandtschafts- bzw. Klanbeziehungen bestimmt, das andere durch die Kaaba in Mekka, das religiöse und geografische Zentrum des Islam, und schrieb die Gestaltung und Ausrichtung der Gebäude verbindlich vor. Zum heiligen Baum gesellte sich das Minarett oder stellte diesen sogar in seinen Schatten.

Die Rekonstruktion von 1907, die vonseiten der französischen Kolonialregierung unterstützt wurde, unterscheidet sich von dem Vorgängerbau hinsichtlich Stil, Größe und Raumaufteilung, um in Übereinstimmung mit der islamisch-sudanesischen Bautradition den Erfordernissen des wachsenden Tourismus und der Sicherheit entsprechen zu können.

Die Wände der Großen Moschee bestehen aus sonnengetrockneten Lehmziegeln. Die eine Hälfte des Moscheegebäudes bedeckt ein Dach, das durch 90 Holzsäulen gestützt wird, die andere Hälfte der Anlage besteht aus einem Innenhof.

Die Moschee von Djenné ist das größte sakrale Lehmgebäude der Welt und eines der höchsten Bauwerke der islamisch-sudanesischen Architektur. Der Erstbau geht auf das 13. Jh. zurück. Die Moschee wurde 1834 von Seku Amadu (Ahmad Lobbo) zerstört, der in einem heiligen Krieg das Königreich Segou unterwarf und in Macina einen theokratischen Staat errichtete. Das Bauwerk erschien ihm überdimensioniert und vom ursprünglichen Geist des Islam zu weit entfernt. Das heutige Gebäude ist eine Rekonstruktion aus dem Jahr 1907; es wurde 1988 von der UNESCO zum Weltkulturerbe erklärt.

▲ Die Große Moschee von Djenné im sudanesischen Lehmbaustil (Mali).

Zwischen dem 18. und 19. Jh. fand in Westafrika eine große Reformbewegung statt. Sie ging mit einer Reihe von Dschihads (heiligen Kriegen) einher, die zu einer stärkeren Verwurzelung des Islam in der Bevölkerung führten. Die Kombination der Verkündigung des Wortes Allahs mit kriegerischer Eroberung fand Zustimmung bei den Händlern, die die Kontrolle über die Handelswege wiedererlangen wollten, und den Bauern, die unter der Tributpflicht und dem Sklavenhandel gelitten hatten. Eine zentrale Rolle spielten die militanten Reformer vom Volk der Fulbe.

Die bedeutendsten Dschihads wurden in der 1. Hälfte des 19. Jh.s ausgerufen: 1804 in den Hausa-Staaten von Utman dan Fodio, 1818 in der Region um Macina von Seku Amadu, 1852 von Omar Saidou Tall gegen die Bamana-Reiche. Unter dem religiösen Führer Omar Saidou Tall errichteten die Tukulor (Toucouleur) ein Großreich, das nach dessen Tod (1864) aufgrund interner Streitigkeiten allmählich zerfiel.

Im Hintergrund sind brennende Dörfer zu erkennen. Samory Touré wurde zur Legende des afrikanischen Widerstands gegen die Europäer. Später sollten sich die antikolonialen Bewegungen oft auf ihn berufen, trotz der Tatsache, dass die in Folge des Dschihad errichteten islamischen Sultanate ihre Kriegsgefangenen als Sklaven verkauften.

Samory Touré (auch Samori) wurde um 1835 in Mali geboren. 1861 übernahm er die militärische Führung seiner eigenen Volksgruppe, der Kamara, und verfolgte eine Eroberungspolitik, in der sich Krieg und Diplomatie abwechselten, um die Mandingo-Staaten zu unterwerfen. Gesellschaftlichen Rückhalt bekam er von den Dioula-Händlern. Doch mit der europäischen Invasion ab 1881 glichen seine Unternehmungen immer mehr einem Dschihad und einer Widerstandsbewegung gegen die fremden Eindringlinge. Wachsenden Schwierigkeiten ausgesetzt, brach Touré 1892 in Richtung Westen (zur heutigen Elfenbeinküste) auf, um ein neues Reich zu gründen. 1898 stieß er jedoch mit den Franzosen zusammen, wurde gefangen genommen und nach Gabun deportiert, wo er 1900 starb.

▲ Pierre Castagnez, *Samory Touré*, 1. Hälfte 20. Jh., Paris, Musée du Quai Branly.

»Des Menschen Sohn ist erschienen, um zu vollbringen, nicht um zu zerstören.« (Engelbert Mveng, Jesuit aus Kamerun)

Christentum

Verbreitung
Westafrika, Zentralafrika, Ostafrika, Südliches Afrika

Grundprinzipien
Christentum afrikanischer Prägung, christliche Missionen, Kolonialismus, unabhängige Kirchen

Verwandte Stichworte
Kolonialära, Traditionelle Religionen, Islam

In Äthiopien, Nubien und Schwarzafrika gibt es Christen schon seit den ersten Jahrhunderten unserer Zeitrechnung. In West- und Zentralafrika verbreitete sich das Christentum zwar erst in jüngerer Zeit, doch immerhin begann seine Ausbreitung in Kongo und Angola bereits vor 500 Jahren. Sie ging mit der Gründung portugiesischer Handelsniederlassungen an den afrikanischen Küsten einher. Seit 1590 brachten Jesuiten die christliche Lehre von der Küste von Mosambik nach Ostafrika. Hier wie in Westafrika musste sie sich nicht nur gegen die traditionellen Religionen, sondern auch gegen den inzwischen fest verankerten Islam behaupten. Im 17. und 18. Jh., also in der Hochzeit des Sklavenhandels, ging die Missionstätigkeit zurück. 1665 wurden die Portugiesen aus dem Kongo ausgewiesen. Zu Beginn des 19. Jh.s war das Christentum in Afrika – mit Ausnahme von Äthiopien – praktisch ausgestorben. Nach der Berliner Kongokonferenz von 1884/85, auf der die Aufteilung Afrikas unter den europäischen Mächten beschlossen wurde, ging die Christianisierung des Kontinents mit seiner Kolonialisierung einher: Der Katholizismus breitete sich mit den Franzosen, Belgiern und Portugiesen, der Protestantismus mit den Briten, Niederländern und Deutschen aus. Das konnte allerdings nicht verhindern, dass die christliche Botschaft von der Gleichheit der Menschen politischen Sprengstoff für die Machtlosen enthielt, denen sich dank der Bildung durch die Missionsschulen eine Chance auf gesellschaftliche Gleichstellung bot.

► Bischof Desmond Tutu in Soweto (Südafrika), 1990.

Im Jahr 1491 nahm König Nzinga a Nkuwu das Christentum an und nannte sich fortan Johannes I. Theoretisch betraf diese Konvertierung alle, die Notabeln ebenso wie die Untertanen, praktisch blieben die Menschen aber ihrem früheren Glauben verhaftet. Tatsächlich beschränkte sich die Missionstätigkeit häufig nur auf die Taufe.

Das christliche Kreuzzeichen überlagerte die traditionelle Symbolik, verdrängte sie aber nicht. Bei den Kongo war das Kreuz das Symbol des Kosmos, der Sonnenbewegung und des Kreislaufs der Wiedergeburten, bevor es das Zeichen des Leidensweges Christi wurde. Der Querbalken verweist auf die Wasserlinie, die die Welt der Lebenden von der Welt der Toten trennt, der Längsbalken bezeichnet den Weg, um von der einen Welt in die andere zu gelangen.

▲ Kruzifix *Nkangi Kiditu*, Kongo (Demokratische Republik Kongo), wohl 16.–18. Jh., Berlin, Staatliche Museen zu Berlin, Ethnologisches Museum.

Die neue Religion wurde zum Streitgegenstand, die christliche Botschaft verhandelt, »umfunktioniert« und »afrikanisiert«. Die Menschen eigneten sie sich in jeweils spezifischer Weise (nicht bloß aus mangelhafter Kenntnis der christlichen Lehre) an. Die christliche Bedeutung des Kruzifixes wurde »angepasst«, Kruzifixe wurden ähnlich wie »Fetische« in Medizinstoffe gewickelt und als Figuren bei der Jagd verwendet, die ihren guten Ausgang gewährleisten sollten.

Der religiöse Pluralismus hat in Afrika eine Vielzahl »unabhängiger Kirchen« mit regionaler, aber auch internationaler Bedeutung hervorgebracht: Harristen-Kirche, Kimbangisten, zionistische Kirchen, um nur einige zu nennen. Sie können als Versuch gesehen werden, das Christentum vom Kolonialerbe abzukoppeln und die Menschen vom Elend der Gegenwart zu befreien. Angesichts des Scheiterns der Nationalstaaten mit ihrer Zwangsmodernisierung spielen diese Kirchen mit ihrem stark ausgeprägten Gemeinschaftssinn eine bedeutende Rolle für die Herausbildung der Identität des Einzelnen.

Seit den 1980er-Jahren bildeten sich zahlreiche unabhängige Pfingstkirchen: Sie legen großen Wert auf die persönliche und gemeinschaftliche Glaubenserfahrung, ihren emotionalen und körperlichen Aspekt, auf Wunderheilungen und charismatische Führer. Von den USA ausgehend, breitete sich die Pfingstbewegung auch dank der wirksamen Nutzung der Medien – Telepredigten, Werbung, Großveranstaltungen – in der ganzen Welt aus.

Mit der »Demokratisierungswelle« in den 1990er-Jahren verloren viele afrikanische Staaten ihre einstige Monopolstellung im Medienbereich. Das eröffnete den religiösen Bewegungen neue Wege der Verbreitung und führte z.B. in Nigeria dazu, dass ein erbitterter Kampf zwischen Pfingstlern und Muslimen um die Kontrolle der Medien ausbrach. In Ghana hatte die pfingstlerische Vision einer »christlichen Nation«, die sich gegen die im Dunklen agierenden Kräfte erhebt, einen entscheidenden Einfluss auf den gesamten politischen Diskurs.

▲ Werbetafel der apostolischen Kirche *Faith Church*, Port Harcourt (Nigeria), 2004.

Im »Haus des Glücks« (nemo) *der Königsresidenz in Bandjoun (Kamerun) sind außer den Ahnen und Symbolen der traditionellen lokalen Religion auch solche Motive dargestellt, die auf den Islam und das katholische wie protestantische Christentum anspielen. Sie sind weder fremd noch abstrakt, da die Untertanen des Königs von Bandjoun diese Religionen tatsächlich praktizieren.*

Zu Reibungen zwischen den christlichen Missionaren und den traditionellen Autoritäten kam es v.a. bei Fragen bezüglich der Vermittlerrolle des Königs zwischen den Menschen und Gott (Si)*, der Polygamie, der Geheimbünde und der Bildung der Frauen und Angehörigen der unteren Schichten.*

Obwohl die traditionellen Herrscher durch die Kolonialmächte und auch in der Folgezeit in ihrer Macht beschnitten wurden, spielen sie für die Identität und das Zugehörigkeitsgefühl der Bevölkerung immer noch eine gewisse Rolle, auch wegen der den König bis heute noch (zumindest teilweise) umgebenden religiösen und sakralen Aura. Da die Buchreligionen in den Augen mancher Herrscher die Gefahr in sich bargen, die Grundlagen der königlichen Macht zu untergraben, wurden sie nicht immer und überall widerstands- und kritiklos aufgenommen.

▲ Haus des Glücks, Bandjoun (Kamerun), 2002.

Ahnenkult

Bestattungen in Ghana
Asen
Egungun-Masken
Ogboni-Kult
Schädelkult
Reliquiare der Fang und Kota

◄ Männliche Ahnenfigur, Hemba (Demokratische Republik Kongo), Privatsammlung.

»Der Tote besitzt nichts außer seinem Sarg.«
(Kane Kwei, Zimmermann und Sargmacher, Ghana)

Bestattungen in Ghana

Verbreitung
Westafrika:
Ghana

Verwandte Stichworte
Traditionelle Religionen, Christentum

In Ghana sind Bestattungen Sache der Gemeinschaft und finden freitags und samstags statt. Die Abhaltung eines Rituals ist unabdingbar, damit der Verstorbene zu den Ahnen gelangt und anschließend in der Familie als Kind wiedergeboren werden kann. Etwa ein Jahr nach dem Begräbnis, das den Rückzug aus der Welt der Lebenden markiert, wird eine zweite Bestattung gefeiert zum Zeichen dafür, dass der Tote in der Welt der Ahnen angekommen ist. Da diese Bestattung von größter Wichtigkeit ist, wird viel Geld dafür ausgegeben (wer nicht genug zusammensparen konnte, macht Schulden). Die herkömmlichen Grabskulpturen waren Gedenkfiguren aus Ton. In den 1950er-Jahren erfand der Zimmermann Kane Kwei (1927–92) den figürlichen Sarg und setzte damit eine Mode in Gang, die bis heute anhält. Die Särge verkörpern einen Gegenstand oder ein Tier, die das Leben und die Person des Verstorbenen gekennzeichnet haben: Der Papagei mit einer Feder im Schnabel wurde zu einem der Lieblingsmotive für Professoren; wohlhabende Bauern und Landbesitzer bevorzugen eine Kakaohülse, die Zwiebel oder den Maiskolben als Symbol ihres wirtschaftlichen Erfolgs. Ein anderes Symbol für gesellschaftliches Emporkommen ist der Mercedes-Sarg, auf dem häufig die Autonummer des Pkws des Verstorbenen prangt, der beim Trauerzug hinter dem Sarg herfährt. Irgendwann kamen noch die Bestellungen westlicher Galerien dazu, und so landeten diese Arbeiten nicht mehr nur unter der Erde, sondern auch als Kunstwerke in den Museen.

▼ Sarg in Gestalt einer Bierflasche (Ghana).

Diese Terrakottafiguren hielt man gemeinhin für »Porträts« der Verstorbenen: Es sind keine individuellen Gesichtzüge wiedergegeben, doch lässt sich der Tote anhand bestimmter Merkmale (Frisur, Narbenschmuck usw.) wiedererkennen, die etwas über das Geschlecht, die Rolle und den Rang aussagen und daher eine gesellschaftliche Zuordnung des Toten ermöglichen.

Der würdevolle, gleichmütige Gesichtsausdruck zeichnet die Angehörigen der Oberschicht der Akan aus. Die Tonfiguren weisen regional sehr unterschiedliche Ausprägungen auf. Allen gemeinsam sind jedoch das nach hinten gekippte, plane und runde Gesicht sowie die Rillen am Hals.

Solche anthropomorphen Figuren wurden noch bis vor Kurzem angefertigt. Man stellte sie auf einem Gefäß in der Nähe des Friedhofs auf. Einmal im Jahr kamen die Angehörigen, um des Toten zu gedenken.

▲ Grabfigur aus Terrakotta, Akan (Ghana), Privatsammlung.

Sehr beliebt sind Kuh-Särge in den Familien wohlhabender Viehzüchter oder Fleischgroßhändler.

Der Flugzeug-Sarg wurde 1951 durch die Zimmerleute und Brüder Adjetei und Kane Kwei eingeführt. Anlass war der Tod ihrer Mutter, die zwar selbst nie in ein Flugzeug gestiegen war, aber umso häufiger davon träumte, nachdem in der Nähe ihres Viertels der Flughafen gebaut worden war. Der Sarg kam so gut an, dass die beiden Zimmerleute beschlossen, nur noch diese Art von Themen-Särgen zu bauen.

▲ Werkstatt mit Särgen in Flugzeug- und Kuhform (Ghana).

Die Leute machen keinen Unterschied zwischen einheimischen Tieren oder Pflanzen und Importware aus dem Westen wie Autos: Egal, ob diese Dinge »modern« oder »traditionell« sind, sie gehören zum eigenen Alltagsleben dazu, seien sie nun real oder nur als Wunsch und Vorstellung vorhanden.

Der erste Vogel-Sarg entstand nach dem Vorbild eines Tragsessels, den der Holzschnitzer Ata Owoo (1904–76) für einen Häuptling anfertigte. Särge, die einen Adler darstellen, sind normalerweise Oberhäuptern vorbehalten, solche, die eine Henne darstellen, werden von Kindern ausgesucht, die sich bei ihrer Mutter für ihre liebende Fürsorge erkenntlich zeigen möchten.

Die katholischen und protestantischen Kirchen warnen vor der Benutzung dieser figürlichen Särge, da sie eine gefährliche Rückkehr des »Fetischismus« darin sehen.

Nach der Totenwache begleiten Familienangehörige und Freunde den Verstorbenen in einem Trauerzug zur Begräbnisstätte.

▲ Trauerzug mit Sarg in Vogelform (Ghana).

»Die asen sind Kalebassenschalen, in die man die Speisen gibt, die den Toten dargereicht werden.« (Sprichwort der Fon, Benin)

Asen

Völker
Fon

Verbreitung
Westafrika: Benin

Verwandte Stichworte
Bestattungen in Ghana, Abomey

Die *asen* der Fon in Benin sind Altäre aus Metall (häufig aus wiederverwertetem Altmetall), die in die Erde gesteckt werden. Man lässt sie anfertigen, um die hochrangigsten Verstorbenen zu ehren. Sie tragen zum guten Ruf einer Familie bei, da die kunstvolle Ausführung einen Hinweis auf deren gesellschaftliche und wirtschaftliche Stellung gibt. Die *asen* dienen zur Aufnahme der Opfergaben für die Ahnen und Götter. In den *asen*-Altären, mit denen der Toten gedacht wird, findet sich dieselbe Mischung aus Offenbaren und Verbergen wieder: Der sichtbare figürliche Teil ist zwar auffälliger, der verborgene Teil, der in der Erde steckt und mit essbaren Blättern und anderem Material als heilige Ahnenstätte hergerichtet wird, dafür bedeutsamer. Tatsächlich werden die Opfergaben nicht dem *asen*, sondern der Erde dargebracht, in dem er steckt. Die symbolischen Darstellungen verweisen auf Sprichwörter, die sich auf das Leben des Verstorbenen beziehen. So gesehen stellen die *asen* eine Art »Porträt« dar. Altäre dieses Typs lassen sich mindestens seit dem Ende des 18. Jh.s an den Höfen der Fon-Könige von Dahomey nachweisen. Die Königsfamilie scheint bis Anfang des 20. Jh.s das Monopol darauf gehabt zu haben. Ihre Verbreitung setzte nach der französischen Kolonisierung ein, als mit der Abschaffung des Königtums die exklusive Bindung der Künstler an das Königshaus wegfiel.

◄ Altar *asen*, Fon (Benin), Paris, Musée du Quai Branly.

Die Bedeutung eines asen *lässt sich nicht erfassen, wenn man den Altar vom Kontext losgelöst betrachtet und die Analyse allein auf die Gestaltung begrenzt. Nur Menschen aus dem unmittelbaren Umfeld des Verstorbenen können dessen Geschichte ausgehend von den Formen des Altars rekonstruieren. Die Familienangehörigen der nachfolgenden Generation sind dazu schon nicht mehr in der Lage. Dennoch ergeben alle* asen *des Familienaltars zusammen weiterhin einen Sinn, da sie materieller Ausdruck der Kontinuität einer Verwandtschaftsgruppe über die Zeiten hinweg sind.*

Häufig wird Blech von alten Konservendosen als Material verwendet. Oft besteht das Gehänge aus alten französischen Münzen, die für eine Datierung herangezogen werden können.

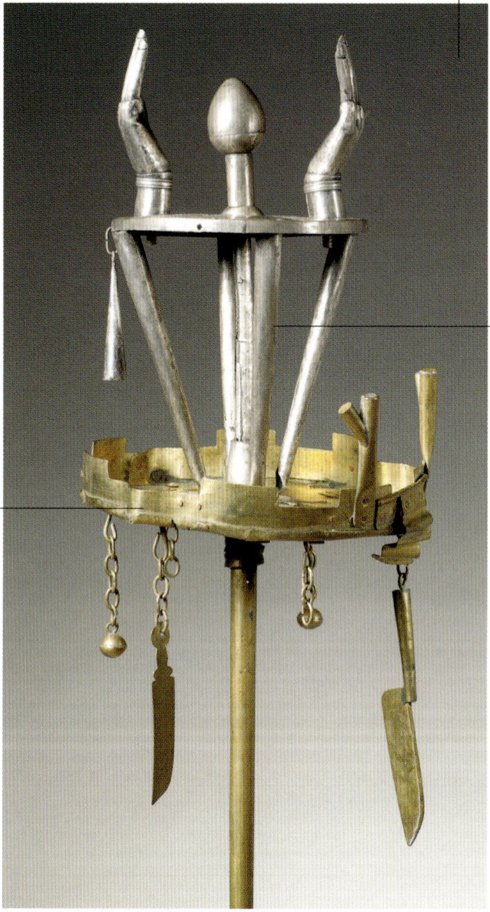

Der Altar besteht aus einem Eisenstab und am oberen Ende aus einem auf der Spitze stehenden Kegel und einer Art rundem Tablett, das als Bühne für Figuren dient, die Menschen, Tiere oder sonstige symbolische Gegenstände darstellen.

▲ Altar *asen* (Detail), Fon (Benin), Paris, Musée du Quai Branly.

»Kommunikation läuft im Wesentlichen über die Augen ab.«
(Sprichwort der Yoruba, Nigeria)

Egungun-*Masken*

Völker
Yoruba

Verbreitung
Westafrika: Nigeria

Verwandte Stichworte
Nigerianische Völker, Nigerianische Königreiche, Donnergott Shango, Ogboni-Kult, Tanz

Der *Egungun*-Kult entstand im Yoruba-Staat Oyo und fand später auch über die Landesgrenzen hinaus Verbreitung, als mit seinem Niedergang eine Auswanderungswelle einsetzte. Einst hatten die mächtigsten *egungun*-Masken die Aufgabe, Hexen zu töten, und sie waren bei der Vollstreckung des Urteils der zum Tode verurteilten Könige anwesend.

Einmal im Jahr werden Feste zu Ehren der Ahnen organisiert, die in den Familiengehöften oder an öffentlichen Plätzen stattfinden. Jede Lineage besitzt eine Maske, die den Gründervater darstellt, und eventuell noch weitere Masken, die mit einem bestimmten Zweig der Lineage oder einer einzelnen Person in Beziehung stehen, dessen bzw. deren Geschichte auf diese Weise wiedergegeben und innerhalb der Gruppe verkörpert wird. Ein Einzelner kann während einer Orakelsitzung erfahren, dass ein verstorbener Verwandter nach einer Maske verlangt. Über ihr Aussehen sprechen sich dann der Wahrsager, der Maskenbesitzer und der Künstler miteinander ab. Sobald der Medizinmann die Maske mit »Medizin« versorgt hat, wird sie dem Kultvorsteher gebracht, der sie weiht. Da eine *egungun*-Maske nur unter Mitwirkung vieler entstehen kann, bringt sie die Bedeutung des Ahnen als verbindendes Element innerhalb der Verwandtschaftsgruppe zum Ausdruck und stärkt ihre Einheit.

◄ Kopfaufsatz einer *egungun*-Maske, Yoruba (Nigeria), Privatsammlung.

Das sackartige, beidseitig tragbare Kostüm der egungun-Maske vollführt spektakuläre Verwandlungen während des Tanzes und unterstreicht damit die Tatsache, dass »die Dinge nie so sind, wie sie zu sein scheinen«.

▲ Tanz der *egungun*-Maske, Yoruba (Nigeria).

Die schwindelerregende Bewegung der Maske plustert den Stoff auf und zeigt, dass die Ästhetik der Maske nicht von ihrem Auftritt zu trennen ist. Tatsächlich nimmt sie nur während des Tanzes, in der Bewegung, immer neue, unerwartete Formen an; nur so lässt sich ein umfassender Eindruck von ihr gewinnen. Die Ästhetik der Maske spricht alle Sinne an und bildet eine Einheit mit den Gesängen und der Musik, die ihren Auftritt begleiten.

Die egungun-*Masken symbolisieren die Macht der Ahnen und die Dankbarkeit der Nachkommen, die sie am Leben erhalten.*

Der Stoff wird durch ein Holzbrett gehalten, das auf dem Kopf getragen wird. Häufig sind magische Substanzen im Kopfputz eingenäht.

Jahr für Jahr kommen neue Stoffbahnen hinzu, die Familienmitglieder aus Dankbarkeit und zu Ehren des Ahnen stiften. Ihre Anzahl erlaubt Rückschlüsse auf das Alter der Maske.

Der Stoff ist ein Kennzeichen des Menschen, aber weil er den Körper verdeckt, unterstreicht er auch das Schwellendasein des Ahnen, der einst ein Mensch war, der er heute nicht mehr ist. Das Gleiche gilt analog für die Verknüpfung anthropomorpher und zoomorpher Elemente, die sich in den figürlichen Ahnendarstellungen aus Holz wiederfinden: Sie bringen den Ahnen in die Nähe des Menschen, halten aber zugleich auch sein Anderssein und seine Unerreichbarkeit fest.

Die egungun-*Masken variieren sehr in Gestalt und verwendeten Materialien: Sie können aus Holz sein (mit anthropomorphen oder tierhaften Zügen) oder aus Stoff.*

▲ Kostüm der *egungun*-Maske, Yoruba (Nigeria), Newark (New Jersey), Newark Museum.

»Die Rechte ist die Hand des Menschen, die Linke die der Götter.« (Sprichwort des Ogboni-*Bundes, Yoruba, Nigeria)*

Ogboni-*Kult*

Völker
Yoruba

Verbreitung
Westafrika: Nigeria

Verwandte Stichworte
Nigerianische Völker, Nigerianische Königreiche, Zwillingskult, Donnergott Shango

Der *Ogboni*-Bund, dem die weisesten und ältesten Männer und Frauen der Yoruba angehören, widmet sich der Verehrung der Ahnen, die ihre Wohnstatt in der alles erhaltenden Erde haben und aus den ihr innewohnenden Kräften ihre Macht ziehen. Als Hüter des alten Gesetzes und Kontrollinstanz über das Wirken des Königs genießt der *Ogboni*-Bund eine beachtliche religiöse und politische Macht. Seine Tätigkeit findet im Rahmen des viel umfassenderen Werks einer kosmologischen Neuordnung statt, mit dem die Wiedervereinigung des Kosmos angestrebt wird, der in das weibliche Prinzip der Erde und das männliche Prinzip des Himmels gespalten ist. Seine geheimnisvolle Macht kommt in einer Symbolik zum Ausdruck, die gegen die allgemein anerkannten Normen der Gesellschaft verstößt und damit ihren sakralen Charakter unterstreicht: Die Mitglieder des *Ogboni*-Bundes ziehen die linke Seite der rechten vor, die Zahl 3 (Symbol des Geheimnisses) der Zahl 4 (Symbol der Harmonie) und tragen ihre Gewänder linksherum, als wollten sie das Innere nach außen kehren. Früher amtierte der *Ogboni*-Bund als Gericht: Wurden ihm z. B. die unlösbaren Streitfälle zwischen Oberhäuptern unterbreitet, saßen die Mitglieder, um unparteiisch zu bleiben, hinter einem Wandschirm, hörten zu und sprachen ihr Urteil. Manchmal wurden auch Urteile mittels *Ordal* (Gottesurteil) gefällt: Embleme der *Ogboni*-Gesellschaft *(edan)* wurden in die Erde gesteckt und fielen vor dem Schuldigen um.

◄ Weibliche *Ogboni*-Altarfigur (onile), Yoruba (Nigeria), Paris, Musée du Quai Branly.

Die vorgewölbten Augen – ein markantes Merkmal der Yoruba-Kunst – spielen darauf an, dass die Götter von dem Gläubigen Besitz ergriffen haben.

Die Kette, mit der die beiden Figuren am Scheitel verbunden sind, unterstreicht die jenseits des Mann-Frau-Gegensatzes existierende symbolische Einheit und repräsentiert das diese ermöglichende »Werk« des Ogboni-*Bundes.*

Das Gründerpaar der Gemeinschaft spielt auf jedes einzelne Mitglied des Ogboni-*Bundes an, das in der alten Form der Zwitterfigur wiedergegeben wird, und verweist auf die Verantwortung, die es gegenüber der gesamten Gemeinschaft – über die Unterschiede zwischen den Geschlechtern hinaus – übernehmen muss. Dies verdeutlicht die Ähnlichkeit der Figuren, die sich nur in ihren primären Geschlechtsmerkmalen voneinander unterscheiden.*

Die Eisenspitze diente dazu, die edan *in die Erde zu stecken und einen Kontakt zur Wohnstatt der Ahnen herzustellen. Wie aber auch erzählt wird, verwendete man sie bei der Vollstreckung von Todesurteilen, indem man sie dem Verurteilten durch die Nase ins Hirn schob.*

Jedes Mitglied des Ogboni-*Bundes besitzt diese* edan *und trägt sie als Zeichen der Zugehörigkeit auch bei rituellen Tänzen. Gleich Werkzeugen des alten »Werks« übernehmen die* edan *unzählige Aufgaben: Bei Ordalien verweisen sie auf den Schuldigen und bestrafen ihn. Ihrem Besitzer offenbaren sie bei der Initiation, wie lange er leben wird. Sie heilen ihn von seinen Krankheiten und nehmen ihn in ihren Schutz.*

▲ *Ogboni*-Paar,
Yoruba (Nigeria), 19. Jh.,
Höhe: 78,5 cm, Privatsammlung.

»Wir sind alle zusammen ein einziger Mund.« (Sprichwort der Bamileke, Kamerun)

Schädelkult

Bei den Bamileke in Kamerun werden die Toten in den Rang von Ahnen erhoben. Sie sind Gegenstand einer besonderen Verehrung und werden mit Opfergaben bedacht. Zwei Jahre nach dem Ableben einer Person werden ihre sterblichen Überreste ausgegraben und der Schädel vom übrigen Skelett getrennt. Um sich das Wohlwollen des Toten zu sichern, wird sein Schädel mit Palmöl und Kaolin eingerieben und in ein mit Erde gefülltes Gefäß gegeben; nur die Schädeldecke bleibt sichtbar. Danach wird das Gefäß im Wohnhaus – unter dem Bett – des Erben oder in einem eigens dafür vorgesehenen Haus aufbewahrt. Bei Unglücksfällen oder persönlichem Misserfolg wird diesen Schädeln viel Beachtung geschenkt: Die Familie geht zum Wahrsager, der die Spinne *(migala)* befragt, um zu wissen, welchem Ahn ein Speiseopfer darzubringen ist. Daraufhin opfert der Erbe und Hüter der Schädel eine Ziege oder einen Hahn. Das Fleisch wird gebraten, eine kleine Portion auf das Gefäß des Ahnen deponiert, um dessen Schutz man bittet, und der Rest im Familienkreis, der für die Zeremonie zusammengekommen ist, verzehrt. Indem man ihnen Speiseopfer darreicht, gesteht man die eigene Schuld ein und entrichtet in symbolischer Form den Brautpreis, den der Vater einst an die Lineage der Mutter zahlte.

Völker
Bamileke

Verbreitung
Westafrika: Kamerun

Verwandte Stichworte
Chefferies des Graslandes, Männlich und Weiblich, Wahrsagung, Zauberei

◄ Eingangsbereich zum Gehöft eines hohen Würdenträgers vom Volk der Bamileke, Bangangte (Kamerun).

Die Verstorbenen wurden früher am Tag ihres Ablebens in einer Fötushaltung bestattet (heute ist die ausgestreckte Rückenlage üblicher). Nach der Bestattung werden die Möbel aus dem Wohnhaus entfernt und der Fußboden mit trockenen Blättern bestreut: Es ist das »Areal des Todes«, in das sich die Familienangehörigen vier Tage lang zurückziehen und in dem sie auch schlafen.

Am Morgen des 5. Tages werden die Blätter weggefegt und die Möbel an ihren alten Platz zurückgestellt. Die Trauernden hören auf zu weinen, ziehen sich frische Kleidung an und nehmen ihr normales Leben wieder auf. Nach dem Trauern kommt das Feiern: Es wird getrunken, gegessen, getanzt und gelacht. So werden die Angehörigen des Verstorbenen nach der Zeit der rituellen Trennung wieder in den Schoß der Gruppe aufgenommen.

Die Witwen müssen den Verdacht ausräumen, den Tod ihres Ehemannes herbeigeführt zu haben. Sie werden rituell von den Kindern beschuldigt, ihn getötet zu haben: Man rasiert sie und verstaut ihr Kopf- und Körperhaar in einem Kalebassengefäß. Danach führt man sie zum Fluss, wo sie in das Wasser eintauchen und das Gefäß loslassen. Wird es von der Strömung weggetragen, ist ihre Unschuld bewiesen, bleibt das Gefäß aber in einem Strudel hängen oder schwimmt gegen den Strom, werden sie für schuldig erklärt.

▲ Porträt zum Gedenken eines hohen Würdenträgers der Bamileke (Kamerun).

»Einem alten Gorilla kann man den Weg nicht weisen.«
(Sprichwort der Fang, Gabun)

Reliquiare der Fang und Kota

Völker
Fang und Kota

Verbreitung
Westafrika:
Gabun

Verwandte Stichworte
Altersklassen und
Initiation, Theater

Die Fang leben in einem Gebiet, das sich vom Süden Kameruns bis zum Ogooue-Becken in Gabun erstreckt. In ihr heutiges Wohngebiet wanderten sie etappenweise vom 18. Jh. an von Nordosten und Südwesten kommend ein. Statt Altäre für ihre Ahnen zu bauen, bewahrten die Fang die Schädel und Knochen ihrer Ahnen in Rindenschachteln auf, die sie auf ihre häufigen Wanderschaften mitnehmen konnten. Auf diesen Reliquienbehältern saßen aus weichem Holz geschnitzte Figuren oder Köpfe: keine Ahnendarstellungen, sondern »Wächter«, die Unbefugte fernhalten sollten. Vor jeder wichtigen Entscheidung wurden die Ahnen befragt. Diese Figuren hatten aber nicht nur den Zweck zu wachen, sie fanden auch bei Initiationsriten Verwendung. Man machte sie von den Reliquiaren los und ließ sie wie Puppen in einem Puppenspiel auftreten: So wurden die Ahnen zum Leben erweckt und den jungen Eingeweihten vorgestellt. Angesichts der Eroberung durch die Kolonialmächte, die als Niederlage der Ahnen infolge von Verhexung gedeutet wurde, wendeten sich die Fang in den 1920er-Jahren dem *bwiti*-Kult zu, der die Ahnenverehrung mit christlichen Elementen mischt.

◄ Wächterkopf eines Reliquiars, Fang (Gabun), Privatsammlung.

Die dunkel glänzende Oberfläche der Figur geht auf die wiederholte Behandlung des Holzes mit Harz und Palmöl zurück; da das Holz diese Substanzen nur langsam »ausschwitzt«, werden sie nach vielen Jahren immer noch freigesetzt.

Die Augen sind durch Metalleinlagen wiedergegeben.

Das Verhältnis zwischen den verschiedenen Körperteilen – großer Kopf, kurze Beine – verweist auf kindliche Formen und unterstreicht damit auf symbolische Weise die Kontinuität zwischen dem Ahnen und seiner Nachkommenschaft.

Aufgrund ihres Stils wurden diese Wächterfiguren in zwei große Gruppen unterteilt: die Nordgruppe mit lang gezogener und die Südgruppe mit gestauchter Körperform. Die Figuren der Südgruppe zeichnen sich durch stark verdichtete Volumen aus, wie die verkürzten Arme und Beine, die eine kräftige, kontrahierte Muskulatur aufweisen. Zwischen diesen beiden Extremen finden sich unendlich viele Formvarianten.

▲ Wächterfigur, Fang (Gabun), London, Entwistle Gallery.

Das mundlose Gesicht wird von einer großen, mondsichelförmigen Frisur eingerahmt, die mit seitlichen Wangenklappen versehen ist.

Die Wächterfiguren bestehen aus einem Holzkern, der mit Metallauflagen aus Kupfer und Messing bedeckt ist.

Das rautenförmige Gestell diente als Halterung, um die Wächterfigur auf dem Reliquienbehälter zu befestigen, und vermutlich auch als Griff, wenn die Figur zu rituellen Zwecken benutzt wurde.

▲ Wächterfigur eines Reliquiars, Kota (Gabun), Privatsammlung.

Die Kota, ein Volk aus Gabun, wanderte im Laufe der Jahrhunderte unter dem Druck der Kwele und der Fang langsam nach Süden. Mit Letzteren haben sie den Kult der Ahnenreliquien gemeinsam. Die Reliquienbehälter bewahrten sie in einem eigens dafür gebauten Unterstand am Rand des Dorfes auf.

Alltagsleben

Ackerbau
Viehzucht
Handel
Ernährung
Krankheit und Heilung
Zauberei
Kunst am Körper
Weberei und Kleidung
Perlen
Oralität und Schriftlichkeit
Literatur
Traditionelle Kunst
Zeitgenössische Kunst
Kino
Traditionelle Musik
Zeitgenössische Musik
Tanz
Theater

◄ Teller (Detail),
Igbo (Nigeria), Privatsammlung.

»Wenn ein Land fruchtbar ist, werden auch die entlegensten Winkel bestellt.« (Sprichwort der Bamileke, Kamerun)

Ackerbau

Verbreitung
Westafrika, Zentralafrika, Ostafrika, Südliches Afrika

Verwandte Stichworte
Altersklassen und Initiation, Männlich und Weiblich, Kolonialära, Viehzucht, Ernährung

In den Mythologien der meisten Völker wird der Ackerbau als ein Geschenk der Götter oder eines Kulturheros beschrieben. Die kultische Handlung, mit der Land gekennzeichnet wird, besitzt denselben Stellenwert wie die praktische Arbeit: Um sich an einem Ort niederzulassen und das Land zu bestellen, müssen die Menschen erst die Zustimmung der der Erde innewohnenden Kräfte einholen. Infolgedessen behalten die Nachkommen der »Ureinwohner« eines Ortes die religiöse Macht, selbst wenn die politische Autorität inzwischen auf eine andere, später hinzugekommene Bevölkerung übergegangen ist. Die Feldbau betreibenden Völker haben ein Siedlungsmodell, bei dem das Dorf das Zentrum bildet, um das sich die Nutzgärten, die bebauten Felder und das offene Buschland in konzentrischen Kreisen ausdehnen. In den Savannen Westafrikas, wo er vor mindestens 3000 Jahren aufkam, werden v.a. Getreide (Sorghum, Hirse, Fonio bzw. »Hungerreis«) und Reis (auf Schwemmlandböden) angebaut. In den Waldgebieten überwiegt dagegen der Anbau von Ölpalmen, Knollen (Jams, Maniok, Taro) und Hülsenfrüchten. Zweimal wurde die Landwirtschaft Afrikas revolutioniert: einmal durch die Einführung von Pflanzen aus dem Fernen Osten wie der Banane und Taro im 1. Jahrtausend n. Chr., dann durch die Verbreitung amerikanischer Pflanzen durch die Portugiesen in Zentral- und Ostafrika im späten 15. Jh. bis zum frühen 18. Jh. (Mais, Süßkartoffel, Maniok, Tabak, Erdnuss, *Phaseolus*-Bohne, Pfefferschote).

► Bidjogo-Frau beim Aussieben von Reis, Bissagos-Inseln (Guinea-Bissau).

In der Kolonialzeit wurden durch den Kakaoanbau die Besitzverhältnisse verändert (das Land als gemeinschaftlicher Besitz wurde Privatbesitz) und die Lohnarbeit ausgeweitet. Bei den Yoruba war das Land im Besitz des Stammes; den einzelnen Stammesmitgliedern wurde ein Stück entsprechend ihren Bedürfnissen zugewiesen, nur die Pflanzen wurden vererbt. Der Anbau von Kakao, der die Kultur anderer Pflanzen auf demselben Feld ausschließt, machte die Pflanzenbesitzer zu virtuellen Landbesitzern.

Der traditionelle afrikanische Feldbau kennt weder den Pflug noch die Nutzung von Zugtieren, sondern nur die Hacke. Zur Gewinnung von Ackerland wird das Buschland abgebrannt, wobei die Asche als Dünger dient.

Die Diversifizierung des Anbaus ermöglicht Ernten rund ums Jahr (und verringert damit die Gefahr von Hungersnöten) und schützt die Felder vor Erosion. Die moderne Monokultur hingegen nimmt keine Rücksicht auf die Empfindlichkeit der Böden und die Unvorhersehbarkeit des Klimas. Durch die Verbesserung der Transportmöglichkeiten konnte zwar dem Hunger entgegengewirkt werden, aber mit der Ausweitung der exportorientierten Monokulturen verschlechterte sich die Qualität der Nahrungsmittel.

▲ Felder in der Nähe des Virunga-Nationalparks (Demokratische Republik Kongo).

Hirse, Fonio und Sorghum bilden die Ernährungsgrundlagen der Savannenvölker und werden als Brei oder Fladen verspeist. Mit Sorghum und Hirse wird auch Bier zubereitet, das als Opfergabe an die Ahnen stets eine Rolle spielt. Im örtlichen Kalender markiert die Hirseernte im Oktober den Beginn eines neuen Jahres.

In der Symbolik der Dogon repräsentiert das Gedeihen des Getreides das Sprichwort: »Wie das Wort die Keimung der Lebensprinzipien des Menschen ist, so ist die Keimung des Getreides ein Wort«. Das Feld bestellen bedeutet also, das Wort der Ahnen durch Urbarmachung in die Erde setzen, und weil das Gewebe das Wort ist, gleicht das Hin und Her des Bauern, der sein Feld bestellt, dem Hin und Her des Weberschiffchens: Wer den Acker bebaut, webt eine große Decke voller Wörter.

An der Hirseernte beteiligen sich alle direkten Nachkommen des Feldbesitzers. Die Männer schneiden die mehrere Meter hohen Stängel mit der Machete, legen sie auf die Erde und trennen die Rispen ab. Die Frauen und Kinder sammeln sie ein und tragen sie in großen Körben zum Dorf. Die Hirse wird dann bei Bedarf in großen Holzmörsern zerstoßen. Was übrig bleibt, wird zur Konservierung mit Asche vermischt.

▲ Weibliche Figur mit Mörser und Stößel, Dogon (Mali), 16./17. Jh., Privatsammlung.

Die männliche Figur in der Mitte hält eine Hacke aus Elfenbein und einen Fächer in Händen; zusammen mit dem Hut und dem breiten Halsschmuck aus Perlenketten weisen sie ihn als Mann hohen Ranges aus. Rechts und links sind seine Frauen dargestellt, die eine beim Stillen, die andere als Schwangere. Die Jamswurzel ist bei den Igbo eines der Hauptnahrungsmittel und fungiert daher als Symbol der Männlichkeit.

Die zentrale Stellung der Familie ist das Thema der Terrakotta-Altäre der Igbo aus dem heutigen Nigeria, die dem Gott der Jam geweiht sind. Die Quantität und Qualität der Knolle bestimmen das Wohlergehen und den guten Ruf eines Familienverbandes und die Zuerkennung von Ruhmestiteln.

Der Anbau von Jam wird mit einer Gottheit namens Ahiajoku in Verbindung gebracht, von der die Fruchtbarkeit der Erde und die Üppigkeit der Ernte abhängen. Bevor die ersten Knollen der neuen Ernte verspeist werden, wird der Gottheit ein Tieropfer dargebracht.

▲ Altar für das Jam-Fest, Igbo (Nigeria), London, The British Museum.

Die Hörner der Antilope, die gen Himmel streben, versinnbildlichen das Gedeihen der Pflanzen und sind daher ein Fruchtbarkeitssymbol, ähnlich wie das Antilopenbaby, das das ausgewachsene Tier auf dem Rücken trägt.

Die starke Betonung der Senkrechten, die die Gestaltung der Antilopenmasken auszeichnet, könnte eine Metapher für den Wuchs der Fonio- und Hirsepflanzen sein.

Vermutlich symbolisiert das Lochmuster auf dem Rücken die Sonne und die Krümmung des Rückens das Firmament, an dem die Sonne täglich auf- und untergeht. Der Rücken verweist nicht nur auf die Mühsal der Arbeit (die Menschen beugen sich zur Erde), sondern auch auf die Kinder, die man zurücklässt.

Der Rumpf ist eine Kombination aus Antilope und Pferd, dem einzigen Haustier, das mit dem Himmel in Verbindung gebracht wird, und folglich auch mit dem Regen, der die Erde fruchtbar macht.

Die tyiwara *aktivieren die kultischen Elemente, die das Gedeihen der Saat bewirken, und spornen die Bauern bei der Arbeit an. Sie stellen eine Verbindung zwischen Mensch, Raubtier und Kulturpflanze her: Mithilfe der Maske wird das Tier, dem das Land weggenommen wurde, um es zu bestellen, dem Menschen nähergebracht, während Mensch und Pflanze in der Mühsal zusammengeführt werden – der des Gedeihens der Pflanze und der der Arbeit des Menschen. Die Hirse »macht« den Menschen, ist der Mensch, denn wie schon die Bamana-Mythologie berichtet, gingen die Urahnen aus Hirse hervor.*

▲ Kopfaufsatzmaske *tyiwara*, Bamana (Mali), London, The British Museum.

»... und cherchez la vache ist der beste Rat, den man jedem geben kann, der das Verhalten der Nuer verstehen will.« (E. E. Evans-Pritchard)

Viehzucht

Verbreitung
Westafrika, Zentralafrika, Ostafrika, Südliches Afrika

Verwandte Stichworte
Fulbe, Masai, Nguni, Königreiche der Großen Seen, Akephale Gesellschaften, Ackerbau, Ernährung

Die Entstehung der Viehzucht in Afrika wird allgemein auf einen Prozess zurückgeführt, der in Südwestasien seinen Anfang nahm. Es lässt sich jedoch nicht ausschließen, dass unabhängig davon in der Sahararegion vor etwa 8000 Jahren eine Domestizierung von Rindern stattgefunden hat. Die Rinderzucht wird in Savannengebieten betrieben und ist durch Umweltbedingungen eingeschränkt: im Norden durch die seltener werdenden Weideplätze und Wasserpunkte, im Süden durch die Tsetsefliege. Da es keine Stallhaltung und keine Fütterung gibt, geht die Viehzucht mit Nomadismus und Transhumanz einher und hängt folglich auch mit einer niedrigen Bevölkerungsdichte zusammen. Die Tiere liefern Nahrungsmittel (Fleisch, Milch, Blut) und Rohstoffe zur Herstellung von Kleidung, Haushaltsgeräten und Werkzeug (Leder, Wolle, Horn, Knochen). In vielen Fällen betreiben die Völker, die von Viehzucht leben, keinen Feldbau, so die Fulbe (Peul) in Westafrika oder die Nuer und die Dinka im Sudan. Manchmal ist die Unterscheidung zwischen Viehzüchtern und Bauern auch an soziale Rangunterschiede (wie in der Region der Großen Seen) zwischen Ober- und Unterschicht gekoppelt. Zwischen Viehzüchtern und Bauern besteht aber normalerweise ein komplementäres Tauschverhältnis. Im Übrigen ist diese Unterscheidung nicht statisch, sondern von den Veränderungen der Klima- und Umweltbedingungen abhängig: Die Dürre etwa, die die Sahelzone in den 1970er-Jahren heimsuchte, zwang viele Viehzüchter, sich fest niederzulassen und Feldbau zu betreiben.

▼ Dinka-Junge beim Melken (Sudan).

Man schätzt, dass in Afrika heute etwa 3 Mio. Menschen von der Viehzucht leben. Die Wanderungen der Viehhüter richten sich nach den saisonbedingten Niederschlägen und folglich nach der Verfügbarkeit von Wasser und Gras. Insbesondere Brunnen sind Knotenpunkte auf den Wanderrouten, die sich aufgrund unvorhergesehener Klimaereignisse ändern können.

In letzter Zeit gelangten Viehherden zunehmend in den Besitz von Landwirten und Städtern, was immer mehr Viehhüter zu Lohnabhängigen macht; andererseits konnte man einen Rückgang der Rinderherden zugunsten von Schafen und Ziegen beobachten, die weniger durstempfindlich sind.

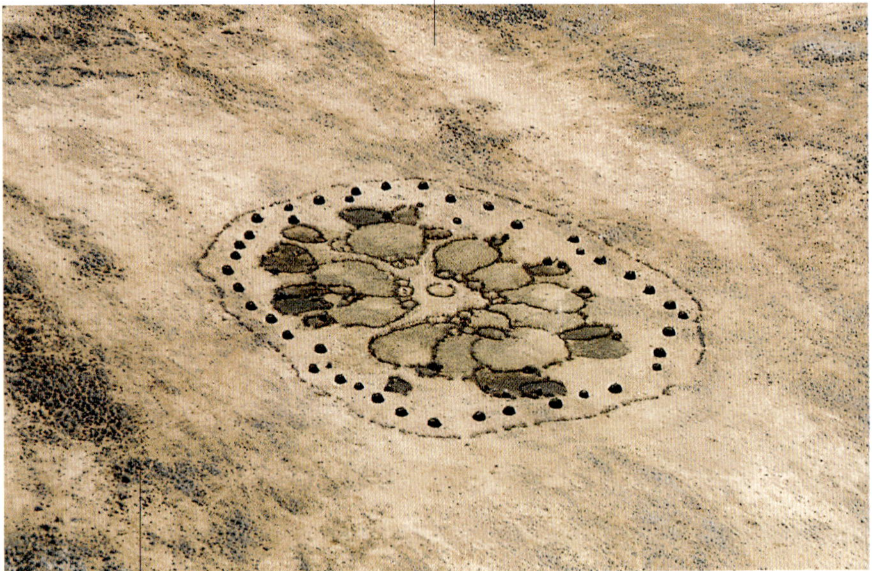

Die traditionellen Gesellschaftsformen der Völker der Trockensavanne müssen mit den Folgen der Versteppung kämpfen, die auf Dürre, Überweidung, Überbewirtschaftung der Felder und Abholzung für die Herstellung von Brennholz zurückgeht. Die Ausweitung der Landwirtschaft infolge des Bevölkerungszuwachses führt zu einem Rückgang der Weideflächen und beeinträchtigt die Bewegungsfreiheit der Viehzüchter. Sie erhöht den Verbrauch von Abfallprodukten des Getreideanbaus als Viehfutter, verstärkt die Tendenz zur Sesshaftwerdung und fördert die Entwicklung der gesellschaftlichen Vermischung von Bauern und Hirten.

▲ Luftbild eines Lagers von Viehzüchtern in Kenia.

Die Nuer unterscheiden die Rinder auch nach der Form ihrer Hörner – die sie entsprechend verändern, um sie in die gewünschte Form zu bringen – und nach der Form ihrer Ohren.

Die Nuer besitzen einen reichhaltigen Wortschatz, der sich auf ihr Vieh bezieht – ein Indiz für die materielle und symbolische Bedeutung, die es für sie hat: Vieh ist nicht nur nützlich, es ist auch Inspirationsquelle ihrer Dichtung und ihres Kunstschaffens.

Die Rindernamen richten sich nach den Farben und ihrer Verteilung auf dem Fell. Es gibt zehn Hauptfarben. Die Tiere werden nach der Kombination aus Weiß und einer dieser Farben benannt.

Weitere Namen richten sich danach, wie alt das Tier ist und ob es weiblich oder männlich ist (»junges Rind, das noch nicht gekalbt hat« oder »Kalb, das noch nicht mit Grasen begonnen hat«). Männer übernehmen häufig den Namen eines ihrer Tiere und machen es zum Gegenstand von Gedichten.

▲ Schematische Darstellung der Farbverteilung bei den Rindern der Nuer (Sudan), Abbildung aus: Evans-Pritchard 1969, S. 42f.

Einige Farben und Farbkombinationen sind nach Tieren oder Dingen benannt, die damit in Verbindung gebracht werden: Ein braunes Rind heißt »rote Kobra der Savanne«, ein mausgraues »trauriger Schatten des Waldes«.

»Reichtum gleicht den Milchzähnen eines Kindes: Er ist schön, aber vergänglich.« (Sprichwort der Bamileke, Kamerun)

Handel

Verbreitung
Westafrika, Zentralafrika, Ostafrika, Südliches Afrika

Verwandte Stichworte
Mande, Fulbe, Nigerianische Völker, *Chefferies* des Graslandes, Ackerbau, Viehzucht

Da Feldwirtschaft in Afrika hauptsächlich für den Eigenverbrauch betrieben wurde, kam der Großteil der Agrarprodukte erst gar nicht auf den Markt (sofern überhaupt Märkte existierten). Jede Verwandtschaftsgruppe produzierte das zum Leben Notwendige. Der kleine Überschuss wurde als Tributleistung von den Patriarchen oder Königen eingezogen, die wiederum Teile davon anlässlich von Festen wieder an die Bevölkerung verteilten. Vom Markt ausgeschlossen war auch das unveräußerliche Land, das die Könige und Patriarchen den verschiedenen Familienverbänden zuteilten und zum Nießbrauch überließen. Könige, Patriarchen oder bestimmte Bünde sicherten sich das Monopol über den Handel mit Luxuswaren, die von weit her kamen und von Arabern oder Europäern importiert wurden, und traten in Wettbewerb miteinander, da sie Netzwerke von Bündnispartnern über den Tausch von Prestigeobjekten aufbauten. Der Warenumlauf erschöpft sich in Afrika nicht im Warentausch, er erfolgt auch über Solidarnetzwerke von Familien, Stämmen und Vereinigungen, die fordern, dass man gibt, nimmt und zurückgibt, und die so langfristige soziale Bindungen schaffen, die sich nicht auf den Warentransfer beschränken. Doch trotz all dieser Beschränkungen ist der Handel für einige Völker von größter Bedeutung. In Westafrika sind besonders die Dioula, Hausa, Igbo und Bamileke für ihren stark ausgeprägten Geschäftssinn bekannt.

► Ansicht des Großmarktes von Lagos (Nigeria).

»Münzen« konnten in Afrika die unterschiedlichsten und für westliche Begriffe eher ungewöhnliche Formen annehmen. Als Zahlungsmittel dienten Stoff, Schmuckstücke, Muscheln, Armbänder, Waffen, Musikinstrumente, Hacken, Goldgewichte u.a.

Als Zahlungsmittel dienten Objekte, die ihren Gebrauchsgegen einen Symbolwert eingetauscht hatten, oder Nachbildungen von Gebrauchsgegenständen und Werkzeugen, die zwar dieselbe Form aufwiesen, aber weder die materiellen noch die funktionalen Eigenschaften besaßen, die eine zweckmäßige Verwendung ermöglicht hätten (weil beispielsweise zu schwer oder zu leicht).

▲ Zahlungsmittel aus Bronze, Dan (Elfenbeinküste), Privatsammlung.

Diese Gegenstände als »Geld« zu bezeichnen mag unzutreffend erscheinen, wenn man mit diesem Begriff einen eindeutig bestimmbaren Wert und die Möglichkeit verbindet, sie gegen Sachen jedweder Art eintauschen zu können, die alle ihren festen Preis haben. Es existiert kein einheitlicher Markt, sondern nur eine Gesamtheit getrennter Handelsräume.

▲ Zahlungsmittel aus Eisen, Mumuye (Nigeria), Privatsammlung.

Die kunstvollsten »Münzen« waren normalerweise ausschließlich für wichtige, gesellschaftlich (und nicht primär wirtschaftlich) relevante Tauschgeschäfte reserviert. Was sie zu »Geld« machte, war die Tatsache, dass sie innerhalb eines bestimmten Handelsraumes als Transaktionsmittel allgemein anerkannt und akzeptiert wurden. Die Gelegenheiten, bei denen Gegenstände dieser Art getauscht wurden, markierten ein gesellschaftlich relevantes Ereignis: Geburt, Eheschließung, Bestattung, Besiegelung eines Bündnisses zwischen Volksgruppen, Aufnahme diplomatischer Beziehungen zwischen Königtümern u.a.

Bei diesen Gegenständen handelt es sich nicht um echte Waffen, die später in »Geld« umfunktioniert wurden, sondern um symbolische Gegenstände, die lediglich die Form einer Waffe aufweisen. Die »Speere« könnten gar nicht als Waffe benutzt werden, dafür sind sie viel zu leicht und zu stumpf und das Material viel zu weich.

Das Material – Eisen – ist seinerseits, wenn man die besondere Stellung der Schmiede in Afrika bedenkt, mit viel symbolischer und sakraler Bedeutung »aufgeladen«, die über den rein praktischen Nutzen weit hinausgeht.

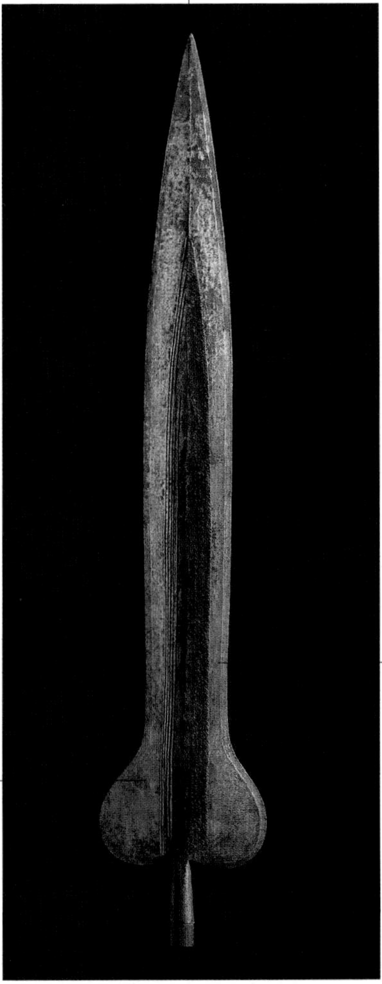

Der Zweck dieser Zahlungsmittel ist primär ein politischer und ein repräsentativer: Ihre Gestaltung und ihre Anhäufung sind ein sichtbares Indiz für die Legitimität und Stärke der Macht und werden genau deshalb von Machthabern gehortet.

▲ Zahlungsmittel *likonga* aus Eisen, Zande (Demokratische Republik Kongo), Privatsammlung.

»Wenn das Essen fertig ist, sind alle Anwesenden eingeladen.« (Sprichwort der Wolof, Senegal)

Ernährung

Verbreitung
Westafrika, Zentralafrika, Ostafrika, Südliches Afrika

Verwandte Stichworte
Nigerianische Völker, Kuba, Männlich und Weiblich, Ackerbau, Viehzucht, Tamberma und Somba

In Afrika sind die völker- oder länderspezifischen Unterschiede in der Ernährung nicht so groß wie die zwischen Savanne und Wald oder die zwischen Bauern und Viehzüchtern. Während für die europäische Esskultur Getreide und für die asiatische Reis die Ernährungsgrundlage bilden, so sind dies für die afrikanische Esskultur der Savannenzone Hirse und Sorghum. Hier wie in den Küstenregionen besteht das Grundgericht aus Fufu, einem gestampften Brei aus Sorghum oder Hirse, und Beigaben wie Jamswurzeln und einer Frucht (etwa Kochbanane, *plantain*). Bei den Bewohnern der tropischen Wälder bilden hingegen Knollen und Hülsenfrüchte die Ernährungsgrundlage. Im Laufe der letzten Jahrhunderte änderten sich die afrikanische Ernährung und Küche mit der Einfuhr neuer Pflanzen aus Asien wie Reis, Banane, Süßkartoffel oder Taro und aus Amerika wie Maniok (das Grundnahrungsmittel in den Feuchtzonen), Mais (in der westafrikanischen Savannenzone), Kartoffel oder Kakao (der jedoch v.a. für den Export angebaut wird). Zweifellos hat die moderne städtische Lebensweise die Essgewohnheiten vieler Afrikaner in den letzten Jahren stark beeinflusst: Zum Beispiel kochen Frauen statt Sorghum, der lange Garzeiten benötigt, heute lieber Reis oder Nudeln. Dennoch wird an bestimmten Nahrungsmitteln wegen ihrer kulturellen Bedeutung festgehalten: So werden für die Opferspeisen nach wie vor alte Getreidesorten verwendet als z. B. Mais.

► Küche, Nuba (Sudan).

»Essen« wird sogar zur Metapher, um gesellschaftliche Verhältnisse zu beschreiben: sexuelle Umtriebigkeit, die Gefräßigkeit der Machthaber (die »Politik des Bauches«), Kannibalismus, der mit Zauberei in Verbindung gebracht wird und dessen spezifischer Wortschatz verwendet wird, um Konflikte innerhalb der Lineages zu erklären.

Nicht verheiratete Frauen kochen unter freiem Himmel, damit jeder, der vorbeikommt, die verführerischen Düfte, die von ihrem Kochtopf aufsteigen, wahrnehmen kann. Verheiratete Frauen hingegen kochen in der eigens vom Ehemann gebauten Küche, wo nur dieser in den Genuss der für ihn zubereiteten Speise kommt.

In sämtlichen gesellschaftlichen Beziehungen spielt die Anwesenheit von Speisen und Getränken eine Rolle: in der Ehe, in der Beziehung zu den Ahnen (Darbringung von Opferspeisen), im Verhältnis zwischen König und Volk, bei Ritualen des Titelerwerbs, als Bezahlung für die Aneignung der Rechte zur Aufnahme in Geheimbünde, sogar im Zusammenhang von Zauberei.

Die afrikanische Küche ist hauptsächlich eine häusliche Angelegenheit, und die Speisen werden in einem geschützten Raum zubereitet und verspeist. Generell misstraut man dem Essen, das von Frauen zubereitet wird, die nicht zur Familie gehören; die Angst davor, vergiftet zu werden – einer der Wege, wie Zauberei wirken kann –, hat zur Verbreitung von Dosennahrung, insbesondere der Sardinen in Dosen, beigetragen.

▲ Tamberma-Frau beim Kochen (Togo).

In gestalterischer wie in symbolischer Hinsicht besteht die Besonderheit dieses Figurentypus in der Kombination aus Frau und Löffel – beide »tragen« sie etwas – sowie dem Konnex von Frau und Küche (und folglich Ernährung, Gedeihen, Leben). Gelegentlich – so auch hier – entspricht die Löffelschale dem Kopf der Frau und der Löffelgriff ihrem Oberkörper (und stellt somit Gesicht und Hals einer Frau dar).

Die schmückenden Einritzungen verweisen auf die Skarifikationen, mit denen die Frauen der Dan früher ihren Oberkörper verzierten.

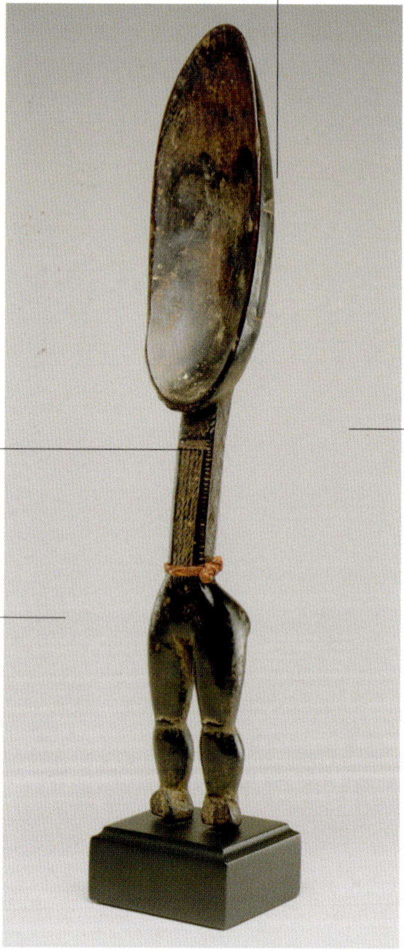

Wakemia *werden bei Tänzen und Festen von den Frauen als Zeichen ihres sozialen Status ausgestellt; sie sind das Symbol ihrer Großzügigkeit gegenüber Gästen und finden insbesondere Verwendung, wenn die Männer von Initiationszeremonien ins Dorf zurückkehren oder um die Masken aus den Nachbardörfern mit Essen zu versorgen.*

Während Masken die Macht der Männer symbolisieren, sind Löffel das Machtsymbol der Frauen.

▲ Löffel *wakemia*, Dan (Elfenbeinküste), spätes 19./frühes 20. Jh., Houston (Texas), Museum of Fine Arts.

Die schweren Holzteller werden nur benutzt, wenn Gäste kommen, um ihnen Kolanüsse anzubieten. Ein traditionell rein männlicher Brauch, der heute zunehmend auch von Frauen übernommen wird, die damit die männliche Autorität untergraben.

In der Mitte des Tellers befindet sich der »Deckel«, die Partie, die am kunstvollsten geschnitzt ist und geometrische oder anthropomorphe Verzierungen aufweist; darunter befinden sich die Zutaten in einer Kuhle, meistens eine Paste, die hauptsächlich aus Chili und Erdnüssen besteht.

Die beiden zylinderförmigen Walzen sind so etwas wie ein »Hackbrett«, auf dem die Kolanüsse in kleinere Teile zerbrochen werden.

Kolanüsse, die eine weiß-lila Frucht haben, leicht bitter schmecken und viel Koffein enthalten, werden in Afrika wegen ihrer anregenden und stimulierenden Wirkung zum Vertreiben von Müdigkeit, zur Förderung des Sexualtriebs und zur Anregung der Verdauung gekaut. Man teilt sich Kolanüsse mit Gästen als Willkommensgeste und zum Zeichen der Freundschaft. Ansonsten spielen sie auch in vielerlei rituellen Zusammenhängen eine Rolle.

▲ Teller, Igbo (Nigeria), Privatsammlung.

Die Kunst der Kuba und der ihnen benachbarten Völker wie der Wongo entwickelte sich innerhalb einer stark hierarchisierten Gesellschaft, in der die Mitglieder der Aristokratie, wenn es um die Darstellung ihres Standes ging, sich gegenseitig zu überbieten suchten, indem sie ausgefallene und begehrte Objekte zur Schau stellten. So kam es, dass aufwendig geschnitzten Haushaltsgegenständen wie Kosmetikdosen oder Palmweinbechern ein großer Stellenwert eingeräumt wurde. In diesem Fall ist der Palmweinbecher wie eine menschliche Figur geformt, in deren Kopf sich die Öffnung befindet.

Palmwein ist ein säuerliches, leicht alkoholisches Getränk (3–6 Promille), das aus dem süßen Saft der Raphiapalme gewonnen wird. Den Saft erhält man durch Einritzen des Stammes und anschließendes Abzapfen, wobei er Tropfen für Tropfen gesammelt wird. Da er schnell verdirbt, wird er innerhalb weniger Tage getrunken.

Palmwein kommt in Afrika häufig im Zusammenhang mit Initiationsriten, Begräbnissen, Eheschließungen und Opferritualen zu Ehren der Ahnen und Götter vor (man gießt einige Tropfen auf den Boden oder besprengt die Figur, die sie darstellt). Es ist allgemein üblich, dieses Getränk auf Festen zu trinken und Besuchern als Zeichen der Gastfreundschaft anzubieten.

Noch heute ist Palmwein ein äußerst beliebtes Getränk. Allerdings lässt sich ein steter Rückgang des Konsums feststellen. Die Gründe dafür sind das Vordringen des Islam, die Ausbeutung der Plantagen und die Konkurrenz durch industriell hergestellte Getränke (hauptsächlich durch Bier). Bezeichnend ist aber auch, dass er für viele Afrikaner, die in der Stadt leben, eine Möglichkeit darstellt, an Traditionen anzuknüpfen, wenn sie zu Besuch in ihr Heimatdorf kommen. Warum Getränke wie Palmwein, Hirsebier und Bananenbier für die Städter wieder interessant wurden, war ihr auch vergleichsweise niedriger Preis.

▲ Figürlicher Palmweinbecher, Wongo (Demokratische Republik Kongo), 19. Jh., Höhe: 17,5 cm, Berlin, Staatliche Museen zu Berlin, Ethnologisches Museum.

»Die Geburt des Menschen kann sich verzögern, der Tod verzögert sich nie.« (Ruandisches Sprichwort)

Krankheit und Heilung

Verbreitung
Westafrika, Zentralafrika, Ostafrika, Südliches Afrika

Verwandte Stichworte
Vodun, Ernährung, Zauberei, Kunst am Körper

Die traditionellen Heilmethoden sind nicht nur Techniken, die auf die Heilung des Einzelnen abzielen, sondern die Kunst der »Vergesellschaftung« von Krankheit: Wenn sich bei jemandem ein permanentes Leid bemerkbar macht und dieses die Gefühlswelt der Mitmenschen beeinträchtigt und Angst auslöst, wird es zum Indiz einer Störung der gesellschaftlichen Beziehungen zwischen den Lebenden, den Toten und den Göttern. Die Ursachen einer Krankheit werden also auf eine versäumte Opfergabe für die Ahnen, auf den Verstoß gegen ein Verbot der lokalen Gottheit oder auf den Angriff eines Zauberers auf der Suche nach Menschenfleisch zurückgeführt. Eine Krankheit ist nichts Zufälliges, sondern die Folge eines Versäumnisses oder der Absicht zu schädigen, und es gibt einen Verantwortlichen (den Kranken oder jemand anders). Die Diagnose liefert ein Divinationsritual, das die Ursache benennt und die Richtung weist, in der der Schuldige zu suchen ist, um den Riss im Sozialgefüge zu kitten. Durch die Therapie wird nicht nur der Körper des Einzelnen kuriert, es gilt darüber hinaus, das Gleichgewicht der Welt wiederherzustellen. In der heutigen Zeit existieren neben der »traditionellen Medizin« die westliche Medizin, Besessenheitskulte und verschiedenste Heiler (Marabuts, Propheten usw.), die den Zeitgeist mit Therapien zu »zähmen« versuchen, die besser auf das Stadtleben zugeschnitten sind als die in der Dorfgemeinschaft verankerten Therapien und diese ergänzen oder gar ersetzen.

◄ Heilmittelverkäufer mit Straßenstand in Kinshasa (Demokratische Republik Kongo).

Die »Fetischmärkte« sind auch eine Touristenattraktion. Wie auf der Website eines auf Togo-Reisen spezialisierten Veranstalters zu lesen ist, ist der Fetischmarkt von Lomé »der Traumort schlechthin, um mit Animismus, Vodun und traditioneller Medizin in Berührung zu kommen«.

Steine, Blätter, Wurzeln und Teile von Tieren verschiedenster Provenienz sind einige der Materialien, die für die Zubereitung eines »Fetischs« verwendet werden. Üblicherweise werden diese in Gefäßen, im Hohlraum von Statuen oder in speziellen Behältnissen versteckt. Ihre Wirkkraft hängt nicht nur von der Zusammensetzung und den stofflichen Eigenschaften der Ingredienzien ab, sondern hat auch etwas damit zu tun, mit welchen Energien und Geistern sie »aufgeladen« sind und welche Bedeutung diese haben. Sie stellen ein Mittel dar, um mit den Vodun in Kontakt zu treten, und schützen gegen die Angriffe von Zauberern.

▲ Ware auf einem Marktstand des »marché des fétiches« in Lomé (Togo).

Bei Besessenheitsritualen verliert der Mensch vorübergehend und in rituell gesteuerter Weise seine Individualität, um einem Wesen Platz zu machen, das sich seines Körpers bemächtigt. Damit wird versucht, die Beziehung zum »Anderen« zu lenken: Die »Nachahmung« und »Inszenierung« dessen, was sich außerhalb des Menschen befindet, lässt sich als Versuch sehen, anders zu werden (von der Gottheit besessen zu sein) und immer noch derselbe zu sein (indem man sein Verständnis der Wirklichkeit erweitert und eine größere Kontrolle über sie erlangt).

Die große Verbreitung der Besessenheitsrituale hängt mit der Kolonisierung Afrikas zusammen: In einer Situation extremer Unterordnung sind sie der Versuch einer symbolischen Aneignung der Gegenwart, um diese zum eigenen Vorteil zu wenden und mit der Vergangenheit in Einklang zu bringen. Die Probleme, mit denen sich diese Rituale auseinandersetzen, gehen über die lokale Identität weit hinaus, und so haben die über weite Gebiete verbreiteten Kulte völkerübergreifenden Charakter.

Bei den Hausa bestehen die traditionellen Kulte der Stammesgesellschaft neben dem Islam weiter. Der bori *ist ein therapeutischer Kult, in dem Krankheiten geheilt werden, die von den Geistern ausgelöst wurden. Der Kranke bringt dem gekränkten Geist ein Blutopfer dar. Nach seiner Genesung wird er in den Kult eingeweiht und von den Göttern »geritten«. Dieses Streben nach göttlicher Zuwendung und persönlicher Befreiung gerät mit den islamischen Werten der Bescheidenheit und Selbstkontrolle in Konflikt.*

▲ Mann in Trance, Kano (Nigeria).

Dieses Objekt stellt einen torfan *dar, ein mythologisches Tier mit schlangenförmigem Leib und mehreren Köpfen. Es wird erzählt, dass die* torfan *einst im Honig lebten und die Menschen angriffen, die ihn holen wollten. Ein Wahrsager war es, der den Rat gab, diese Metallgegenstände herzustellen, die den Menschen vor dem* torfan *zu schützen und seine Wunden zu heilen vermochten.*

▲ Gerät eines Heilers, Gan (Burkina Faso), Privatsammlung.

In Afrika werden Schlangen oft mit den Ahnen assoziiert, weil sie aus den Tiefen der Erde kommen und wieder dorthin zurückkehren, sowie mit dem Regenbogen, auch »Python-im-Himmel« genannt, der eine Brücke zwischen Himmel und Erde schlägt.

Man nimmt an, dass Figuren dieses Typus Naturgeister oder Ahnen darstellen, die sowohl im familiären Bereich als auch in einem übergeordneten politischen Kontext präsent sind. Allerdings beschränkt sich ihre Verwendung nicht nur auf die Aktivitäten, die auf das gemeinschaftliche Wohl gerichtet sind und unter dem Schutz der Ahnen stehen, sondern betrifft auch individuellere Zielsetzungen. Sie können für Wahrsagezwecke, zur Vertreibung von Hexen, zur Erlangung von Reichtum oder zur Befriedigung persönlicher Rachsucht herangezogen werden.

Um ihren Zweck erfüllen zu können, werden die Figuren geweiht, indem man sie mit »Medizin« versorgt und den Naturgeist auffordert, Besitz von ihnen zu ergreifen. Manchmal ist fast der gesamte Korpus der Figur mit »Medizin« bedeckt, wodurch sich ihr Aussehen stark verändert.

Die Substanzen, die auf die Figuren aufgetragen sind, entscheiden darüber, ob die »Fetische« im Rahmen von therapeutischen Ritualen Verwendung finden, den erfolgreichen Ausgang der Jagd oder die Rache begünstigen. Es besteht allerdings kein erkennbarer Zusammenhang zwischen der Gestaltung der Figur und der ihr zugewiesenen Funktion.

▲ Anthropomorphe Figur, Teke (Demokratische Republik Kongo), Paris, Musée du Quai Branly.

Das Gesicht ist auf der einen Seite durch die Lähmung des Gesichtsnervs herabgezogen. Die Schwarz-Weiß-Unterteilung spielt auf die Narben eines Menschen an, der infolge eines epileptischen Anfalls ins Feuer gefallen ist, und ganz allgemein auf die Dualität von Gesundheit und Krankheit. Es ist die linke Seite des Gesichts (mit Spuren von Pocken auf dem schwarzen Augenlid), die gelitten hat, die rechte Seite hingegen weist ein völlig normales Aussehen auf.

Das Kostüm und die Bewegungen von Mbangu *während des Tanzes unterstreichen die Symbolik der Maske: Der Maskentänzer trägt einen Buckel, aus dem ein Pfeil ragt, und entweder bewegt er sich so, als wollte er den Pfeilen eines Angreifers ausweichen, oder er stützt sich auf einen Stock, um auf seine körperliche Schwäche hinzuweisen.*

Die beabsichtigte asymmetrische Gestaltung dieser Maske soll die geheimen Wirkkräfte der Zauberer anschaulich machen. Damit steht sie im Widerspruch zur Symmetrie, mit der die traditionellen Werte und zugleich der Zustand des Gesundseins in künstlerischer Form zum Ausdruck gebracht werden. Die mbangu-*Maske stellt die Krankheit bzw. das Unglück des Menschen dar, der von einem Zauberer verhext wurde.*

▲ Maske *mbangu*, Mittlere Pende (Demokratische Republik Kongo), Tervuren, Musée royal de l'Afrique centrale.

»Der Zauberer geht nicht in die Häuser von anderen.«
(Sprichwort der Kongo, Demokratische Republik Kongo)

Zauberei

Verbreitung
Westafrika, Zentralafrika, Ostafrika, Südliches Afrika

Verwandte Stichworte
Postkoloniale Ära, Wahrsagung, Christentum, Krankheit und Heilung

Die Zauberei wurde von den christlichen Missionaren häufig als Teufelswerk bezeichnet. In Wirklichkeit hat das, womit man üblicherweise konfrontiert ist, nichts mit einer dualistischen Gegenüberstellung zweier unvereinbarer Prinzipien, Gut und Böse, zu tun: Dieselben Kräfte, die Abhilfe schaffen, können auch Schaden zufügen, je nachdem, wie sie ausgerichtet werden und in welcher Absicht man sie benutzt. Mal sind der Zauberer und der Heiler verschiedene Personen, mal sind sie in einer Person vereint. In Afrika ist die Zauberei kein Überbleibsel einer primitiven Weltanschauung, sie ist, im Gegenteil, zutiefst in der Gegenwart verankert: Sie ist ein symbolisches Darstellungssystem, mithilfe dessen man versucht, das erlittene Unrecht und Leid der Menschen zu beschreiben und mit Sinn zu füllen. Gerade angesichts der wachsenden sozialen Unterschiede, die die heutige Zeit kennzeichnen, breitet sich die Zauberei immer stärker aus und betrifft längst auch alle Schichten der Stadtbevölkerung. Mit den Begriffen der Zauberei lässt sich die Auflösung der Familie beschreiben und ihre Zusammenführung versuchen, oder man kann plötzlich Reichtum erklären. Die ärmeren Bevölkerungsschichten können auf sie zurückgreifen, um ihre Vorwürfe gegen die Machthaber zum Ausdruck zu bringen, und Letztere sich ihrer als Einschüchterungsmittel bedienen.

▼ *Mganga*, kenianischer Heiler.

Als nach dem Ende des Apartheidregimes in Südafrika allgemeine Ernüchterung eintrat und die sozialen Unterschiede fortbestanden, sammelte sich bei den Menschen so viel Frust an, dass sie sich gegenseitig häufiger der Zauberei verdächtigten.

▲ *Sangoma*, südafrikanischer Heiler.

Menschen, die verhext wurden, wenden sich an einen Heiler oder Propheten (Sangoma), *der Mittel verschreibt, die den bösen Zauber entkräften und Schutz gewähren. Hier als Beispiel das Rezept eines* Sangoma *vom Volk der Zulu: Man durchsteche sich die Haut mit Stacheln vom Stachelschwein, bis sie ganz blutverdreckt ist; man koche Brechreiz erregende Gräser und trinke 14 Tage lang den Sud; man »wasche sich« mit der Erde vom Grab der Mutter; man behandle die Wunden mit Jodtinktur, trinke dann erneut den Gräsersud und erbreche weitere 14 Tage lang.*

Diese Masken werden nur von Männern getragen, doch lassen sie sich aufgrund der Farben und Gesichtzüge in »männliche« und »weibliche« unterscheiden. Die weiblichen sind weiß mit schwarzen Strichen und werden mit der Fruchtbarkeit und freundlich gestimmten Geistern assoziiert. Viel mächtiger und furchterregender sind die männlichen Masken, die im Krieg eingesetzt werden und der Überwachung der umfriedeten Plätze dienen, an denen die Beschneidung der Knaben stattfindet.

Der Ritzdekor hat eine symbolische Bedeutung und erinnert an die unterirdischen Gefilde, aus denen einst die Gründergeister des Kifwebe-*Bundes kamen, oder – in einem anderen Kontext – an den »Schoß« der Höhlen, aus dem die ersten Menschen hervorkrochen.*

▲ Maske *kifwebe*, Songye (Demokratische Republik Kongo), Privatsammlung.

Masken dieses Typs gehören der Vereinigung namens bwadi ba bifwebe, *deren Aufgabe darin besteht, die Macht der Oberhäupter mit den Mitteln der mystischen Kräfte der Zauberei zu kontrollieren. Sie sind auch über das Siedlungsgebiet der Songye hinaus verbreitet: Tatsächlich finden sich Masken desselben Typs, allerdings mit rundem Schädel, bei den benachbarten Luba.*

»Selbst der geschickteste Friseur kann sich die Haare nicht alleine schneiden.« (Sprichwort der Kongo, Demokratische Republik Kongo)

Kunst am Körper

Verbreitung
Westafrika, Zentralafrika, Ostafrika, Südliches Afrika

Verwandte Stichworte
Krankheit und Heilung, Zauberei, Weberei und Kleidung, Perlen

Die Bafia in Kamerun begründeten das Durchlöchern der Ohren und Feilen der Zähne damit, dass sie sich sonst nicht von Affen oder Schweinen unterschieden hätten. Für die afrikanischen Gesellschaften bietet sich der Körper als Ausdrucksmittel für die Darstellung der sozialen Beziehungen an und als etwas, mit dem der Mensch durch Veränderung der Oberfläche und Volumen ein persönliches Zeichen setzen kann. Das wird durch dauerhafte (Narbenschmuck, Tatauierung, Verstümmelung, Einfluss auf das Knochenwachstum) oder durch zeitweilige, wiederholbare Veränderungen (Farbe, Kleidung, Frisur) kenntlich gemacht. Der Grad der Kunstfertigkeit von Kleidung und Kopfputz, die Vorschriften und Verboten unterliegen, gibt Auskunft über den Status innerhalb sozialer Hierarchien. Das System ist allerdings nicht völlig starr: Es lässt auch Raum für modische Trends. In Afrika sind Nacktheit und ungepflegte Haare die Zeichen gesellschaftlichen Außenseitertums und eines durch Animalität oder die Unordnung des Todes bedrohten Menschseins: Trauer geht häufig mit Nacktheit und dem Scheren des Kopfes einher, ebenso wie die Initiation, in der der Mensch symbolisch stirbt, um gewandelt wiedergeboren zu werden. Diese Kennzeichen dienen auch der Hervorhebung des vorgesellschaftlichen, frühmenschlichen Status des Kindes. Lange, ungepflegte Haare sind indes häufig ein Indiz für Wahnsinn, Hexerei oder die Manifestation eines bösen Geistes.

▼ Eine Mbuti-Frau bemalt das Gesicht ihres Kindes (Demokratische Republik Kongo).

Die Farbe hat zugleich eine ethische, medizinische, religiöse und ästhetische Bedeutung. Schönheit ist nicht naturgegeben, sondern das Ergebnis der Körperpflege, die in der Reinheit und Kosmetik zum Ausdruck kommt. Bei den Mende in Sierra Leone beispielsweise stellt die vollkommen glatte, glänzend schwarze Haut, die permanent mit Öl gepflegt wird, das weibliche Schönheitsideal dar.

Bei den Yoruba in Nigeria wird beim Narbenschmuck auf dem Körper ein kompositorisches Gleichgewicht (idogba) *für das Auge und für den Tastsinn angestrebt; er ist das Ergebnis eines Kombinierens und Alternierens von leuchtenden und matten, geglätteten und rauen Flächen, die sehr sorgfältig eingeritzt und bearbeitet werden. Das für die Schmucknarben verwendete schwarze Pigment verändert die Farbe der Haut und lässt sie so weniger glänzend erscheinen.*

Das afrikanische Farbkonzept basiert auf der Dreiheit Weiß-Rot-Schwarz, wobei Rot als Mittler fungiert. Bei den Ndenbu in Kongo symbolisiert Rot das Blut, Weiß die Muttermilch und das Sperma, Schwarz die flüssigen und festen Ausscheidungen. Schwarz und Weiß versinnbildlichen den Gegensatz zwischen Güte und Bosheit, Leben und Tod, Gesundheit und Krankheit. Das Weiß von Muttermilch, Sperma und Mehl wird mit Ernährung, Zeugung, Wahrheit und kultischer Reinheit assoziiert.

▲ Ein Nuba-Mann bemalt sich selbst (Sudan).

Häufig sind Frisuren komplizierte Gebilde, die durch das Modellieren der Haare (z.T. auch durch Haarverlängerung oder die Verwendung einer Perücke) unter Hinzufügung von Kämmen, Butter, Öl, Erde, Holzpulver erhalten werden. Gelegentlich werden sie durch eine Art Gerüst aus Holz, Bambus oder Weidengerten in Form gehalten. Nicht selten wird die Gesamterscheinung durch eingearbeitete Schmuckelemente wie Schellen, Muscheln, Samen oder Geschmeide aus Bernstein, Silber, Gold und Elfenbein abgerundet.

Der enge Bezug zwischen Person und Frisur findet sich auch in den Praktiken der Heiler (die sich zur Heilung einer Person ihrer Haare annimmt) sowie in den Bestattungsritualen wieder (z.B. kommen bei den Bembe im Kongo Haare der Verstorbenen in die Figuren, mit denen der Ahnen gedacht wird, da sie ihre Präsenz unter den Lebenden gewährleisten).

Anders als dies heute in den afrikanischen Städten der Fall ist, gab es früher den Beruf des Friseurs nicht: Einem Fremden seinen Kopf anzuvertrauen war mit einer großen Gefahr für Leib und Leben verbunden, da man verhext werden konnte. Das Manipulieren der Haare einer Person konnte (und kann noch heute) dazu benutzt werden, Besitz von ihr zu nehmen. Aus diesem Grund vertraut(e) man sich nur engen Verwandten und absolut vertrauenswürdigen Freunden an.

▲ Himba-Frau mit traditioneller Haartracht (Namibia).

Das aus konzentrischen Kreisen bestehende Motiv ilweeng alweeng *(»der versunkene Korken«), das auf den Schläfen, dem Nacken, dem Rücken und den Armen erscheint, weckt je nach Stelle und Anzahl der Ringe verschiedene Assoziationen. An den Schläfen erhält es die Hellsichtigkeit, am Nacken sorgt es dafür, dass der Faden, der den Einzelnen mit den Ahnen verbindet, nicht reißt.*

Der Kopfaufsatz lakét *in Form eines stumpfen Kegels ist ein Attribut der Stammesfürsten und anderer Notabeln, das sie erhalten, wenn sie in den Rang von Würdenträgern erhoben werden. Er symbolisiert Intelligenz und Weisheit, Würde und Respekt.*

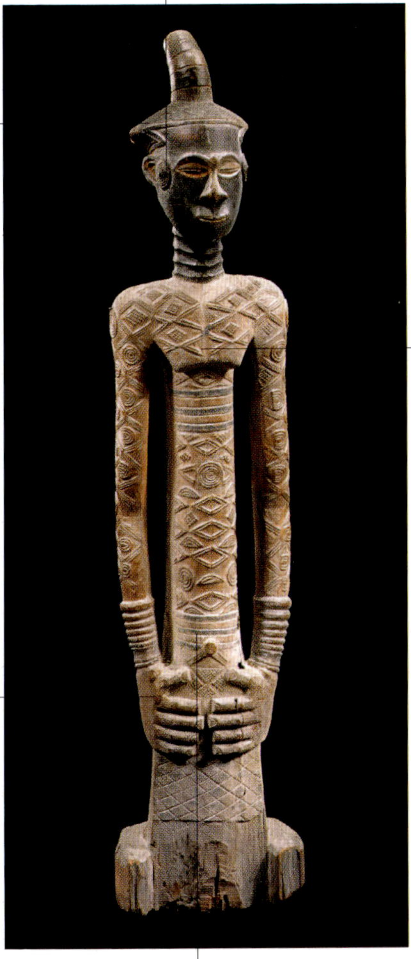

Das vertikale Zickzackzeichen auf der Brust stellt mbish a kot *(»Rücken des Skorpions«) dar und symbolisiert die Verbindung zwischen den Ahnen und ihren Nachkommen. Indem sie sowohl auf dem rechten Arm (der starken Seite) als auch auf dem linken (schwache Seite) vorkommen, balancieren sie die positiven und negativen Kräfte aus, die den Häuptling in Gestalt seines Vermittlers – die ihn repräsentierende Figur – durchqueren.*

Die Hände des Häuptlings, die seine Hüften umschließen, beziehen sich auf den gemeinsamen Ursprung all derer, die seine Untertanen sind und auf deren Mitarbeit er zählt.

Durch den verlängerten Oberkörper wird die »beschreibbare« Fläche vergrößert und außerdem durch die Wiederholung der Zeichen die eminente Bedeutung der Botschaft – die Einheit zwischen Häuptling, Volk und Ahnen – hervorgehoben.

▲ Häuptlingsfigur, Ndengese (Demokratische Republik Kongo), Tervuren, Musée royal de l'Afrique centrale.

Die Frisur gleicht einer Skulptur: Die Haare sind um eine Art Gerüst aufgesteckt und mit Kämmen, Nadeln und Amuletten bestückt. Kunstvolle Frisuren erhält man auch unter Beigabe von Tonerde und Palmöl, um die Form entsprechend zu modellieren. Da diese Art von Frisuren das Tragen von Lasten auf dem Kopf unmöglich macht (wie sonst üblich bei der alltäglichen Arbeit der Frauen), werden sie nur für besonders feierliche Anlässe angefertigt.

Bei den Masken der Igbo besteht ein deutlicher Gegensatz zwischen Weiblich und Männlich. Zum einen gibt es die kaolinweißen mmwo-*Masken, die mit der Weiblichkeit, der Jugend und den guten Geistern assoziiert werden, zum anderen die dunklen Masken mit verzerrten Gesichtszügen, die auf die Nacht, die Macht der Männer, die »bösen« Geister und den Tod verweisen.*

Die weiße Maske mit ihren feinen Gesichtszügen, dem Lächeln, dem Gesichtsschmuck und der kunstvollen Haartracht stellt das weibliche Schönheitsideal dar. Die ästhetische Bewertung der anthropomorphen Skulpturen erfolgt nach denselben Kriterien wie die Beurteilung der Schönheit von Menschen, und beide beziehen sich aufeinander: Die Züge, die eine Maske zu einer schönen Maske machen, entsprechen denen, die bei Menschen geschätzt werden, und umgekehrt kann man von einer schönen Frau sagen, sie gliche einer Statue.

▲ Maske *mmwo*, Igbo (Nigeria), Paris, Musée des Arts d'Afrique et d'Océanie.

»Ein schöner Stoff kleidet sich nicht selbst.« (Sprichwort der Ewe, Togo)

Weberei und Kleidung

Verbreitung
Westafrika, Zentralafrika, Ostafrika, Südliches Afrika

Verwandte Stichworte
Mande, Akan, Kuba, *Chefferies* des Graslandes, Männlich und Weiblich, Traditionelle Kunst

Was das Material, die Webtechniken und die stilistischen Traditionen betrifft, lassen sich zwei Regionen unterscheiden: Westafrika und das Kongogebiet. Der auffälligste Unterschied besteht hinsichtlich des Webstuhls: Während in Westafrika ein schmaler waagerechter Webstuhl üblich ist, sind die Webstühle in Zentralafrika größer und werden senkrecht oder schräg aufgestellt. Unterschiede bestehen auch hinsichtlich des Designs: Während in der Subsahara senkrechte oder waagerechte Bahnen das Grundmuster bilden, ist es beim kongolesischen eine Gitterstruktur aus schrägen Linien. Die Raphiastoffe der Kuba aus Kongo und die *kente*-Stoffe der Ashanti aus Ghana sind mit die kunstvollsten Produkte afrikanischer Textilkunst. Ein weiterer Unterschied ist das Vorhandensein von Baumwolle in Westafrika, deren Verbreitung mit dem Vordringen des Islam einherging; neben dem Raphiastoff verdrängte sie auch Bekleidungsweisen wie Körperbemalung und Tatauierung sowie Kleider aus Fell oder Rindenstoff, wobei diese Formen bezeichnenderweise im kultischen Kontext überdauerten und immer dann Verwendung finden, wenn es gilt, an die eigenen Ursprünge anzuknüpfen. Baumwolle gab es hier allerdings schon in vorislamischer Zeit: Fachleute gehen von einer Verbreitung zur Zeit des Reiches von Meroe aus (500 v. Chr. – 300 n. Chr.). Möglich ist aber auch, dass den Bewohnern der Region des oberen Niger die eigenständige Züchtung wilder Baumwolle gelang.

◄ Würdenträger der Ashanti in Gewändern aus *kente*-Stoff (Ghana).

In Westafrika ist der waagerechte schmale Webstuhl mit zwei bis maximal sechs Litzen in Gebrauch, mit dem hauptsächlich Baumwolle, gelegentlich Wolle und Seide, in jüngster Zeit auch Rayon gewebt wird. Charakteristisch sind die kleinen Maße der Litzen und des Schiffchens sowie die Herstellung schmaler Stoffbahnen, die normalerweise zwischen 7 und 12 cm breit sind, in bestimmten Fällen aber auch nur 1 cm breit sein können.

Der Kettfaden wird mithilfe eines dicken Steines gespannt, der einige Meter vor dem Weber auf dem Boden liegt. Der zieht ihn mit fortschreitender Arbeit zu sich, sodass er immer kürzer wird.

In Westafrika ist das Weben zumeist Sache der Männer, und wenn Frauen doch weben (wie es z. B. in Nigeria und Kamerun vorkommt), dann arbeiten sie normalerweise mit einfacheren Webstühlen und stellen Gebrauchswaren für den häuslichen Bedarf her. Die Männer haben nach wie vor das Monopol auf hochwertige Stoffe.

Die Litzen werden mithilfe der Füße betätigt.

▲ Weber bei der Arbeit, Djenné (Mali).

Die bogolan *der Bamana aus Mali verweisen auf Menschen, die aus den unterschiedlichsten Gründen mit dem Verlust von Blut zu tun haben, und beschützen sie. Der* bogolan *schützt den Jäger vor der Lebensenergie, die dem getöteten Tier entweicht, indem er dessen Blut in das Gewebe und die Muster aufnimmt. Er ermöglicht den Frauen, ihre Lebensenergie zu bewahren, indem er das Blut auffängt, das bei der Exzision, der Menstruation und der Geburt austritt. Das Tuch, das bei allen wichtigen Momenten im Leben der Frau dabei gewesen ist, begleitet sie schließlich als Leichentuch ins Grab.*

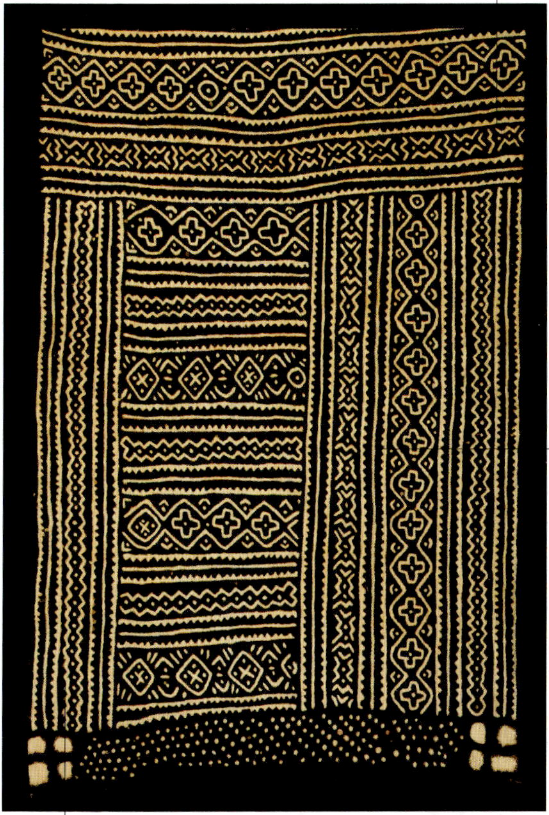

Die bogolan-*Tücher bestehen aus zusammengenähten Stoffbahnen aus Baumwolle, deren Anzahl von der Identität des Nutzers abhängt. Handelt es sich beispielsweise um eine Frau, werden sieben Bahnen vernäht.*

Das Muster wird mithilfe der Reservedruck genannten Färbetechnik hergestellt. Zunächst wird der Stoff mit einem pflanzlichen Mittel gelb gefärbt, dann auf der einen Seite das Muster mit Schlamm aufgebracht, der aus einem Sumpf stammt (einem fruchtbaren Platz, vergleichbar mit dem Bauch einer Frau). Nach dem Trocknen wird eine Mixtur aus zermahlenen Erdnüssen, Hirsekleie und Ätznatron auf die gelben Partien aufgetragen, wodurch das Gelb zu Dunkelbraun wird. Nach dem erneuten Trocknen wird der Stoff ausgewaschen, um den Schlamm zu entfernen, unter dem das gelbe Muster zum Vorschein kommt.

▲ Tuch *bogolan*, Bamana (Mali).

Die künstlerische Verwendung von Applikationen ist einigen Forschern zufolge auf die Notwendigkeit zurückzuführen, die beim Schlagen und Kneten des Raphiastoffs entstandenen Löcher durch kleine Flicken zu überdecken. Diese Reparaturen wiederum wurden durch eine Komposition aus Pseudoflicken kaschiert. Die Komposition selbst hat keinen Mittelpunkt, und die echten Flicken – sofern vorhanden – sind von den »unechten« nicht zu unterscheiden. Außerdem ist die Tatsache, dass die einzelnen Stücke dieser mehrere Meter langen Wickelröcke von verschiedenen Frauen unabhängig voneinander mit Applikationen verziert werden, mit einem bestimmten Maß an Unvorhersehbarkeit verbunden, was die letztendliche Wirkung des Gesamtensembles betrifft.

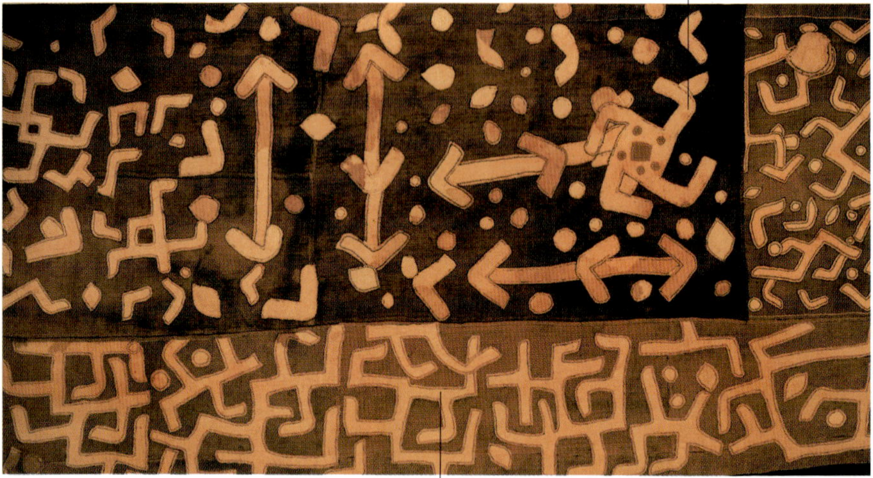

Die Stoffe der Kuba weisen zwei Stilrichtungen auf: Die eine basiert auf der Wiederholung und Variation geometrischer Muster, die miteinander kombiniert oder ineinandergefügt werden, die andere (wie bei dem hier abgebildeten Stoff) auf einem Nebeneinander von deutlich differierenden geometrischen Mustern. Diese Machart ist weniger verbreitet. Die Motive finden sich in der Tatauierung der Frauen, auf Büffelhorngefäßen und auf den ntshak *genannten zeremoniellen Röcken wieder, die anlässlich von Bestattungen oder rituellen Tänzen von Frauen getragen werden.*

Im Kongogebiet ist das Weben Männersache, die Verzierung der Stoffe – und also den kreativeren Teil der Arbeit – leisten die Frauen. Die kongolesischen Webstühle, auf denen der aus Palmblättern gewonnene Raphiabast gewebt wird, verwenden nur eine Litze, die mit der Hand betätigt wird, und einen unregelmäßigen Kettfaden, der an zwei am Webstuhl festgemachten Stöcken befestigt ist. Der Unterschied zum Webstuhl aus der Subsahara besteht v.a. darin, dass Letzterer eine schnellere Verarbeitung ermöglicht: Dadurch, dass die Kettfäden mit den Füßen gehoben und gesenkt werden, hat der Weber beide Hände frei, um das Schiffchen mit dem Schussfaden hin und her zu schieben.

▲ Wickelrock *ntshak*, Kuba (Demokratische Republik Kongo), Privatsammlung.

Der ndop *ist das Symbol männlicher Macht. Dereinst hatte der* König (Fo) *das* Monopol *auf die Herstellung und Verbreitung dieses Stoffes; gegen Ende des 19. Jh.s diente er vermutlich als Zahlungsmittel. Sein hoher Symbolwert hängt wahrscheinlich damit zusammen, dass er ursprünglich im benachbarten mächtigen Foumban-Reich der Bamun hergestellt wurde: Er war der Beweis für die guten diplomatischen Beziehungen zwischen den* Chefferien *des Graslandes. Das Muster ist gewissermaßen eine symbolische Darstellung des Königspalastes.*

Ursprünglich trugen Männer den ndop *um die Hüfte gewickelt. In den letzten Jahrzehnten wurde der Stoff zum Symbol der Identität des Bamileke-Volkes, und die Muster wurden industriell auf Stoffen reproduziert, aus denen Hemden und andere Kleidungsstücke genäht werden, die auch Frauen tragen.*

Das geradlinige Muster des ndop-*Stoffes bildet den Gegenpart zu den weiblichen Mustern mit den weichen Linien. Die Motive – z. B. Krokodilsschuppen oder Kreuze, die vermutlich Kaurimuscheln und Kolanüsse darstellen – symbolisieren die Macht des* Fo.

Ab den 1920er-Jahren beschränkte sich die Herstellung der ndop-*Stoffe nicht mehr nur auf das Reich von Foumban, sondern wurde Teil eines komplizierten Handels mit dem Norden Kameruns: Die Bamileke verkauften im Norden Kolanüsse und kauften dort Baumwollstoff. Den brachten sie ins Grasland und ließen ihn mit Applikationen verzieren, um ihn dann wieder nach Norden zu bringen, wo er (in der Technik des Reservedrucks) mit Indigo gefärbt wurde, um ihn schließlich im Land der Bamileke zu verkaufen.*

▲ Tuch *ndop*,
Bamileke (Kamerun).

»Diejenigen, die Perlen besitzen, haben keinen Hals, sie zu tragen, und wer den Hals hat, besitzt keine Perlen.« (Sprichwort der Kongo, Demokratische Republik Kongo)

Perlen

Verbreitung
Westafrika, Zentralafrika, Ostafrika, Südliches Afrika

Verwandte Stichworte
Großreiche der Subsahara, Handel

In Westafrika sind Perlen die Zeugnisse der Handelsströme, die quer durch Afrika verliefen und den Kontinent mit der übrigen Welt in Verbindung brachten. Gleichwohl zeichnen sich die Stile und Herstellungstechniken über die Zeiten hinweg durch eine große Kontinuität aus und knüpfen an römische, ägyptische oder arabische Vorbilder an, die selbst wiederum die Glaskunst Mesopotamiens und Meroes aufgriffen. Im Gebiet Adrar des Iforas, das zwischen Timbuktu (Mali) und Gao (Niger) liegt, wurden Quarz- und Karneolperlen, Straußeneierschalen, fossile Muscheln und Amazonit gefunden, die, auf den Zeitraum zwischen 6000 und 1000 v. Chr. datiert, vermutlich als Grabbeigaben dienten. Im 10. Jh. besiedelten die Soninke, ein zum Islam konvertiertes schwarzafrikanisches Volk, die Flussebenen von Niger und Senegal. Das Vordringen des Islam ebnete auch den Weg für die Einfuhr syrischer, persischer, ägyptischer und libanesischer Glasperlen sowie von Karneol und Achat aus Indien.
Die bedeutendsten Funde kamen in den Ausgrabungsstätten Tagdawst und Koumbi Saleh, vermutlich Hauptstadt des alten Reiches von Ghana (10. Jh.), zutage. Im 14. Jh. handelten die Araber auch mit Muranoperlen, die die Venezianer in Nordafrika verkauften. Mit der Ankunft der Europäer am Golf von Guinea Ende des 15. Jh.s eröffnete sich für Schwarzafrika allerdings eine neue Importmöglichkeit für diese Glasperlen, mit der die arabischen Händler umgangen wurden.

► Glasperlenkette, Ndebele (Südafrika), 19. Jh., Privatsammlung.

In archäologischen Ausgrabungsstätten, die auf das 9. bis 12. Jh. datiert wurden, fand man Bruchstücke solcher Perlen aus mittelasiatischer und persischer Herstellung zusammen mit Verzierungen aus Eisen, Glöckchen aus Bronze, Muscheln, indischen Perlen (sog. Indo-Pacific-Beads) und Karneol.

Die einfarbigen (weißen) scheibenförmigen Perlen sind indische Importware.

Das Augenmotiv der mehrschichtigen Perlen hat eine apotropäische Funktion und soll gegen den bösen Blick schützen. Augenperlen finden sich bei den Babyloniern, den Ägyptern, den Phöniziern, den Römern und den Arabern.

▲ Halskette, Archäologische Ausgrabungsstätte Simbi (Mali), Privatsammlung.

Die in Ceylon (heute Sri Lanka) und Südindien in verschiedenen Farben hergestellten einfarbigen scheibenförmigen Perlen (sogenannte Nila oder Wind Trade Beads) wurden zuhauf in alten Gräbern in Westafrika gefunden.

Die »Handelsperlen« wurden vermutlich von Nestorianern – Anhängern des Patriarchen Nestorius, der 430 aus Konstantinopel verbannt wurde – hergestellt, die sich ab dem 8. Jh. in Südindien und Ceylon niedergelassen hatten.

▲ Kollier aus einfarbigen Perlenreihen, Privatsammlung.

Glasperlen waren sowohl zur Zeit des Sklavenhandels als auch nach Abschaffung der Sklaverei ein wichtiges Zahlungsmittel, das Handelshäuser aus ganz Europa verwendeten.

Perlen mit erhabenem Blumenmuster wurden in der 1. Hälfte des 19. Jh.s in Venedig für die Märkte im Mittleren Osten und in Afrika hergestellt.

Die Glasperlen wurden im Hinblick auf die Waren, gegen die sie eingetauscht wurden, und entsprechend der Nachfrage der Empfänger unterschieden: Die Perlen, die in Westafrika gegen Gold eingetauscht wurden, waren gelb mit Augenmotiv. Diejenigen, die zum Tausch gegen Elfenbein in Zentralafrika verwendet wurden, waren einfarbig (meist rot oder türkis). Die böhmischen Perlen wiederum, mit denen Sklaven gekauft wurden, waren normalerweise blau.

▲ Kollier aus Glasperlen, Privatsammlung.

Im 18. Jh. wurde die Monopolstellung der Venezianer gebrochen, als die Böhmen bedruckte Perlen und im 19. Jh. auch Glasperlen, die die indischen Achate und Karneole imitierten, auf den Markt brachten.

Die unter der Bezeichnung Millefiori oder Real Mosaic Beads bekannten Perlen wurden in Westafrika chacaso genannt und kamen zu Beginn des 20. Jh.s in den afrikanischen Kolonien in Gebrauch.

Die Technik zur Herstellung dieser zylindrischen Millefioriperlen mit Mosaikeinlagen und Rosettenmotiv wurde im 15. Jh. erfunden. Um die mehrschichtigen zylindrischen Perlen zu erhalten, wurde Glas in verschiedenen Farben in mehreren Gängen in einer offenen, sternförmigen Form mit zwölf Zacken geschmolzen.

▲ Kollier aus venezianischen Perlen, Privatsammlung.

»Des Wortes Gift ist das Wort.« (Sprichwort der Suaheli, Ostafrika)

Oralität und Schriftlichkeit

Verbreitung
Westafrika, Zentralafrika, Ostafrika, Südliches Afrika

Verwandte Stichworte
Westliche Guineaküste, Akan, Nigerianische Völker, Kolonialära, Islam, Traditionelle Musik

Lange Zeit waren die Begriffe »Zivilisation« und »Kultur« an das Erscheinen der Schrift gekoppelt und wurden vorschriftliche Gesellschaften als primitiv und minderwertig angesehen. In Wirklichkeit verfügen die Gesellschaften mit mündlicher Kommunikation über wirksame Mittel der Hervorbringung und Weitergabe von Kultur. In mündlichen Kulturen wird alles dem Gedächtnis anvertraut: So führt der Erwerb neuer Kenntnisse früher oder später dazu, dass andere Kenntnisse, die unbrauchbar geworden sind oder die Ordnung der Machthaber gefährden, gelöscht werden. Folglich wird das historische Gedächtnis permanent an die Erfordernisse der Gegenwart angepasst. Wissen wird durch Vortrag weitergegeben: in mythologischen Erzählungen, rituellen Formeln und Familiengenealogien. Auf diese Weise bleibt es Teil des Diskurses und ist folglich, durch Betonung der emotionalen Seite des Ausdrucks, mit konkreten Situationen und mit der körperlichen Anwesenheit der Gesprächspartner verbunden: Die Wörter werden redundant gebraucht, um sicherzugehen, dass der Zuhörer verstanden hat, und dabei gestisch untermalt. Tatsächlich gibt es nur wenige Gesellschaften, die gar keine Schrift kennen: Das Alphabet stellt nicht die einzige Möglichkeit schriftlichen Festhaltens von Wissen dar. Skulpturen, Stoffe, Gegenstände, Tatauierungen interagieren mit dem Wort und erfüllen auf eine andere Art viele Aufgaben, die im Westen die phonetische Schrift übernimmt.

◄ Abschrift von Koran-Suren, Djenné (Mali).

Ende des 19. Jh.s erfand König Njoya von Foumban die Schrift mom, *nachdem er einen Traum gehabt hatte: Es war eine Silbenschrift, die, völlig neu, von der arabischen Buchstabenschrift inspiriert, die die muslimischen Fulbe eingeführt hatten, ursprünglich 1.000 Zeichen zählte und nach mehreren Reformen auf 80 Zeichen reduziert wurde.*

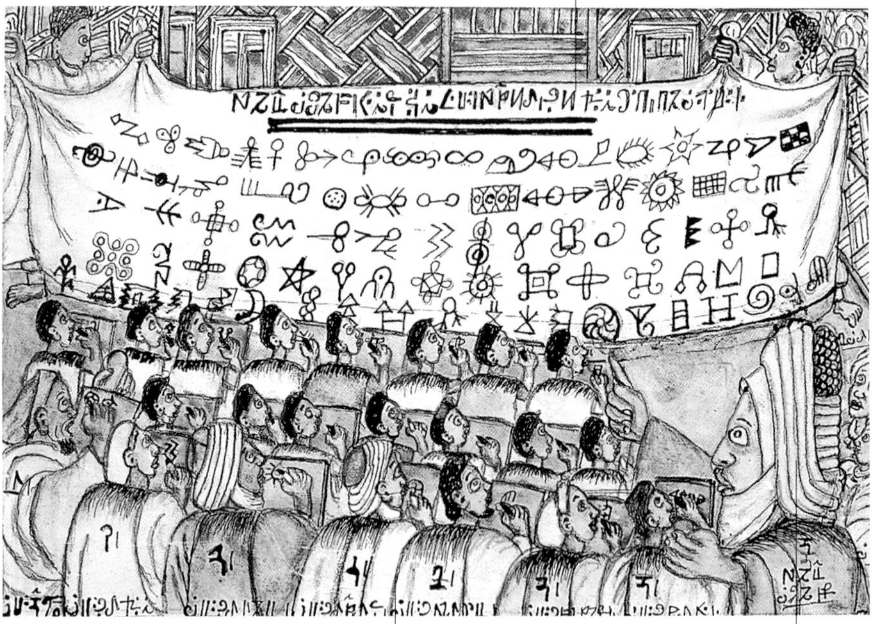

Die verschiedenen Varianten der mom-*Schrift (darunter auch die Geheimschrift) wurden im Reich von Foumban als Schulfächer gelehrt – bis König Njoya von den Franzosen ins kamerunische Dschang und später nach Yaoundé verbannt wurde, wo er 1933 starb.*

Die mom-*Schrift entstand als geheimes Kommunikationssystem zwischen König, Heerführern und Notabeln, um eine Kontrolle durch die Feinde unmöglich zu machen. König Njoya nutzte sie auch als Werkzeug zur Wahrung des Gedächtnisses seines Reiches: Es wurden eine Geschichte der Bamun und ein Handbuch der Heilkunst verfasst, Auszüge aus der Bibel übersetzt sowie Verwaltungs- und Rechtspraktiken niedergeschrieben.*

▲ König Njoya lehrt die Notablen die Schrift, Foumban (Kamerun), Abbildung aus: Nicolas u. a. 1997, S. 44.

Die nsibidi *ist eine Initiationsschrift – sie wurde von den Ejagham entwickelt und ist auch bei den Nachbarvölkern in Gebrauch –, die seit etwa 200 Jahren von den Angehörigen des Ekpe-Geheimbundes verwendet wird. Obwohl die Zahlen von Gruppe zu Gruppe unterschiedlich sein dürften, schätzt man, dass sie um die 1.000 Schriftzeichen umfasst, wovon 600 gleichermaßen in allen Initiationszentren benutzt werden.*

Die Zeichen werden auf den Boden geschrieben, gestisch nachgebildet oder auf Stoffe (ukara) *und Masken aufgemalt. Sie lassen sich in zwei Gruppen unterteilen: einerseits Zeichen, die auf zwischenmenschliche Beziehungen und Haushaltsgegenstände verweisen; andererseits ein System von esoterischen Zeichen, die sich auf Gefahren, Tod, Strafen bei Zuwiderhandlung und die Hierarchie des Geheimbundes beziehen.*

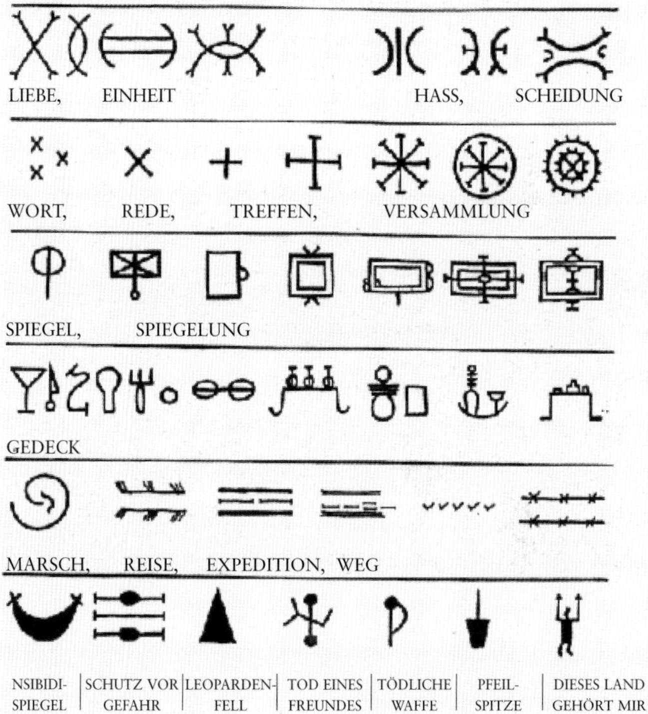

▲ *Nsibidi*-Schrift, Igbo, Efik und Ejagham (Nigeria und Kongo).

Schriftliche Botschaften in nsibidi *wurden auf Palmblättern verschickt, auf die man die Schriftzeichen einritzte oder aufmalte. Bei den Ejagham hatte die Schrift ein gestisches Pendant, das die Mitglieder des* Ngbe-*Bundes verwendeten, um sich in Disputen zu allen möglichen Themen miteinander zu messen. Es scheint, dass die Abfolge der Gesten nach bestimmten »Grammatikregeln« erfolgt.*

Das ki-ka-ku *besteht aus 195 Silbenzeichen und wird von rechts nach links geschrieben. In den 1920- und 1930er-Jahren war es recht weit verbreitet, wurde aber verdrängt, als die Briten die Buchstabenschrift einführten.*

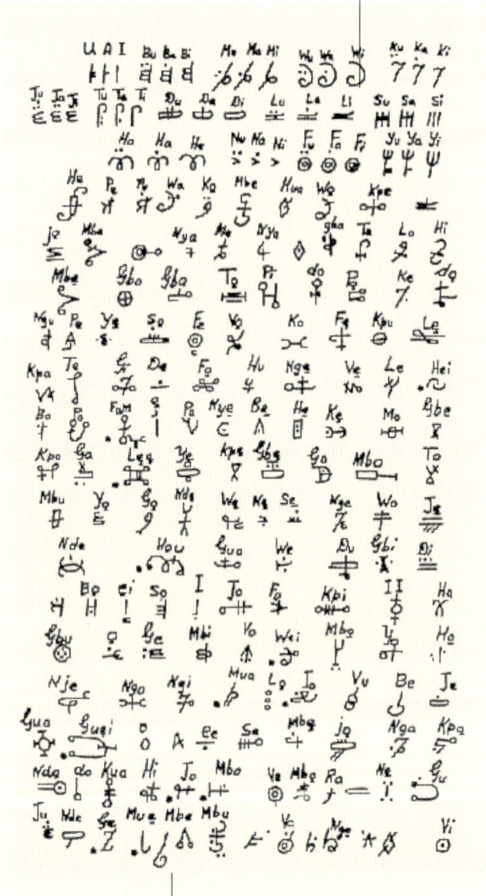

Die Mende-Schrift wurde 1921 von einem Schneider namens Kisimi Kamara (um 1890–1962) erfunden, der seinem Volk auf diese Weise helfen wollte, in der Konfrontation mit den Briten die Oberhand zu behalten. Für zwei Jahrzehnte konnten sich die Mende durch die Schrift und die schulische Bildung in ihrer Macht bestärkt fühlen.

▲ Mende-Schrift *ki-ka-ku*, Mende (Sierra Leone).

Die auf den adinkra-*Stoffen dargestellten Motive sind vermutlich teilweise von der kufischen Schrift inspiriert, die im 19. Jh. von muslimischen Händlern in das Land der Ashanti eingeführt wurde. Viele andere Motive sind dagegen lokalen Ursprungs und bilden ein Zeichenrepertoire, das ständig erneuert wird.*

	HÖCHSTES ADINKRA-SYMBOL	Großmut, Charisma, Führung
	SPINNENNETZ	Weisheit, Schöpfungskraft
	SACK KOLANÜSSE	Wohlstand, Einheit
	KROKODIL	Anpassungsfähigkeit
	ZÄHNE UND ZUNGE	Freundschaft, wechselseitigeAbhängigkeit
	PFLANZE MIT GELBEN BLUMEN	Eifersucht, Neid
	GUTES BETT	Gute Ehe
	DER UNWISSENDE KANN LERNEN	Wissen, lebenslanges Lernen
	MOND UND STERN	Liebe, Treue, Harmonie
	LEITER DES TODES	Sterblichkeit
	SAME DES WAWA-BAUMS	Zähigkeit, Beharrlichkeit

Adinkra-*Tücher werden in der Trauerzeit getragen. Das Muster entsteht durch das Aufmalen von Quadraten auf den Stoff, auf die dann verschiedene Motive mithilfe kleiner Stempel aufgedruckt werden.*

▲ *Adinkra*-Schrift, Ashanti (Ghana).

»Ein Mensch, der nicht sagen kann, wo ihn der Regen getroffen hat, weiß auch nicht, wo sein Körper wieder trocken ist. Der Schriftsteller muss den Leuten sagen, wo der Regen sie getroffen hat.« (Chinua Achebe)

Literatur

Verbreitung
Westafrika, Zentralafrika, Ostafrika, Südliches Afrika

Verwandte Stichworte
Suaheli, Griots, Kolonialära, Postkoloniale Ära, Islam, Christentum, Oralität und Schriftlichkeit

Vor der Ankunft der Europäer kannte Afrika nicht nur eine mündliche Literatur, sondern sehr wohl auch eine schriftliche. Das gilt nicht nur für die Äthiopier mit ihrem religiösen Schrifttum auf Ge'ez, das im 4. Jh. entstand und seine Blütezeit im 14. Jh. erlebte, sondern auch für die Suaheli mit ihrer epischen Literatur, von der noch Handschriften aus dem 18. Jh. erhalten sind. In Westafrika findet sich wiederum ein Schrifttum der Oberschicht in arabischer Sprache, das mit den Großreichen Mali und Songhai in Zusammenhang steht und von dem noch Geschichtschroniken aus dem 15. Jh. erhalten sind. Diese Literatur blieb auch nach Ankunft der Europäer lebendig. Mit der Kolonialherrschaft fanden das lateinische Alphabet, die Beschulung und Druckerzeugnisse Verbreitung. Vor diesem Hintergrund entstand eine Literatur in den lokalen Sprachen (gefördert v.a. durch die protestantischen Missionare mit ihren Bibelübersetzungen) und auch eine Literatur auf Englisch, Französisch und Portugiesisch, die ab den 1920er-Jahren zum Sprachvehikel der »verwestlichten« Eliten und des afrikanischen Nationalismus wurde. Internationale Bekanntheit erlangte die afrikanische Literatur im Zweiten Weltkrieg mit dem Aufkommen der Bewegung der Négritude. Die Unabhängigkeitskämpfe waren durch den Übergang von der Lyrik zum Roman und durch eine Politisierung der Literatur (Kritik des Kolonialismus und der Willkür der neuen afrikanischen Machthaber) gekennzeichnet.

▼ Der Schriftsteller Mongo Beti.

Der 1906 in Joal im Westen Senegals geborene Léopold Sédar Senghor († 2001) war einer der bedeutendsten Schriftsteller und Politiker Afrikas. Zwischen 1960 und 1980 war er Staatspräsident der Republik Senegal (er trat noch vor Ende seiner 4. Amtszeit zurück). Mit dem karibischen Lyriker Aimé Césaire und dem guayanischen Schriftsteller Léon Damas war er Begründer der Négritude. 1983 wurde er als erster Afrikaner in die Académie française gewählt.

*Als Schriftsteller trat Senghor v.a. als Lyriker hervor. Die Bandbreite seiner Lyrik reichte von elegischen Gedichten, in denen die sehnsüchtige Suche nach der verlorenen Authentizität vorherrscht (*Chants d'ombre*, 1945), bis hin zu politisch engagierten, den Rassismus anprangernden Gedichten (*Hosties noires*, 1948). Einen der Höhepunkte seines Schaffens erreichte er mit dem Lyrikband* Ethiopiques *(1956).*

Mit seinem Begriff der Négritude plädierte Senghor für einen Humanismus, der europäische und afrikanische Kulturwerte verbindet – die im Westen vorherrschende technisch-wissenschaftliche Vernunft mit dem animistischen Sinn der Afrikaner für Natur. Daher die Bedeutung der afrikanischen Kunst und Literatur: die Magie des Wortes, das Realität schafft, der Rhythmus, der die Form prägt, die Schöpfung als Gemeinschaftswerk. Kritiker warfen ihm vor, die rassistischen Stereotypen nachzubilden, die den Weißen als Vernunftmensch und den Schwarzen als Gefühlsmensch hinstellen.

▲ Der Schriftsteller Léopold Sédar Senghor.

Chinua Achebe wurde 1930 in Nigeria geboren. In einer realistischen Prosa – mit einem Zyklus von vier Romanen, die zwischen 1958 und 1966 erschienen (Things fall apart/*dt.* Okonkwo oder Das Alte stürzt; No longer at ease/*dt.* Heimkehr in ein fremdes Land; Arrow of God/*dt.* Der Pfeil Gottes; A man of the people) *analysierte er die traumatischen Umwälzungen der Kolonialzeit: die sozialen und psychologischen Folgen von Kolonisierung, Christianisierung, Beschulung und schlechter Regierungsführung der postkolonialen Eliten für die Afrikaner.*

Das Überhandnehmen des individuellen Egoismus und materieller Interessen, die dem Einfluss der Weißen zuzuschreiben sind, hat das Auseinanderbrechen der Gesellschaft zur Folge. Wie Obierika, einer der Protagonisten in Things fall apart *sagt: »Der weiße Mann ist schlau und gerissen. […] Nun hat er unsere Brüder für sich gewonnen, und unser Stamm kann nicht mehr so handeln wie ein Mann. Der Fremde hat ein Messer an die Dinge gelegt, die uns zusammenhielten, und so sind wir auseinandergefallen.«*

Achebe verändert das europäische Romanvorbild, indem er den Blick von den Charakteren der Figuren auf den gemeinschaftlichen Rahmen lenkt und den Sprachrhythmus an die Rhythmen des Alltags und der afrikanischen Oralliteratur anpasst. Die Figuren sprechen sowohl Igbo als auch Englisch. Achebe aber schreibt auf Englisch, weil er nach den für diese Sprache geltenden Kriterien beurteilt werden will. Darin sieht er keinen Verrat an der afrikanischen Sache. Es ist eine Folge desselben Prozesses, der die afrikanischen Staaten in die Unabhängigkeit geführt hat. Englisch ist nicht nur die Sprache des Kolonisators, sondern auch eine der wichtigsten Geschäftssprachen des afrikanischen Kontinents.

▲ Der Schriftsteller Chinua Achebe wird mit dem *Friedenspreis des Deutschen Buchhandels* ausgezeichnet, 2002.

Wole Soyinka wurde 1934 in Abeokuta (Nigeria) geboren. Nach der Ausbildung in Nigeria – er besuchte die anglikanische Missionsschule, erwarb auf direktem Wege Kenntnisse der alten Yoruba-Tradition und studierte an der Universität in Ibadan – ging er nach Großbritannien, wo er englische Literatur studierte und als Dramaturg und Schauspieler am Royal Court Theatre *in London arbeitete. 1960 kehrte er nach Nigeria zurück, wo er in der allgemeinen Aufbruchstimmung der soeben erworbenen Unabhängigkeit eines seiner bedeutendsten Theaterstücke schrieb:* A dance of the forests *(1960; dt.* Tanz der Wälder*).*

Der Autor von Romanen (u. a. Season of anomy, *1973; dt.* Zeit der Gesetzlosigkeit*), Theaterstücken (u. a.* The strong breed, *1963;* The road, *1965;* Kongi's harvest, *1966;* Death and the king's horseman, *1975), Lyrik (u. a.* Poems from prison, *1969,* neu u.d.T. A shuttle in the crypt, *1972) und kritischen Schriften (u. a.* Myth, literature and the African world, *1976) erhielt 1986 den Nobelpreis für Literatur.*

In seinen Theaterstücken greift Soyinka die alten Yoruba-Mythen auf und macht sie zum Sinnbild der universellen Bedingtheit menschlicher Existenz. Sein Werk ist von Pessimismus ob der Beschränktheit der Menschen und von unverblümter Kritik an der Willkür der nigerianischen Machthaber durchdrungen. Dafür musste Soyinka einige Jahre ins Gefängnis und wurde später in Abwesenheit zum Tode verurteilt. Seine Kritik am Begriff der Négritude von L. S. Senghor fasste er in einem Satz zusammen: »Ein Tiger wird nicht hingehen, sein Tigerdasein zu verkünden, er wird aufschnellen.«

▲ Der Schriftsteller Wole Soyinka.

Der Yoruba-Bildhauer Taiwo aus Ilaro, der 1920 starb, wurde Onipasonobe genannt, »in Besitz eines peitschengleichen Messers«; damit beschwor er die Formen herauf, die seinem Befehl gehorchten.

Traditionelle Kunst

Verbreitung
Westafrika, Zentralafrika, Ostafrika, Südliches Afrika

Verwandte Stichworte
Kunst am Körper, Weberei und Kleidung, Traditionelle Musik, Tanz

In Afrika finden die Fähigkeiten begabter Künstler durchaus Anerkennung, das heißt aber nicht, dass sich ihre Person im Werk niederschlagen sollte: Ein Werk ist nicht Ausdruck des Innenlebens des Künstlers, sondern das Mittel, mit dem soziale, politische und religiöse Ziele sichtbar gemacht und verwirklicht werden. Eben deswegen ist ein Werk in Afrika nicht das Ergebnis der Arbeit des »Künstlers« allein, sondern des Zusammenspiels mehrerer Personen: des Auftraggebers (ein Einzelner, eine Vereinigung, ein Familienverband) und der Wahrsager, Heiler und Priester, die konkret oder symbolisch an der Entstehung eines Gegenstands mitwirken. Teils erhalten Künstler eine formale Ausbildung, teils nicht; mal gelten künstlerische Fähigkeiten als angeboren, mal als etwas, das durch übernatürliche Wirkkräfte erworben wurde. Teils handelt es sich um einen Beruf, der weitervererbt wird, teils um eine persönliche Entscheidung, die z. B. nach einer Erscheinung im Traum gefällt wurde. Die Künstler arbeiten einzeln oder sind in Gilden oder Kasten organisiert. Sie sind ausschließlich als Künstler tätig oder nur zeitweise, weil sie die meiste Zeit auf dem Feld arbeiten. Sie können auf einen Objekttyp spezialisiert sein oder mehrere Tätigkeiten ausüben. Mal sind sie hoch angesehene Leute, mal werden sie verachtet oder gelten als ganz gewöhnliche Menschen ohne besondere Eigenschaften.

► Der Künstler Innocent Tzvako, Bamileke aus Bandjoun (Kamerun).

Eine gute Schnitzarbeit besitzt jago, *jene Zier, die über die praktische Notwendigkeit hinaus Lebenskraft schenkt und die Existenz verschönt. Mit* jago *muss* jayan *einhergehen: Klarheit und Genauigkeit führen, indem sie nach Abstraktheit streben, zur wahren Bedeutung der Dinge, da sie ihre Struktur offenlegen.*

Das Loblied auf die »Klarheit« ist nicht nur auf den Kunstbereich beschränkt, damit soll auch der Gegensatz zwischen dem maßlosen Aktionismus der Jungen und der Besonnenheit und Weisheit der Alten zum Ausdruck gebracht werden.

Bei den Bamana sind es die Schmiede, die das Holz schnitzen; häufig spezialisieren sie sich auf eine besondere Sparte (z. B. Masken oder Schlösser). Diese Tätigkeit beruht auf ihrer »Kenntnis der Bäume« (daliluw), *die ihnen Macht verleiht: Die Verarbeitung des Holzes, das in einzelne Bestandteile zerlegt wird, die später in der Komposition des Werks zu einer Synthese zusammenfinden, ähnelt der Art und Weise, wie sie von Heilpflanzen Gebrauch machen, Essenzen aus ihnen gewinnen und diese zu neuen Produkten zusammenstellen. Wie die Holzschnitzereien erzeugen diese Mittel, wenn sie ordentlich gemacht sind, die den Menschen zugute kommende,* nyama *genannte Lebensenergie. Mittelmäßige Schnitzer stellen leblose Gegenstände ohne inneren Zusammenhalt zwischen den Einzelteilen her.*

▲ Bildhauer bei der Arbeit, Bamana (Mali).

Die meisten Masken der Senufo sind im Besitz des Initiationsbunds Poro, *dem alle Männer, aufgeteilt nach Altersklassen, angehören. Die Masken werden im Zusammenhang von Initiationsritualen sowie bei der Bestattung der* Poro-Mitglieder *gezeigt. Hier haben sie die Funktion, die sich noch immer im Dorf herumtreibende Seele des Verstorbenen zu vertreiben.*

Der Schnitzer bearbeitet eine waniugo-*Maske (auch* kponungo *genannt, »Herr des* Poro*«) – eine Furcht einflößende Maske, die manchmal bei ihren Auftritten Feuer spuckt. Die Übernatürlichkeit ist plastisch durch die Kombination verschiedener Tiermotive, z. B. Büffelhorn, Krokodilsrachen, Wildschweinhauer und Hyänenohren, mit menschlichen Augen ausgedrückt.*

Bei den Senufo gehören die Handwerker, die keinen Feldbau betreiben, besonderen Volksgruppen an (die aber auch als »Senufo« gelten) und sind niedriger gestellt als die Ackerbauern. Die Holzschnitzer gehören der Gruppe der Kulebele an, die im Laufe des 20. Jh.s von Mali in die Elfenbeinküste einwanderten.

Auf der Stirn und am Hinterkopf sind zwei Chamäleons zu sehen, die den Wandel symbolisieren, weil sich ihre Hautfarbe ändert. Der Sage nach bewegen sie sich deswegen so vorsichtig, weil dereinst die Erde, kurz nachdem sie erschaffen wurde, noch nicht fest war, und sie fürchten mussten, darin zu versinken, wenn sie die Bäume verließen. Chamäleons werden wegen ihrer Weisheit verehrt, aber man fürchtet sie auch, weil man glaubt, dass sie töten können.

▲ Bildhauer bei der Arbeit, Senufo (Elfenbeinküste).

Bei den Hausa in Nigeria ist die Indigofärberei, die v.a. in den Städten Kano und Sokoto betrieben wird, reine Männerarbeit und wird in kleinen Bassins – allein in Kano wurden um 1850 an die 2.000 solcher Bassins gezählt – vorgenommen. Die Stoffe sind nicht nur für den lokalen Markt bestimmt, sondern auch für den Export. Hauptabnehmer sind die Tuareg und Mauren im Norden, die Beniner im Westen und die Kameruner des Graslandes im Süden.

Der Stoff wird in das Färbebad aus Indigo getaucht, mit einer gummihaltigen Lösung imprägniert und anschließend mit einem Indigotäfelchen abgerieben, das durch Trocknen des beim Kochen entstehenden Schaums gewonnen wird. Nach dem Trocknen wird der Stoff geschlagen, damit er einen metallischen Schimmer bekommt.

Indigo wird in Afrika zu kosmetischen Zwecken, als Gewürz (in Nigeria) und in der traditionellen Heilkunst (bei Hautkrankheiten und als Beruhigungsmittel) verwendet. So kommt beim Tragen von Gewändern aus Indigostoff zur ästhetischen noch eine therapeutische Wirkung hinzu.

▲ Färber bei der Arbeit, Hausa (Nigeria).

Wie Stofffunde aus dem Siedlungsgebiet der Dogon in Mali belegen, geht das Färben mit Indigo in Afrika mindestens auf das 10. Jh. n. Chr. zurück. Zweifellos haben die von arabischen Händlern importierten indischen Baumwollstoffe hinsichtlich der Verbreitung der Indigofärberei auf dem Kontinent eine wichtige Rolle gespielt.

Diese Stoffe finden als Kleidungsstück oder als Zahlungsmittel Verwendung und werden als Statusobjekte gesammelt. Sie sind Teil der Aussteuer, werden zur Begleichung von Schulden eingesetzt oder dienen bei Ehebruch oder Scheidung als Entschädigung.

Obwohl den Motiven eine Auswahl traditioneller Muster zugrunde liegt und bestimmte Verfahren zur Aufteilung des Stoffes ziemlich konstant angewandt werden (z. B. wird der Stoff vorab in Quadrate und Rechtecke unterteilt), ist das Endresultat weitestgehend unvorhersehbar. Die Muster eines Quadrats können in ein anderes wandern und die frühere Aufteilung verdecken, sodass sie optisch über den Rand des Stoffes hinauszuragen scheinen.

▲ Kuba-Frauen beim Sticken (Demokratische Republik Kongo).

Die Männer weben den Kanevas, die Frauen besticken ihn und gestalten das geometrische Muster. Die mit der Nadel ausgeführte Stickerei ergibt das Muster. In die Zwischenräume werden kleine Raphiabüschel an die Schnittstellen zwischen Schuss- und Kettfaden gesteckt und anschließend auf gleiche Höhe rasiert, was den typischen Samteffekt erzeugt.

Das hier Gezeigte sind äußerst vereinfachte Varianten der traditionellen Stoffe der Kuba, wie sie seit den 1950er-Jahren für den Touristenmarkt hergestellt werden: Die Regelmäßigkeit der Komposition nahm zu, die Farbkontraste wurden stärker, der gröber wirkende Samteffekt der Raphiafüllung überdeckte die Stickerei, und anstelle einer Vielzahl von Mustern breitete sich ein einziges vergrößertes Muster über die ganze Fläche aus. Bei den älteren Stoffen wurde die ästhetische Wirkung durch die Wiederholung, Abwandlung und Kombination unterschiedlicher, übereinanderliegender oder jäh endender Schmuckmotive erreicht. Farbschattierungen, kontrastierende Farben, unterschiedliche Dichten der Raphiafüllung mit Samteffekt trugen – oft in unvorhersehbarer Weise – zur Dynamik der Komposition bei.

»Hybride Mischungen sind eine Form des Ungehorsams, des parasitären Ungehorsams gegenüber dem Wirt … sind wie guter Sex.«
(Y. Shonibare, in London geborener Künstler nigerianischer Herkunft)

Zeitgenössische Kunst

Verbreitung
Westafrika, Zentralafrika, Ostafrika, Südliches Afrika

Heute bewegen sich afrikanische Künstler in einem Spannungsfeld zwischen der Suche nach Anerkennung als (gleichwertiger) Künstler aufgrund ihres Schaffens und ihrer persönlichen Qualitäten – und den Erfordernissen des internationalen Kunstmarkts, als Afrikaner identifizierbar zu sein. Während die Künstler nachdrücklich die Aktualität ihres Werkes zu bekräftigen suchen, versucht der westliche Kunstmarkt, sie mit dem Stereotyp des *Primitiven* zu belegen. Folglich wird von einem afrikanischen Künstler stets erwartet, dass er der eigenen Wurzel, der ungebrochenen Linie der Tradition folgt. Kann man ihn in seiner »Afrikanität« nicht erkennen, droht ihm, dass man sich enttäuscht abwendet. Tatsächlich setzt zeitgenössisches Kunstschaffen in Afrika ebenso sehr einen Bruch mit der Vergangenheit (der traditionelle Künstler begriff sich weder selbst als Künstler, noch wurde er als solcher wahrgenommen) wie die Konstituierung einer afrikanischen Moderne mit ihrer eigenen Geschichte voraus. Andererseits sind afrikanische Künstler immer mehr Weltbürger mit einer kulturellen Patchwork-Identität, die weniger durch die Zugehörigkeit zu einer Gruppe als durch den persönlichen Werdegang geprägt ist. So ist ihr Werk oft Ausdruck der Spannungen und Kompromisse zwischen individueller Zielsetzung und Erwartungen und Pressionen anderer.

► Magdalene Odundo, *Keramikvase*, 2000, London, The British Museum.

Jane Alexander wurde 1959 in Johannesburg geboren, wo sie ein Kunststudium absolvierte. Sie hat an vielen internationalen Ausstellungen teilgenommen, u.a. 1995 an der Biennale in Venedig.

Jane Alexander setzt in einer hyperrealistischen Weise verwirrende menschen- und tiergestaltige Figuren in Szene. Der Realismus, so die Künstlerin, entbindet sie von der Notwendigkeit, weitere Erklärungen zur Bedeutung ihres Werks liefern zu müssen, dessen Deutung sie folglich dem Betrachter überlässt. Dabei kann sich der Betrachter des Eindrucks kaum erwehren, dass die scheinbar unbekümmerten Mutanten, die keinen Zweifel ob ihrer Identität zu haben scheinen, wie ein Spiegel sind, der ihm die eigene alltägliche Ungeheuerlichkeit und die der Gesellschaft, in der er lebt, vor Augen führt.

▲ Jane Alexander, *Butcher's Boys*, 1985, Cape Town, National Gallery.

Antonio Ole wurde 1951 in Luanda (Angola) geboren, wo er lebt und arbeitet. Er absolvierte ein Studium am American Film Institute in Los Angeles und nahm an zahlreichen internationalen Ausstellungen, u.a. 2003 an der Biennale in Venedig, teil. In seinem künstlerischen Schaffen setzt sich der Maler, Fotograf und Filmemacher mit den großen sozialen Fragen und dem historischen Gedächtnis auseinander.

Mit seiner Townshipwall *rekonstruiert Antonio Ole die Fassaden von Hütten und kleinen Wohnhäusern aus Fundstücken – u.a. Türen, Fenstern, Wellblech, Straßenschilder – und führt so die Praxis des Eigenbaus der Bewohner afrikanischer Slums, insbesondere der südafrikanischen Schwarzengettos, in die Kunstwelt ein. Seine Walls sind greifbar gewordener Ausdruck sozialer Ausgrenzung und zugleich eines sich ständig wandelnden Raumes, einer sozialen Baustelle, die dem Betrachter eine andere Sicht auf die Welt ermöglicht.*

▲ Antonio Ole, *Townshipwall* No 10, 2004, Angola.

»Als 1955 eine Handvoll Afrikaner und Europäer in den europäischen Cafés über Kino diskutierten, schenkte ihnen niemand Beachtung. [...] Sie kämpften auf ihre Weise für die Unabhängigkeit.« (P. S. Vieyra)

Kino

Verbreitung
Westafrika, Zentralafrika, Ostafrika, Südliches Afrika

Verwandte Stichworte
Kolonialära, Postkoloniale Ära, Zeitgenössische Kunst, Theater

Die Anfänge des afrikanischen Kinos gehen auf die Zeit vor der Unabhängigkeit zurück. Es stellte eine Möglichkeit dar – trotz Mittelknappheit und Vertriebsproblemen –, ein anderes Bild von Afrika zu zeichnen als die Hollywoodfilme. Afrikanisches Kino verfolgte damit ursprünglich didaktische und politische Ziele: Es ging darum, ein von kolonialen Verzerrungen befreites Bild und Gedächtnis Afrikas zu rekonstruieren. Gängige Themen sind der Gegensatz zwischen Moderne und Tradition, gemeinschaftlichen Werten und individuellem Streben. Das erklärt, warum dem Inhalt größere Bedeutung beigemessen wird als der Form: In dem Moment, wo die Armut angeprangert wird, bleibt kein Raum für Ästhetisierungen. Wie in anderen Kunstbereichen wurde auch hier die Frage nach der kulturellen Abhängigkeit des afrikanischen Kinos aufgrund des europäischen Ursprungs der Filmkunst (von der Finanzierung der Filmproduktionen ganz zu schweigen) aufgeworfen. Tatsächlich ist afrikanisches Kino eine größtenteils elitäre Angelegenheit für ein internationales Publikum geblieben. Die wenigen Kinos, die sich gegen die Konkurrenz des Homevideos behaupten konnten, zeigen amerikanische und indische Produktionen sowie Kampfkunstfilme. Doch genau diese Zutaten, kombiniert mit dem traditionellen Mienenspiel des Yoruba-Volkstheaters, begründeten den Erfolg der nigerianischen und ghanaischen Videoproduktionen: ein populäres Filmgenre, das sich deutlich vom Autorenkino abhebt.

▼ Szene aus dem Film *Yaaba* (1989) von Idrissa Ouédraogo, Burkina Faso.

Souleymane Cissé wurde 1940 in Bamako (Mali) geboren, studierte Film in Moskau und drehte 1974 seinen ersten Spielfilm Den Muso. *Der Film ist auf Bambara und erzählt die Geschichte einer stummen Frau, die von einem Arbeitslosen vergewaltigt wird; als sie schwanger wird, wird sie vom Mann verlassen und von der Familie verstoßen. In Mali wurde der Film zunächst durch die Zensur verboten und kam daher erst 1978 in die dortigen Kinos.*

In Yeelen (Das Licht, *1987) erzählt Cissé die Geschichte der Begegnung zwischen Vater und Sohn, wobei der Sohn dem Vater die Geheimnisse der Magie entwendet. Damit der Sohn dem Zorn des Vaters nicht zum Opfer fällt, schickt ihn die Mutter zu dessen Zwillingsbruder. Als er nach vielen Abenteuern endlich ankommt, erklärt ihm der Onkel, dass er sich seinem Vater stellen muss. Die Geschichte spielt in vorkolonialer Zeit, aber ohne jedes neotraditionalistische Pathos.*

Cissé legt großen Wert auf die Bildqualität und -ästhetik, und das besonders bei Landschaftsaufnahmen. Der eigentliche Protagonist von Yeelen *ist die warme Morgensonne, und so findet auch die letzte Begegnung im blendenden Licht statt. Die Gewalt wird in allegorischer Form durch einen Kampf zwischen Tieren – Büffel, Löwe und Elefant – wiedergegeben, die an die traditionelle afrikanische Symbolik anknüpfen und zugleich die magischen Verkörperungen der Protagonisten darstellen.*

▲ Szene aus dem Film *Yeelen* (1987) von Souleymane Cissé, Mali.

Camp de Thiaroye *(Camp der Verlorenen, Senegal 1987) erzählt von der brutalen Ermordung der senegalesischen Tirailleurs (zu denen Sembène selbst gehört hatte) nach dem Ende des Zweiten Weltkriegs durch französische Soldaten, als sie den ihnen zustehenden Sold verlangen. In* Ceddo *(1976) kritisiert Sembène die gewaltsame Islamisierung Senegals im 17. Jh. Mit Rückgriffen auf historische Ereignisse und Darstellungen des vorkolonialen Afrika leitet der Filmemacher die Rückkehr zu den Ursprüngen des afrikanischen Kinos ein.*

Sembène wurde 1923 in Ziguinchor (Senegal) geboren. Er floh 1948 nach Frankreich, arbeitete als Mechaniker, Maurer und Hafenarbeiter und erlangte eine gewisse Bekanntheit als Schriftsteller; 1961–62 studierte er Film am Studio Gorki in Moskau. 1963 entstand sein erster Spielfilm La noire de ..., *der die Geschichte einer Frau erzählt, die ihren Arbeitgebern nach Frankreich folgt und sich aus Verzweiflung das Leben nimmt.*

Auf seine Vorliebe für Nahaufnahmen angesprochen, erklärte der Filmemacher, dass er, inspiriert von den traditionellen afrikanischen Skulpturen und Masken, die Einzelheiten betone, um die Gefühle und Charakterzüge seiner Figuren herauszustellen.

*Seine Arbeit als Filmemacher begreift Sembène als Weiterführung des Werkes der Griots, der Geschichtenerzähler und Sänger des traditionellen Afrika, mit anderen Mitteln: als das Darstellen moralischer Erzählungen, die politische Konsequenzen nach sich ziehen. Seine Filme behandeln u.a. die Kolonialgewalt (*Emitai/Dieu du tonnerre, *1971), die Korruption der afrikanischen Machthaber und Eliten nach der Unabhängigkeit (*Xala/L'impuissance temporaire, *1974) und die Rechte der Frauen und Kinder (*Moolaadé, *2004; der in Cannes prämiierte Film handelt von der Verstümmelung weiblicher Genitalien).*

▲ Der Filmemacher Ousmane Sembène.

»Folglich pulsiert der Rhythmus an der Wurzel des Kampfes von Leben und Tod, von Sein und Nichts, Zeit und Ewigkeit.« (Engelbert Mveng))

Traditionelle Musik

Verbreitung
Westafrika, Zentralafrika, Ostafrika, Südliches Afrika

Verwandte Stichworte
Griots, Zeitgenössische Musik, Tanz

Im Unterschied zur klassischen europäischen Musik, die seit dem Barock nur ein Metrum und weithin nur eine Melodie kennt, ist die traditionelle afrikanische Musik polyfon und besteht aus einer Vielzahl von Kontrapunkten und Rhythmen. Die Instrumente und Stimmen folgen nicht ausschließlich einem Thema, sondern treten in Dialog und greifen ineinander. Sehr wichtig sind dabei auch die Silentien, die Leerstellen zwischen den rhythmischen Taktschlägen, die den nötigen Raum für Improvisationen schaffen, an denen sich nicht nur die Musiker, sondern auch das Publikum beteiligen. Das Geschick der Sänger und Musiker besteht darin, mehrmals dieselbe Strophe oder dasselbe Thema zu wiederholen und dabei kleine Variationen im Ton oder in der instrumentellen Hintergrundmusik einzuführen. Der Akzent liegt auf der rhythmischen Gliederung: Der Solopart bildet nur das Zwischenstück zwischen den Wiederholungen des Chorthemas. Händeklatschen begleitet den Gesang, ohne die Wortintervalle zu berücksichtigen. Die Gesamtwirkung entsteht aus der Synthese der verschiedenen rhythmischen Kombinationen: Durch das Klatschen werden mehrere Rhythmen erzeugt, die nur den Anfang gemein haben. Die Trommeln ihrerseits folgen Mustern und verändern sie gelegentlich im Laufe eines Stückes. Die Rhythmen durchkreuzen sich, ohne je auf Haupttaktschläge zuzusteuern, und also enden sie jeder für sich der eigenen Linie folgend, ohne furioses Finale.

► Königsfigur *ndop*, Kuba (Demokratische Republik Kongo), spätes 18. Jh., New York, Brooklyn Museum of Art.

In vielen Völkern Afrikas, wie z. B. den Akan und den Yoruba, bilden die Klänge der Trommeln, Flöten, Pfeifen und Gongs eine Art »Klang-Schrift«, die die Unterschiede der Sprache schematisch reproduziert und die Übermittlung von Botschaften über größere Entfernungen ermöglicht. Im Unterschied zur Schrift i.e.S. läuft die Übertragung nicht über die Augen, sondern die Ohren. Außerdem ist der Adressat nicht das Individuum wie bei der Lektüre, sondern eine Gemeinschaft.

Die großen fellbespannten, Timba *genannten Trommeln dürfen nur von Männern gerührt werden. Früher wurden sie v.a. anlässlich der Initiationsriten des Simo-Geheimbundes gespielt. Das Pferd, das in Afrika selten vorkommt, ist ein Machtsymbol.*

▲ Trommel,
Baga (Guinea-Bissau),
Paris, Musée du Quai Branly.

Das Balafon ist das Musikinstrument der Griots – Geschichtenerzähler und Sänger – der Mande-Völker. Man findet es auch in Zentralafrika, wo es Marimba *genannt wird.*

Das Balafon besteht aus Holz-Klangstäben und Kalebassen – hohlen Kürbissen, die als Resonanzkörper wirken. Klangstäbe und Resonatoren werden von einem Rahmen aus Bambus und Ziegenhaut-Streifen zusammengehalten. Gewöhnlich ist das Balafon in Pentatonik (Fünfton-Reihe) gestimmt.

▲ Balafon-Spieler, Bobo (Burkina Faso).

Manchmal sind in die Seiten der Kalebassen fingerdicke Löcher gebohrt, über die Spinnweben oder Fledermausflügel (heute z.T. andere Materialien) geklebt werden. Wenn diese Membranen durch die Resonanz in Schwingung versetzt werden, beginnen sie zu surren. Balafons werden mit zwei Schlägeln gespielt. Gelegentlich treten Balafons auch in größerer Formation – mit drei Instrumenten – in Begleitung von Trommeln auf.

Die 21 Saiten der Kora *sind an verschiedenen Punkten am Hals befestigt und in zwei Ebenen (mit je 10 und 11 Saiten) senkrecht zum Korpus angebracht. Dadurch sind vier Stimmungsmöglichkeiten gegeben.*

Das Instrument wird aufrecht vor dem Spieler aufgestellt. Der umfasst mit den Mittelfingern die beiden aus dem Korpus ragenden Griffe und zupft die Saiten mit Daumen und Zeigefinger.

Die Kora *ist eine mit beiden Händen gezupfte Stegharfe und besteht aus einem mit Kuhfell bespannten Kalebassenkorpus (einem halben Kürbis). Sie ist eines der charakteristischen Instrumente der Griots Westafrikas.*

▲ Mamadou Diabaté mit seiner *Kora*, Mali.

Auf den Pfosten der heiligen Großhütte der Chefferie von Bandjoun, die 2001 errichtet wurde und 2005 abbrannte, waren verschiedenen traditionelle Musikinstrumente – Balafon, Trommeln, Handklappern – zwischen Tanzszenen dargestellt. Jeder Tanz stand in Beziehung zu einem bestimmten Ritual, einer Maske, einem Geheimbund oder einer (nicht so geheimen) Vereinigung.

Neben traditionellen Instrumenten waren auch zeitgenössische Kameruner Sänger und Musiker – der Jazzsaxofonist Manu Dibango und der aus Bandjoun gebürtige Sänger André-Marie Tala – dargestellt: international bekannte Künstler, mit denen man sich identifizieren und sich der Welt präsentieren kann.

▲ »Haus der Glückseligkeit«, Detail eines Verandapfostens mit der Darstellung von Jazzmusikern, Bandjoun (Kamerun).

Ein ganzer Pfosten war der kultischen Doppelglocke kwi'fo *(»Assistent des Königs«) gewidmet, dem allerheiligsten Musikinstrument, das große Mengen Lebensenergie* (ke) *enthält und ihre Beeinflussung erlaubt. Die Doppelglocke ist das Symbol des* Nyleng-*Bundes, dem die Söhne und Enkel des Königs und der Nachkommen jener Ackerbauern angehören, die die Jäger (von dem das Königsgeschlecht abstammt) bei ihrer Ankunft in der Region antrafen.*

»Die Bühne ist jetzt bereit für die Entstehung einer echten kulturellen Bewegung, die nichts Exotisches mehr an sich hat.« (Manu Dibango)

Zeitgenössische Musik

Verbreitung
Westafrika, Zentralafrika, Ostafrika, Südliches Afrika

Verwandte Stichworte
Griots, Traditionelle Musik

Der Großteil der modernen Popmusik hat afrikanische Wurzeln. Ein unmittelbarer Einfluss wurde jedoch erst ab den 1950er-Jahren spürbar, als afrikanische Musiker und Künstler – u.a. Miriam Makeba, Ibrahim Abdullah alias Dollar Brand, Manu Dibango – begannen durch die Welt zu touren und Eingang in den internationalen Musikmarkt fanden. Und natürlich veränderte sich die afrikanische Musik ihrerseits (wie dies im Übrigen bei allen Formen interkulturellen Austauschs der Fall ist, der niemals einseitig verläuft), als sie mit dem Westen in Berührung kam. So verbindet die Highlife-Musik, die in den 1920er-Jahren an der Goldküste (heute Ghana) entstand, Jazzelemente mit dem durch Schlaginstrumente rhythmisch vorgegebenen Akan-Tanz. Afrorock und Afrobeat aus dem Nigeria der 1960er-Jahre mit Fela Kuti als ihrem Hauptvertreter integrierten Elemente von Highlife, Freejazz aus den USA und Funk. Die moderne kongolesische Musik (bekannt als Kongo-Rumba) entstand zur Kolonialzeit aus der Verbindung des lokalen Maringa-Tanzes mit lateinamerikanischen Rhythmen (Rumba, Merengue, Bolero, Cha-Cha-Cha, Pachanga) sowie der Übernahme der spanischen Gitarre. Und auch das Jaliya, die Griot-Musik der Mande, die ursprünglich v.a. für die aristokratischen Eliten bestimmt war, erreicht heute ein breites Publikum, wird in Fernsehen und Radio übertragen und in Popsongs aufgegriffen. Die Aussicht auf größere Absatzmärkte fördert die Entstehung multiethnischer Bands, selbst wenn dies gegen den staatlich propagierten Ethnizismus verstößt.

► Der Musiker Mory Kanté.

Die südafrikanische Sängerin wurde 1932 in Prospect bei Johannesburg geboren und verließ ihr Land 1960 – als sie zur Präsentation des Antiapartheid-Dokumentarfilms Come back Africa, *bei dem sie mitgewirkt hatte, nach* Venedig *auf die* Biennale del Cinema *eingeladen wurde, beschloss sie, nicht zurückzukehren. Diese Möglichkeit wurde ihr im Übrigen ganz genommen, als ihr 1963 die Regierung in Pretoria nach einer Intervention vor der Antiapartheid-Kommission der UNO die Staatsbürgerschaft entzog.*

In den USA erlangte Makeba internationale Berühmtheit, verließ das Land aber, nachdem sie wegen ihrer Ehe (1968) mit Stokely Carmichael, amerikanischer Bürgerrechtler und einer der Führer der Black-Power-Bewegung, unter Druck geriet. Sie ließ sich in Guinea nieder und war bis 1975 Sonderbotschafterin Guineas bei der UNO. 1990 kehrte sie auf Bitte von Nelson Mandela nach Südafrika zurück.

Ihre musikalische Laufbahn begann Miriam Makeba in den 1950er-Jahren als Sängerin der Gruppen Cuban Brothers *und* Manhattan Brothers, *später gründete sie das Frauentrio* The Skylarks. *1956 schrieb sie den Song* Pata Pata, *der ihr später den internationalen Durchbruch brachte. 1966 erhielt sie zusammen mit Harry Belafonte den Grammy Award für ihr Album* An evening with Belafonte/Makeba.

▲ Die Sängerin Miriam Makeba.

Der 1933 in Douala (Kamerun) geborene Saxofonist begann seine musikalische Laufbahn in den 1950er-Jahren in Brüssel und Paris.1972 schaffte er mit Soul Makossa *den internationalen Durchbruch. Der vielseitige Musiker arbeitete in den unterschiedlichsten Genres. 1985 gründete er die Initiative* Tam-tams for Ethiopia, *um Geld für das von Hungersnot betroffene afrikanische Land zu sammeln, und lud zahlreiche afrikanische Künstler zur Kooperation ein, darunter Mory Kanté und Salif Keïta.*

In seiner Autobiografie Trois kilos de café *(1989) sagt Manu Dibango: »In der Musik gibt es keine Vergangenheit und auch keine Zukunft, nur Gegenwart. Ich komponiere die Musik meiner Zeit, nicht die von gestern. Immer wurde ich als ›vielseitig‹ abgestempelt; ich wurde beschuldigt, ich würde ›plagiieren‹. ›Vampir makossa‹, dieses Urteil akzeptiere ich. Schöpferisch kann man nur sein, wenn man sich aneignet, was der eigenen Zeit ihre Tiefe verleiht. Kein Schöpfer ohne Vampirismus: Das gilt für die Malerei, die Literatur und die Medien ebenso wie für die Musik.«*

▲ Der Musiker Manu Dibango.

Der 1949 in Djoliba (Mali) geborene Abkömmling eines Adelsgeschlechts wurde gegen den Willen seiner Familie Sänger (bei den Mande üben die Angehörigen der niederen Kaste der Griots den Beruf des Musikers aus). In einem Land, wo Albinos mit Argwohn betrachtet werden, hatte er es zudem nicht leicht. 1967 zog er nach Bamako. Mitte der 1970er-Jahre floh er vor den politischen Unruhen in Mali nach Abidjan. 1984 ging er nach Paris, kehrte aber vor einigen Jahren wieder nach Bamako zurück, wo er einen Club und ein Aufnahmestudio eröffnete.

▲ Der Musiker Salif Keïta.

Keïta, der in den 1960er-Jahren debütierte, schloss sich erst der Musikgruppe Rail Band du Buffet de la Gare *mit einem traditionellen Mandingo-Repertoire an, dann der Gruppe* Ambassadeurs du Motel, *die französische Chansons, englischen Pop, Soul, Tango und v.a. kubanische Musik spielte. 1979 nahm er sein erstes Album* Mandjou *in Abidjan auf. Das Album* Soro *von 1987 markierte die Anfänge der Weltmusik. 1988 schrieb Keïta die Filmmusik zum Film* Yeelen *von Souleymane Cissé.*

Der 1959 in Dakar (Senegal) geborene Youssou N'Dour ist heute einer der bekanntesten Sänger in der Weltmusikszene. Er entwickelte die Mbalax *genannte Populärmusik Senegals, eine Mischung der traditionellen senegalesischen Musik mit afro-kubanischen Rhythmen, Reggae und Pop. Durch die Zusammenarbeit mit Peter Gabriel im Jahr 1983 wurde er einem internationalen Publikum bekannt, das Album* Wommat (The Guide) *von 1994 machte ihn berühmt. 2005 erhielt der Sänger und Komponist einen Grammy für* Égypte *als »Bestes Weltmusikalbum«.*

In Youssou N'Dours Musik spielen sowohl seine religiösen Überzeugungen – er ist tiefgläubiger Anhänger des von Cheikh Amadou Bamba (1865–1927) gegründeten Muridismus – als auch die westafrikanische Griot-Tradition eine wichtige Rolle. Er ist überdies ein erfolgreicher Geschäftsmann, besitzt ein Musiklabel, eine Zeitung, ein Radio und einen Club.

▲ Der Musiker Youssou N'Dour.

Alpha Blondy passt den jamaikanischen Reggae den afrikanischen Verhältnissen mit sozialkritischen Liedern an, die er auf Dioula, Baule, Französisch, Englisch und anderen Sprachen singt. Mit den Titeln Rasta Poue *und* Cocody Rock *(1984) hatte er seinen internationalen Durchbruch. In seinen Liedern prangert er Diktatur, Korruption und Tribalismus an, ruft zur Versöhnung zwischen den Religionen auf und besingt gelegentlich auch Machthaber wie den langjährigen Staatspräsidenten der Elfenbeinküste, Félix Houphouët-Boigny.*

Alpha Blondy wurde 1953 als Seydou Koné in Dimbrokro (Elfenbeinküste) geboren. In den USA, wo er ab 1976 studierte, kam er mit dem Reggae in Berührung, nahm seine ersten Titel auf, kehrte, nachdem er betrogen worden war, nach Hause zurück, wo er wegen einer Depression zwei Jahre in einer Nervenheilanstalt zubrachte. Nach seiner Entlassung 1983 nahm er sein erstes Album Jaj Glory *auf.*

»Blutvergießen in Afrika / Blutvergießen in Afrika / Schande über Schande / schändliches Blut, oh yeah / schändliche Machthaber, oh Herr / Sieh, wie Babylon näher rückt / und den Geist meines Volkes verwirrt / Ich ertrage es nicht …«

▲ Der Musiker Alpha Blondy.

»Wenn du nicht tanzen kannst, dann geh in den Wald und schau dir die Affen an.« (Sprichwort der Kongo, Demokratische Republik Kongo)

Tanz

Verbreitung
Westafrika, Zentralafrika, Ostafrika, Südliches Afrika

Verwandte Stichworte
Masai, Jäger und Krieger, Vodun, Kunst am Körper, Traditionelle Musik, Theater

Afrikanische Tänze sind in erster Linie eine Gruppenangelegenheit. Eine Ausnahme bilden bestimmte Masken, die einzeln oder zu zweit auftreten. Allerdings kennzeichnen diese außergewöhnliche Ereignisse. Dabei bleibt in der Regel die Identität des Tänzers geheim, da es ein Geist ist, der sich auf diese Weise manifestiert. Zur polyrhythmischen Musik, die den Tanz begleitet (z.B. diverse Trommeln, von denen jede ihrem eigenen Rhythmus folgt), passen die diversifizierten Bewegungen des Tänzers, der die unterschiedlichen Körperpartien (insbesondere Brustkorb und Becken) getrennt voneinander bewegt und so bis zu vier verschiedenen Rhythmen gleichzeitig folgen kann. Oft ist der Tänzer zugleich auch der Musiker, der Schellen in den Händen hält oder am Körper hängen hat, sodass die Musik durch die Bewegung erzeugt wird. Die gesellschaftliche Bedeutung des Tanzes liegt im Religiösen und Politischen. Durch den Tanz werden zu bestimmten Anlässen Figuren auf den Boden gezeichnet, die den sakralen vom profanen Raum abgrenzen, so z.B. bei Bestattungen, Zeremonien zur Erinnerung an die mythische Zeit des Uranfangs oder bei Ritualen für den erfolgreichen Ausgang der Jagd. Der Tanz stellt eines der Mittel dar, mit denen das Ethos einer Kultur verkörpert wird. Tanzgruppen dienen auch als Instrument der Neubestimmung der ethnischen Identität und des Zusammengehörigkeitsgefühls, so z.B. im städtischen Milieu, das von tief greifenden Veränderungen gekennzeichnet ist.

▼ Tanzende Männer, Yakuba (Elfenbeinküste).

Der Tanz ist eine der Möglichkeiten, durch die der Mensch eine Verbindung zu den Göttern herstellen kann: um sie freundlich zu stimmen, ihren Schutz zu erhalten oder sie zu vertreiben. Durch angenehme Unterhaltung kann sich der Mensch die Unterstützung der Götter und Ahnen sichern.

Der Nexus zwischen Tanz und Zugang zu Sakralität gründet auf der körperlichen Erfahrung von der Erhebung oder dem Verlust des Ichs in der Bewegung, die sich damit als Symbol für alles über die Alltagserfahrung Hinausgehende anbietet.

Der Tanz kann zum »Kanal« werden, durch den außerordentliche Kräfte weitergeleitet werden; er kann in Trance versetzen, und die Gottheit kann sich durch den Körper des Tänzers manifestieren, indem sie Besitz von ihm ergreift. Gelegentlich passiert diese Verschiebung durch die Maske, die die Erscheinung des Körpers und seiner Bewegung verändert.

▲ Ritueller Vodun-Tanz, Ouidah (Benin).

Bei den Dogon ist »die Gruppe der Tänzer, die Maskengesellschaft, […] die ganze Welt. Und während sie sich auf dem öffentlichen Platz regt, tanzt sie den Lauf der Welt, tanzt sie das Weltsystem«. Insbesondere die kanaga-*Maske repräsentiert die Welt, wie sie von Gott geschaffen wurde: Der Maskenaufsatz stellt die Verbindungsachse zwischen Himmel und Erde dar, während die Drehbewegung der Tänzer an den Schöpfungsakt erinnert.*

Die Masken markieren das Ende der Trauerzeit (dama), *indem sie erst auf der Terrasse vor dem Wohnhaus des Verstorbenen tanzen, danach auf dem Dorfplatz. Abends begleiten sie die Seele in den Busch, von wo sie in das Land der Ahnen kommt. Auf diese Weise finden die Angehörigen und der Verstorbene gleichermaßen ihren Frieden.*

▲ Tanz der *kanaga*-Masken, Dogon (Mali).

Charakteristisch für den Tanz der kanaga*-Maske ist eine abrupte Bewegung von links nach rechts, die auf die Reaktion der Ahnen anspielt, als das Insekt in die Arche biss, mit der sie auf die Erde herabgekommen waren. So fand auf Erden der erste Streit statt, an den eben der Gesang der Masken erinnern soll. Tatsächlich handelt es sich um eine Warnung an die Adresse des Insekts: »Nimm dich in Acht!« Auf dieselbe Weise vertreibt der Schrei der Masken die Frauen und Kinder. Jede Maske hat ihren eigenen Gesang. Die* kanaga*-Maske, die die Gesangsfolge eröffnet, fasst sie alle zusammen.*

Die kanaga*-Masken vollführen akrobatische Tänze, die heutzutage besonders bei den Touristen sehr beliebt sind (und für die die Dogon ihre traditionellen Tänze in Szene setzen). Das Geschick des Tänzers besteht darin, den Boden mit der Maske nur flüchtig zu berühren, ohne sich dabei – wie es gelegentlich passiert – die Arme zu brechen.*

Die Kriegstänze sind Ausdruck und Symbol der Kraft und Selbstbeherrschung des Mannes und seiner Fähigkeit, Leben zu nehmen, zu schenken und zu gewähren, indem er tötet, Kinder zeugt und einen Feind am Leben lässt. Für gewöhnlich werden bei diesen Tänzen die Kampfgebärden nachgeahmt und ritualisiert.

Mit diesen Tänzen stellen die jungen Krieger ihre Kraft und Geschicklichkeit unter Beweis, indem sie aus dem Stand in die Höhe springen.

Die Kriegstänze der Masai markieren den Status von Gruppen oder Individuen (den Eintritt einer Generation junger Männer in die Altersklasse der Erwachsenen oder die Tötung eines Feindes in der Schlacht durch einen tapferen Krieger). Sie dienen der Zurschaustellung der Männlichkeit (Kraft und Ausdauer während des Tanzes bezaubert die Frauen). Sie sind eine körperliche und emotionale Vorbereitung auf den Krieg (sie stimulieren die Geister und festigen den Gruppenzusammenhalt). Sie stellen einen religiösen Akt (eine Art Gebet oder Opfergeste, die Energie verleihen) und auch einen politischen Akt (zu Ehren eines Oberhauptes oder zum Abbau von Spannungen, da sie ein ritualisiertes Aufbegehren zulassen) dar.

▲ Tanz der Masai-Krieger (Kenia).

»Warum hast du mir nicht wie allen Menschen einen Namen gegeben? […] Du hättest eine Person aus mir machen können … Oje, nun bin ich bloß ein Stück Holz.« (Mitsogho-Mythologie, Gabun)

Theater

Verbreitung
Westafrika, Zentralafrika, Ostafrika, Südliches Afrika

Verwandte Stichworte
Mande, Nigerianische Völker, Kunst am Körper, Literatur, Tanz

Das Theater hat seine Wurzeln im Kult, d.h. in Darbietungen, die sich an einem Ort abspielen, an dem die im Alltag geltenden Regeln aufgehoben sind. Maskentänze weisen eine gewisse Theatralik auf und werden zu Theateraufführungen, sobald die Masken ihre Sakralität verlieren. Masken wie Puppen stehen im Zeichen der Bewegung und der Verwandlung. Von ihrem Ursprung her verweisen sie häufig auf Verstorbene und Buschgeister, daher evozieren sie etwas Jenseitiges, selbst wenn sie nur der reinen Unterhaltung dienen. Ebendiese Abkehr von den gewohnten fließenden Bewegungen des Körpers (verstärkt durch die Veränderung der Stimme), die sich bei Masken, Puppen und Tanzschritten wiederfindet, lässt sie zu einer Brücke zwischen Leben und Tod werden. Wegen der kommunikativen Direktheit hatte das Theater auch zur Zeit der Entkolonialisierung eine wichtige Bedeutung: Häufig wurden Stücke mit historischer Thematik gespielt, in denen es insbesondere um berühmte Führer aus der Vergangenheit ging. Auch das Volkstheater der Yoruba, das in den 1930er-Jahren in Nigeria entstand und die alten Mythen, den Ritualtext *Odu ifa* des *ifa*-Divinationskults und die vorkoloniale Vergangenheit aufgriff, trug zu einer Stärkung des antikolonialen Nationalbewusstseins bei. Thematisiert wurden aber auch die Alltagsprobleme der Stadtbewohner, die in jüngster Zeit die nigerianischen Videoproduktionen aufgegriffen haben.

◄ Puppe, Kuyu (Demokratische Republik Kongo).

Dieser Puppentypus repräsentiert das weibliche Schönheitsideal. Die Betonung liegt auf den Brüsten und der dreilappigen Haartracht, die das mit Verzierungen auf Stirn und Wangen geschmückte längliche Gesicht umrahmt.

Diese Puppen sind »stumm« und werden gelegentlich auf Einbäumen mitten auf dem Fluss zur Schau gestellt. Sie kamen noch vor 1850 bei Fischergemeinschaften in Gebrauch und wurden vermutlich gegen Ende des 19. Jh.s auch von den Ackerbaugemeinschaften übernommen. Heutzutage finden sie bei den Bünden der jungen Bozo-Fischer und den Bauern der Bamana und Marka Verwendung und werden zu Beginn der Fischereisaison und der Feldarbeit sowie zur Erntezeit gezeigt.

▲ Puppe, Bamana (Mali), New York, Friede Collection.

Die Theatertruppen, bestehend aus Gruppen von jungen Leuten, die gegeneinander antreten, benutzen sowohl Puppen als auch Masken. Eine Aufführung gilt dann als gelungen, wenn die Mischung aus traditionellen und innovativen Elementen, Voraussehbarem und Überraschendem in sich abgerundet ist. Das Repertoire wird folglich ständig um neue Figuren erweitert, selbst wenn man sich dafür in den Nachbardörfern »bedienen« muss.

▲ Puppe, Bamana (Mali), Privatsammlung.

Die Präsentation einer Maske oder Puppe wird immer mit einem Lied begleitet, das die Figur vorstellt und preist, auf Mythen und Legenden anspielt, aber auch aktuelle gesellschaftliche und politische Themen anspricht. Bestimmte Puppen stellen historische Persönlichkeiten wie Krieger aus vorkolonialer Zeit, europäische Soldaten oder den französischen General de Gaulle dar; das Pferd ist ein Machtsymbol.

Solche kassettenartigen, mit geschnitzten Figuren geschmückten Puppen krönen bei Festen ein mit Stoff und Raphiabast umhülltes Bambusgerüst.

Die Figur als Ganzes stellt das geflügelte Pferd Al-Burak dar, mit dem der Prophet Mohammed von Mekka nach Jerusalem durch die Luft ritt und dann auf seiner nächtlichen Reise durch die sieben Himmel emporstieg und vor Allah trat. Al-Burak-Darstellungen kommen in Sierra Leone und Guinea bei Muslimen, Christen und Anhängern der lokalen traditionellen Religionen gleichermaßen in Zeichnungen und auf Masken vor, die vor Hexerei schützen sollen.

In Afrika werden die Puppen nicht nur mit den Händen bewegt, sondern häufig auch mit dem Kopf, den Knien, den Füßen oder dem ganzen Körper. Viele Figuren sind als Puppen anzusehen, insofern sie bewegt und zum Handeln animiert werden. Auch der menschliche Körper kann zur Puppe werden, wenn ein Teil von ihm wie losgelöst vom Rest ein Eigenleben zu führen beginnt – so die Hände, die Brüste, der Bauch und das Gesäß –, wie dies in vielen afrikanischen Tänzen der Fall ist.

▲ Puppe, Baga (Guinea),
Paris, Musée du Quai Branly.

Die Farben Weiß, Schwarz und Rot bilden die elementare Farbtrias der afrikanischen Kulturen. Häufig wird Weiß mit Gesundheit und Wohlergehen, Schwarz mit Krankheit und Zauberei assoziiert. Rot hat eine ambivalente Bedeutung, da es auf eine Energie verweist, die sowohl zum Guten wie zum Schlechten benutzt werden kann.

Der Unterkiefer der Puppe ist beweglich. Er wird mit einem Stab auf und ab bewegt, der in der Figur versteckt ist. Das Tuch um den Hals soll den Mechanismus verdecken.

Die Puppe ist nach unten hin mit einem Holzstab verlängert, der als Griff dient.

Puppen dieser Art wurden von den Mitgliedern des Amanikpo-*Geheimbundes benutzt, der innerhalb des* Ogboni-*Bundes Gerichtsurteile fällte. Sie traten in Darbietungen für Eingeweihte auf und wurden von einem Ältesten bewegt.*

▲ Puppe, Ogoni (Nigeria), Privatsammlung.

Wohnkultur

Dogon
Nankani
Kumasi
Abomey
Tamberma und Somba
Fali
Musgum
Kraal
Großstadt

◄ Speichertür,
Senufo (Elfenbeinküste),
Privatsammlung.

»Aus der Vogelperspektive ist das Dorf das Abbild des Hauses des Ahnherrn mit achtzig Nischen und der großen Totendecke mit ihren schwarzen und weißen Vierecken.« (Marcel Griaule)

Dogon

Völker
Dogon

Verbreitung
Westafrika: Mali

Hauptmerkmale
Anthropomorpher Grundriss des Dorfes, Wohnhäuser, Haus des Ältestenrates *togu na*

Verwandte Stichworte
»Speicher reiner Erde«, *Nommo*-Genien, Ackerbau, Tanz

Das Dorf lässt sich in verschiedene Bereiche unterscheiden: Es gibt einige öffentliche Bereiche (Markt, Dorfplatz) und andere, die in irgendeiner Weise bestimmten Gruppen vorbehalten sind (Versammlungsorte der Männer, der Aufbewahrungsort für die Masken der Männervereinigung *Awa*, die Häuser für die menstruierenden Frauen usw.). Ferner gibt es Altarstandorte, den Friedhof, die Schmiede, die Brennöfen für das Geschirr und die Müllhalde. Grundsätzlich folgt die Anordnung dieser Plätze und Bauten einem anthropomorphen Prinzip, das die verschiedenen Partien des menschlichen Körpers in sich vereint und an die Mythologie anknüpft, insofern als dass die räumliche Organisation auch auf die Vorkommnisse am Anfang der Zeiten verweist. Demzufolge müsste sich das Dorf von Norden nach Süden wie der Leib eines flach auf dem Rücken liegenden Menschen erstrecken: Das Haus des Ältestenrates *togu na* stellt den Kopf, die Häuser der menstruierenden Frauen stellen die Hände, die großen Familienhäuser *ginna* Brust und Bauch sowie die Gemeinschaftsaltäre die Füße dar. Weil aber das Siedlungsgebiet der Dogon uneinheitlich ist, hängen die tatsächlichen Grundrisse der Dörfer mit den Gegebenheiten des Geländes und der Geschichte zusammen, zu deren Deutung die Mythologie rückwirkend herangezogen wird, um die Vorkommnisse in eine kohärente Ordnung zu bringen.

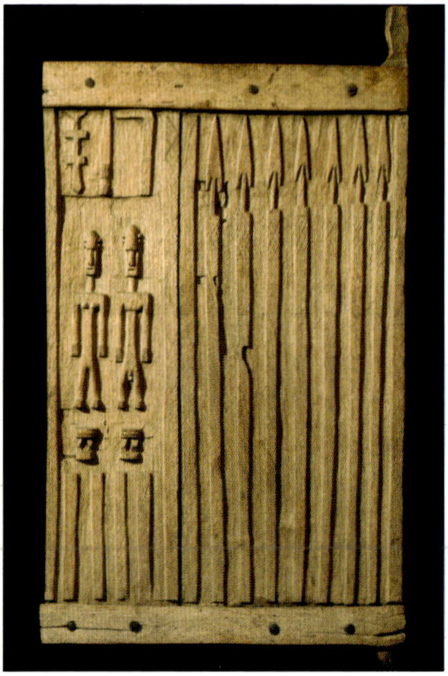

► Türflügel eines Getreidespeichers, Dogon (Mali).

Banani bestand ursprünglich aus vier Siedlungen, die auf einen gemeinsamen Ahn zurückgehen. Die Dogon errichteten ihre Dörfer zu Verteidigungszwecken an den Abhängen des Kliffs von Bandiagara, wohin sie sich vor den Angriffen der Mossi geflüchtet hatten. Mit der Ankunft der Franzosen und der Befriedung der Gegend entstanden neue Dörfer auch in der Ebene.

Die Wohnhäuser sind mit Mauern bewehrt. Die Wohnräume und Speicher öffnen sich zu einem zentralen Hof, wo Gerätschaften und Hausrat aufbewahrt und die Speisen zubereitet werden. Küche und Schlafräume befinden sich ebenerdig, über eine Leiter gelangt man in das obere Stockwerk (mit weiteren Kammern und Abstellräumen) und auf die Terrasse, wo die Feldfrüchte zum Trocknen ausgelegt werden. Die Anzahl der Schlafräume und Speicher hängt von der Zahl der Ehefrauen eines Mannes ab.

▲ Ansicht des Dorfes Banani, Dogon (Mali).

Das einige Meter hohe Dach des togu na *besteht aus mehreren Lagen von Hirsestängeln, die den Bau vor Sonneneinstrahlung sicher schützen. Da das Material schnell verrottet, muss es periodisch erneuert werden, eine Aufgabe, die die Mitarbeit aller Dorfbewohner, aber auch die Hilfe der Nachbardörfer verlangt.*

Charakteristisches Merkmal aller togu na *ist die geringe Höhe des Innenraums, in dem die Männer sich nur im Sitzen aufhalten können. Dafür gibt es den Dogon zufolge verschiedene Gründe. Zum einen bietet ein solches Konstrukt Schutz vor feindlichen berittenen Kriegern (die nicht in den Unterschlupf eindringen können), außerdem schützt es vor Sonne und Hitze, und nicht zuletzt begünstigt es die Erfüllung einer Weisheit, die da lautet: »Man kämpft im Stehen, aber man streitet niemals im Sitzen«.*

Die Pfeiler und Mäuerchen aus Holz, Stein und banco *(frz. Bezeichnung für einen Mörtel aus Ton, Stroh und Wasser) sind mit symbolischen Darstellungen versehen. Obwohl den Frauen der Zutritt zum* togu na *verwehrt ist, sind sie in den zahlreichen figürlichen Verweisen auf die Fruchtbarkeit symbolisch anwesend.*

Das togu na *(»Großer Unterschlupf« oder »Unterschlupf der Mutter«) ist der Ort des »sitzenden Wortes«, des besonnenen Gesprächs unter Männern. Das von Weitem sichtbare Haus stellt den »Kopf« des Dorfes dar und wird als erstes Gebäude errichtet, wenn ein neues Dorf begründet wird. Hier treffen die Dorfältesten die Entscheidungen über die öffentlichen Angelegenheiten und fällen Gerichtsurteile. In den Dörfern des Kliffs von Bandiagara dienen sie außerdem zu Verteidigungszwecken als Observierungspunkt.*

▲ Haus des Ältestenrats *togu na*, Dorf Banani, Dogon (Mali).

Nach den Worten des Greises Ogotêmmeli »[stellt] die Fassade mit den acht Reihen zu je zehn Nischen [...] die acht Ahnen und ihre Nachkommenschaft dar, die so zahlreich ist wie die Finger ihrer Hände«. Die Nischen sind die Unterkünfte der Ahnen, die sie in der Reihenfolge ihrer Geburt einnehmen, wenn man in der obersten Reihe beginnt.

Die Fassade mit ihrem Schachmuster ist das Symbol der »Totendecke aus acht Bahnen schwarzer und weißer Vierecke, die selbst wieder die umgrenzten und urbar gemachten Felder darstellt«, und verweist auf die große, »mehrstöckiges Haus« genannte sirige*-Maske, die die architektonische Form der Dogon-Häuser nachbildet.*

Die Säulchen auf dem First der Mauer sind die Ahnenaltäre. Normalerweise müssen es acht Säulchen sein, je nach Breite des Hauses kann ihre Zahl aber auch darüber oder darunter liegen.

Die Räume sind entsprechend dem anthropomorphen Modell symbolisch in männlich und weiblich getrennt: Die Außentür stellt das männliche Geschlecht dar, das große Mittelzimmer und die seitlichen Kammern stellen die Frau dar, die mit weit gestreckten Armen auf dem Rücken liegt, bereit zur Vereinigung.

▲ Familienhaus *ginna*, Sangha, Dogon (Mali).

Das Pferd ist eine der Verkörperungen des Nommo. *In dieser Gestalt zog der Genius die Welt-Arche nach seiner Ankunft auf der Erde hinter sich her.*

Die verschiedenen Figuren dieses togu na *sind vermutlich Bestandteil eines größeren Komplexes von Verweisen auf die* dama*-Zeremonie, mithilfe derer die Seelen der Verstorbenen vom Dorf weg in das Land der Ahnen geführt werden.*

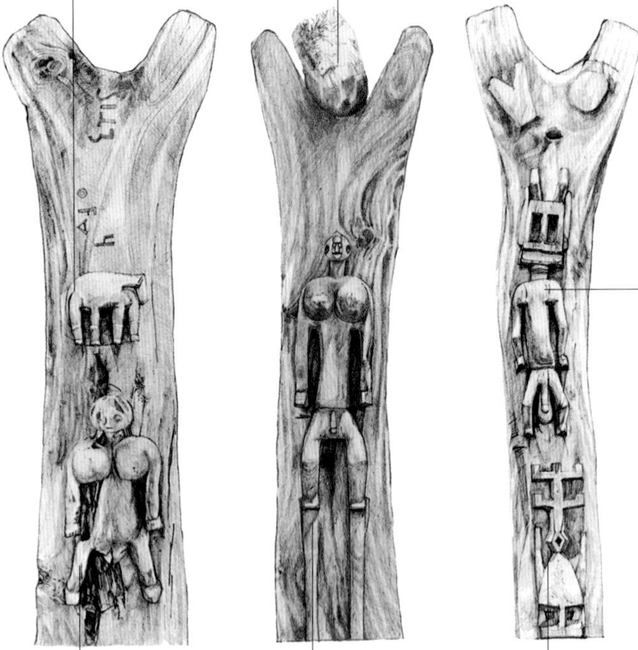

Darstellung der Maske valu: *Dabei handelt es sich um die Antilope, die die Dogon-Jäger töteten und für deren Lebensenergie* nyama *sich ebendiese Maske als Platz anbietet, wo sie sich sammeln und zur Ruhe kommen kann.*

Maske auf Stelzen.

Darstellung einer Fulbe-Frau mit besonders deutlich herausgearbeiteten weiblichen Geschlechtsmerkmalen. Die Fulbe (die in dieser Gegend Peul genannt werden) sind seit Urgedenken die Feinde der Dogon.

Darstellung einer kanaga*-Maske, deren charakteristisches Merkmal der hohe Aufbau in Form eines lothringischen Kreuzes ist. Es symbolisiert den Schöpfergott, der mit einer Hand in den Himmel und mit der anderen auf die Erde weist. Folglich hat es für jede Initiationsstufe der Maskenvereinigung* Awa *eine eigene Bedeutung.*

▲ Darstellungen auf den Pfeilern des Hauses *togu na* in Seddourou, Dogon (Mali), Abbildung aus: Spini/Spini 2003, S. 190.

»Wenn du einem Kind hilfst, auf den Baum zu klettern, werden alle etwas von den Früchten haben.« (Sprichwort der Nankani, Ghana))

Nankani

Völker
Nankani, Kassena

Verbreitung
Westafrika: Ghana, Burkina Faso

Hauptmerkmale
Separate Räume für Männer und Frauen, Wehr- und Wohnbauten, Wandmalereien

Verwandte Stichworte
Gurvölker

Die Nankani leben zu beiden Seiten der Grenze zwischen Ghana und Burkina Faso in verstreuten Siedlungen, bestehend aus Familiengehöften, die von bewirtschafteten Feldern umgeben sind. Auffallend ist der wehrhafte Charakter der Architektur: eine kreisrunde Anordnung der Wohneinheiten mit Mauern dazwischen, die so eine durchgehende Wehrmauer bilden, in der es nur einen Durchlass gibt. Die im Innern durch ein schenkelhohes Mäuerchen geschützten Hauseingänge liegen dem Dorfeingang gegenüber, sodass ein Angreifer vom Hausinneren (für diesen unsichtbar) angegriffen werden kann. Gehöft und Außengelände werden symbolisch in einen männlichen Bereich (das Areal um das Gehöft und der Viehplatz direkt hinter dem Eingang) und in einen weiblichen Bereich (der hintere Teil des Gehöfts mit den Wohnhäusern) unterschieden. Die runde Form der Wohnhäuser der Frauen entspricht derjenigen der Gefäße, in denen die Lebensmittel aufbewahrt werden, und verweist auf die Metaphorik des weiblichen Bauches, während die Türen dieser Häuser auf die Vagina anspielen. Die Architektur und Wandbemalung der mit den Nankani nah verwandten Volksgruppen Kassena oder Nuna weisen bei aller Ähnlichkeit jeweils spezifische Eigenheiten auf.

▼ Bemaltes Wohnhaus, Kassena (Ghana).

In den trockenen Savannenzonen dienen die Terrassen außer zu Verteidigungszwecken auch zum Trocknen von Lebensmitteln.

Die Wohnhäuser sind ein Gemeinschaftswerk von Männern und Frauen: Während die Männer die Maurerarbeiten verrichten, kümmern sich die Frauen um die Bemalung der Wände im Innen- und im Außenbereich.

▲ Terrassen auf den Wohnhäusern eines Familiengehöfts, Nankani (Burkina Faso).

Die Dreiecksmotive werden »gefeilte Zähne« genannt, wenn sie auf der Spitze stehen, und »Taubenhals«, wenn die Spitze nach oben weist.

Das Muster aus senkrecht angeordneten Rauten erinnert an das Netz, in dem die Frauen die Kalebassen übereinanderstapeln und das im Haus aufgehängt ist. Wenn die Frau des Hauses stirbt, werden die Kalebassen zerschlagen und auf diese Weise die Seele der Frau befreit.

Der geometrisch-lineare Wandschmuck basiert auf einem Hell-Dunkel-Kontrast und besteht aus mehreren übereinanderliegenden horizontalen Schichten, deren Abfolge bei den Kassena der Anordnung der Pflanzen in den bewirtschafteten Feldern entspricht. Die theoretisch endlose kreisförmige Motivfolge wird mit der Schlange assoziiert, die sich selbst in den Schwanz beißt und die Langlebigkeit der Familie begünstigt.

▲ Außenansicht eines Wohnhauses der Nankani (Burkina Faso).

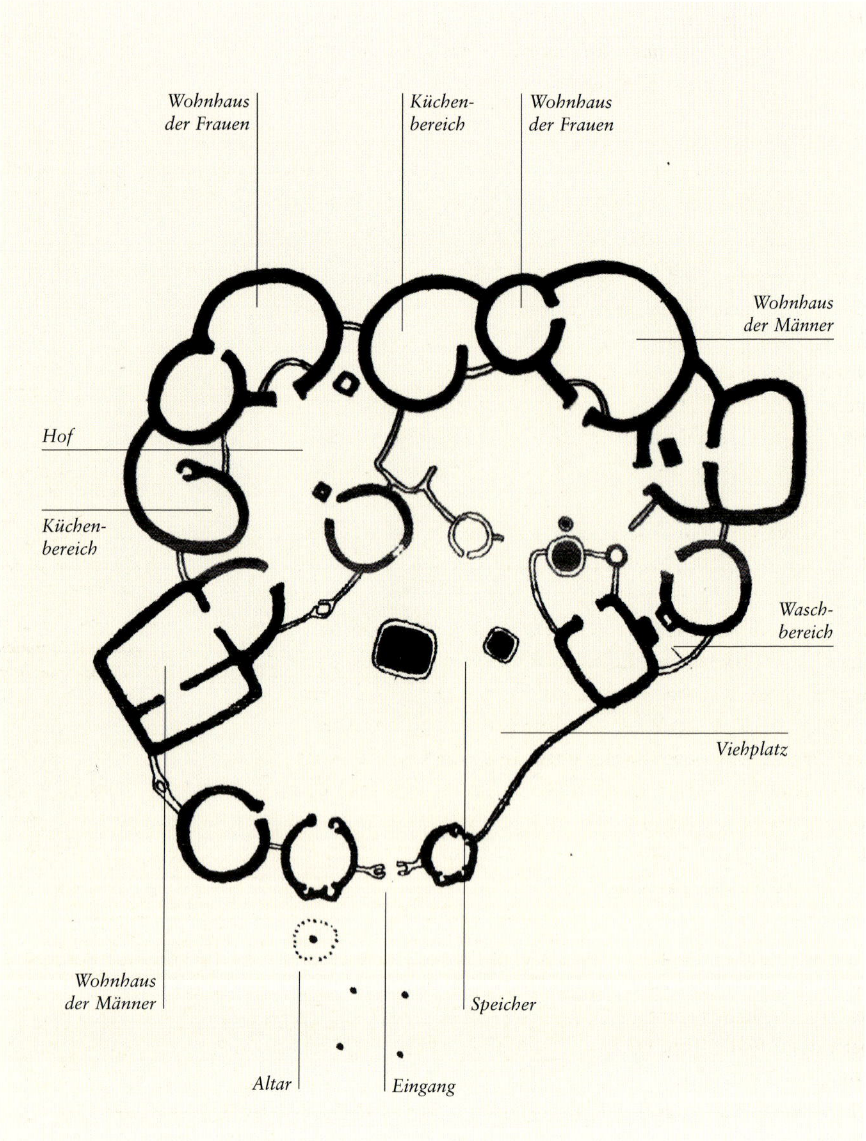

▲ Grundriss eines Familiengehöfts der Nankani (Burkina Faso), Abbildung nach: Visona Blackmun u.a. 2001, S. 164.

»Heute [...] führte man uns in einen großen Hof, wo der König, umgeben mit unzähligen Machtinsignien [...] am Ende von zwei langen Reihen von Ratgebern, Häuptlingen und Heerführern saß.« (E.T. Bowdich)

Kumasi

Völker
Ashanti

Verbreitung
Westafrika: Ghana

Hauptmerkmale
Hauptstadt des Ashanti-Reiches, Heiligtümer, Wohnhäuser, dekorative und symbolische Muster

Verwandte Stichworte
Akan, Traditionelle Religionen, Islam

Kumasi, die Hauptstadt des Ashanti-Reiches, war im 18. und 19. Jh. ein bedeutendes Handelszentrum und beteiligte sich am Transsaharahandel sowie am Handel mit den europäischen Niederlassungen an der Küste. Im 17. Jh. hatten die Ashanti die südlich gelegenen Königreiche Denkyira und Akwamu unterworfen und deren Organisationsform samt Verwaltungspersonal übernommen. Um 1750 wurden unter Ashantene Osei Kwadwo Maßnahmen ergriffen, mit denen die Kontrolle der Hauptstadt über alle Völkerschaften des Reiches ausgeweitet wurde: Das Reichsgebiet wurde in Verwaltungseinheiten unterteilt und diese adligen Gouverneuren aus Kumasi unterstellt, die niedere Beamte in Dienst nahmen. Außerdem wurden der Goldabbau und der Handel mit Elfenbein und Kolanüssen strengeren Kontrollen unterzogen. Eine Staatskasse wurde eingerichtet und dafür schreibkundiges muslimisches Personal verpflichtet. Die Wohnhäuser von Kumasi waren zweistöckig, einige Straßen bis zu 100 Meter breit. Häufig wüteten in der Stadt Gewalt und Feuer infolge der Kämpfe um die Macht und die nicht immer regelmäßig eintreffenden Nahrungsmittellieferungen aus dem Umland. Der Marktplatz, wo Paraden und offizielle Zeremonien abgehalten wurden, befand sich in der Nähe der königlichen Residenz. Überall in der Stadt standen Kanzeln, auf denen der König und sein Tross aus hohen Beamten anlässlich seiner öffentlichen Auftritte Platz nahm.

▼ Blick in das *Abirim*-Heiligtum, Ashanti (Ghana).

Der Ursprung dieses Fassadenzierrats bei den Ashanti ist unbekannt, sicher ist nur, dass er sich im 19. Jh. großer Beliebtheit erfreute. Viele der Motive scheinen keine Bedeutung zu haben – oder haben sie verloren –, und wenn, dann war sie wohl nicht über die höfischen Kreise hinaus bekannt. Das Rautenmuster wird für gewöhnlich als Spiegel, die Zickzacklinien als »sich schlängelnde Schlangen« interpretiert. Vielleicht waren die Dekorationen von islamischen Inschriften inspiriert, die auf Gegenständen prangten, die muslimische Kaufleute nach Kumasi brachten.

Die Mauern wurden aus Lehm auf einem Flechtwerk aus Bambusrohren und Holz errichtet, mit Gips verputzt und anschließend bemalt (im Laufe des 20. Jh.s ersetzte Zement die traditionellen Baustoffe). Heiligtümer, die den Altar einer Gottheit beherbergen, unterscheiden sich äußerlich von Wohnhäusern durch die Reliefs an den Wänden, die starke Tiere wie Krokodil oder Löwe darstellen.

▲ Heiligtum *Abosomfie*, Ashanti (Ghana).

Auf dem Areal des Heiligtums befinden sich zwei Höfe, der eine dient als Aufenthaltsort für die Priester, der andere für die Abhaltung von Zeremonien. Letzterer wird an drei Seiten durch Gebäude begrenzt, in denen die Priester, Musiker und Gläubigen Platz finden und die sich zum Hof hin öffnen. An der vierten Seite erhebt sich die reich dekorierte Fassade des Gebäudes, in dem der Altar untergebracht ist.

Gewöhnliche Wohnhäuser besitzen nur einen Innenhof, große haben drei oder vier. Die Residenz des Ashantene hatte dagegen zehn oder sogar zwölf Innenhöfe, deren Mauern reich verziert und durch Tordurchgänge miteinander verbunden waren. Der 1822 erbaute »Steinpalast« des Ashanti-Königs nahm sich die europäischen Forts zum Vorbild. Die Säulen wurden vermutlich von europäischen Bauten, die Mauerdurchbrüche von nordafrikanischen Gebäuden inspiriert.

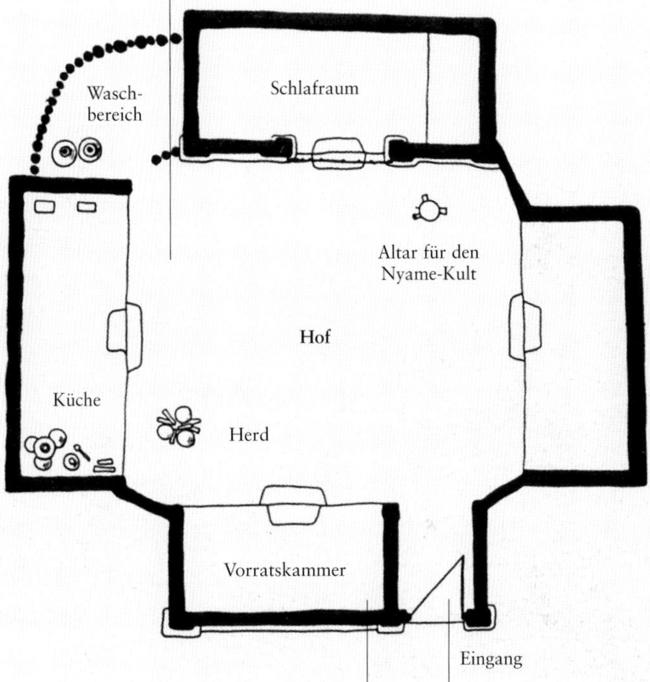

Das typische Ashanti-Wohnhaus besteht aus vier um einen Hof angeordneten Gebäuden. Charakteristisch hierbei ist, dass häufig die hofseitigen Mauern fehlen. Verschiedentlich sind diese Häuser zwei oder drei Stockwerke hoch und beherbergen bis zu 80 Personen. An der straßenseitigen Außenmauer befinden sich manchmal Verkaufsstände oder Läden, zuweilen auch eine Terrasse, zu der man von der Straße über einige Stufen gelangt.

Die Eingangstür des Wohnhauses befindet sich nicht in der Hauptfassade des Wohnhauses, sondern zu einer der beiden Seiten an einer Nebenstraße, damit die Intimität der Privatsphäre gewahrt bleibt. Im Hof finden die innerfamiliären Tätigkeiten statt: Hier wird gekocht, gegessen, geredet und ernsthaft über gemeinschaftliche Belange diskutiert.

▲ Grundriss eines traditionellen Wohnhauses der Ashanti (Ghana), Abbildung aus: Oliver 1975, S. 155.

▲ Querschnitt eines traditionellen Wohnhauses der Ashanti (Ghana), Abbildung aus: Oliver 1975, S. 155.

»Das unerschrockene Messer gebar den Kriegsgott Gu, und so ging die Blutrache weiter.« (Sprichwort der Fon, bezogen auf ihren König Glele, Benin)

Abomey

Im Zentrum von Abomey, der Hauptstadt des Königreichs der Fon, genannt Dahomey, stand von hohen Mauern umgeben der Königspalast. Auf dem Hof diesem gegenüber wurde Markt abgehalten und befand sich der Tempel des Leoparden (das Tier galt als Alter Ego des Königs). Darum herum erstreckten sich die Viertel der Königsstadt, die von einer fünf Meter hohen Mauer mit einigen großen hölzernen Stadttoren umgeben war. Hier waren die Ehefrauen des Königs, die königliche Garde der Amazonen, die Zünfte der Hofhandwerker und die Sklaven einquartiert. Auf der anderen Seite der Mauer standen die Paläste der Prinzen und ihrer Sippen. Vom Königspalast führten Straßen sternförmig durch Abomey in Richtung von Allada, der Heimatstadt der Herrscherdynastie, und von Kana, wo sich die königliche Landresidenz befand. Die räumliche Ausdehnung des Königspalasts spiegelt eine Politik wider, die auf territoriale Expansion und Eroberung abzielte; das wird aus der Überlieferung sehr deutlich, wonach König Agadja (1708–40) die Entfernung, die seinen Palast von der Küste trennte, mit 23.502 Bambusstangen zu fünf Metern Länge ausmessen ließ. Selbst die Architektur des Palasts gehorcht diesem Expansionsstreben und schreibt die Zeit der dynastischen Abfolge in den Raum ein. Tatsächlich war jeder neue König verpflichtet, die Politik der Ausweitung der Grenzen des Vorgängers fortzuführen und eine eigene Residenz westlich von der Residenz des verstorbenen Königs zu bauen.

Völker
Fon

Verbreitung
Westafrika: Benin

Geschichte
17.–19. Jh.: Königreich Dahomey

Hauptmerkmale
Königreich Dahomey, Königspalast, Flachreliefs, dynastische Raum-Zeit-Ausdehnung

Verwandte Stichworte
Jäger und Krieger, Vodun, Asen

▼ König Béhanzin von Abomey mit seinen Frauen und Ministern (Benin), 2005.

Die Flachreliefs sind in Nischen in den Mauern und Pfeilern des Königspalasts von Abomey eingelassen. Sie werden aus der besonders elastischen und wasserundurchlässigen Erde von Termitenhügeln unter Beimischung von Palmöl modelliert. Der Überlieferung zufolge gehen diese Flachreliefs auf die Herrschaft des Königs Agadja (1708–40) zurück. Pferd und Löwe sind die Machtinsignien des Königs Glele (1858–89).

Normalerweise erscheinen die Flachreliefs in Dreiergruppen übereinander und behandeln verschiedene Themen: Das untere verweist auf den König als Eigentümer des Palasts mittels eines seiner »Kraft-Namen« (das sind Bezeichnungen, die das Schicksal des Königs beschreiben, wie es im Orakelritual Fa *vorherbestimmt wurde), das mittlere stellt eine Kriegs- und Eroberungsszene dar, das obere ist den Ahnen und Schutzgöttern des Herrscherhauses geweiht.*

Das Königreich der Fon entstand im Laufe des 17. Jh.s. Im 18. Jh. dehnte es sein Herrschaftsgebiet bis an die Küste aus und beteiligte sich am Sklavenhandel. Es erreichte seine Blütezeit im 19. Jh. unter König Guezo (1818–58) und stellte unter dem Druck der weltweiten Bewegung für die Abschaffung der Sklaverei die Wirtschaft teilweise auf Landwirtschaft um. Frankreich konnte das Fon-Reich 1892 unter König Béhanzin trotz erbitterten Widerstands unterwerfen.

▲ Flachreliefs des Königspalastes von Abomey, Fon (Benin).

Das 15 Meter hohe rote Stoffzelt war mit Applikationen verziert, die u.a. Stier-, Menschen- und Totenköpfe darstellten. Unter dem Zelt nahmen der König und sein Hofstaat Platz.

Eine Prozession von 6.000 Trägern zog vom Markt zum Palast und führte dem Volk den königlichen Schatz vor.

Die großen Sonnenschirme, die auf dem ganzen Areal zu sehen sind, verweisen auf die Präsenz hoher Würdenträger und Oberhäupter.

▲ Frederick E. Forbes, Stich mit der Darstellung einer Prozession vor dem Pavillon des Königs von Abomey (Benin), 1851.

Palast von König Guezo

A *Außenhof;* **B** *Residenz des Königs mit zwei Räumen im 1. Stock, die ausschließlich dem König und seinen Ehefrauen vorbehalten waren; in einem anderen Gebäude in der Nähe empfing der König seine Gäste;* **C** *Tempel des Innenhofes* **(D)**, *von dem aus der König in Begleitung von Würdenträgern den Tänzen assistierte, die ihm zu Ehren im Außenhof aufgeführt wurden;* **D** *Innenhof, bestimmt für feierliche Empfänge und den Ahnenkult;* **E** *Dreiteiliges Gebäude: Der östliche Teil wurde von der Aufseherin des Innenhofs bewohnt, westlich befand sich das Zimmer, in dem der König aß und schlief; im großen Saal in der Mitte des Gebäudes empfing der König Familienangehörige, hohe Beamte und Ausländer von hohem Rang;* **F** *Quadratischer Altar mit Amboss (symbolisiert wegen seiner Unzerstörbarkeit die Macht des Königs, seiner Armee die nötige Schlagkraft zu verleihen); persönliche Kultstätte des Königs;* **G** *Halle der Throne; bei Zeremonien wurden die Throne der verblichenen Könige vor dem Gebäude aufgestellt, und der König setzte sich abwechselnd auf jeden von ihnen;* **H** *»Haus der Perlen«;* **I** *»Haus des Leoparden«, des Ahnen der Fonkönige.*

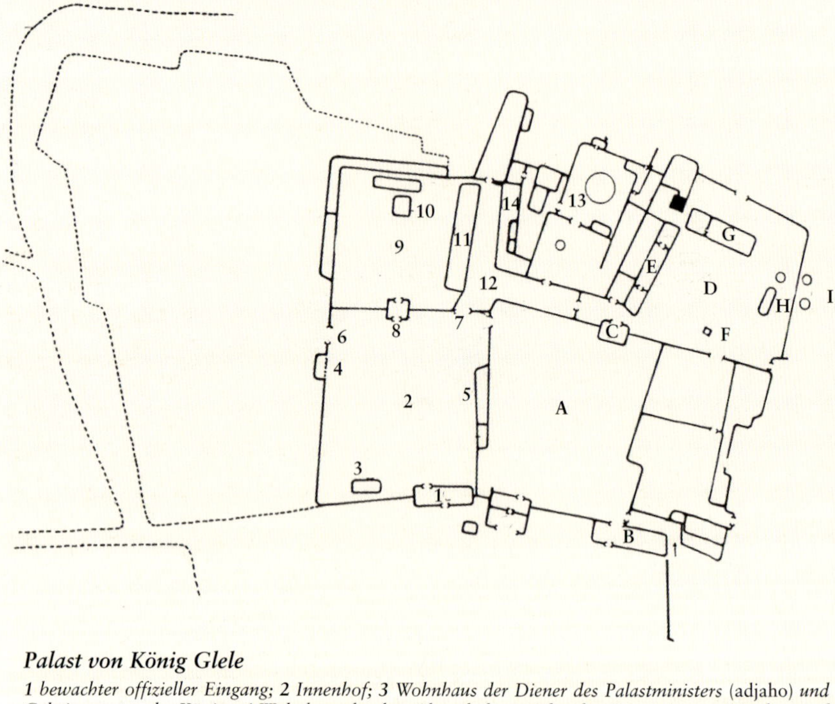

Palast von König Glele

1 *bewachter offizieller Eingang;* **2** *Innenhof;* **3** *Wohnhaus der Diener des Palastministers* (adjaho) *und Geheimagenten des Königs;* **4** *Wohnhaus der dem Ahnenkult vorstehenden Priesterinnen;* **5** *Audienzsaal für ausländische Gäste;* **6** *Durchgang zum Hof der Amazonen;* **7** *»Tor des Jenseits«, durch das die Opfergaben gereicht wurden, um sie auf dem Grab von König Glele zu deponieren;* **8** *Gebäude namens* logodo *mit Zugang zum Innenhof, wo der König mit dem Ministerrat tagte;* **9** *Innenhof;* **10** *»Haus der Perlen«; Heiligtum, das jeder neue König zu Ehren seines Vorgängers errichtete (dieses hier ließ Guezos Sohn Agoli-Ago erbauen);* **11** *Saal der Juwelen;* **12** *Bereich zwischen dem Innenhof des Palasts von Guezo und dem Innenhof des Palasts von Glele, der die Kontinuität des Reiches zwischen den beiden Herrschern repräsentiert;* **13** *Grabstätte des Königs Glele;* **14** *Haus für die Ehefrauen des Königs.*

▲ Grundriss der Paläste von König Guezo und König Glele in Abomey (Benin), Abbildung nach: Fassassi 1978, S. 136.

Betammaribe, »die Leute, die wissen, wie man baut« – so nennen sich die Tamberma und die Somba selbst.

Tamberma und Somba

Die unter dem Namen *tata* bekannten Wohnburgen sind typisch für verschiedene Volksgruppen wie die Tamberma im Norden Togos oder die Somba im Norden Benins. Mit Somba werden verschiedene Völker bezeichnet (Betiabe, Betammaribe, Besorbe), die am Fuße oder an den Abhängen der Gebirgskette Atacora siedeln. Sie flüchteten sich hierher, um den aus dem Osten vorrückenden Bariba zu entkommen, einem Kriegervolk, das im Nordosten des heutigen Benin das Königreich Borgou gründete. Das *tata* ist ein multifunktionaler Gebäudetyp, der als Wohnhaus für die Menschen, Tierstall, Getreidespeicher, Heiligtum und Wehranlage zugleich dient. Die geografische Ausrichtung des Baukomplexes und die Raumplanung gehorchen eigenen (symbolischen) Gesetzen: Die Fassade blickt nach Westen, in die Richtung, in der die Wanderung der Somba der Überlieferung nach ihren Anfang nahm; der hintere Teil des Hauses hingegen nach Osten, in die Richtung, aus der die Übel kommen, die die Gemeinschaft treffen können. Die Nord- und die Südseite haben wiederum einen geschlechtsspezifischen Bezug: Die nach Norden gelegenen Bereiche sind den Tätigkeiten der Frauen vorbehalten die nach Süden ausgerichteten Bereiche den der Männer.

Völker
Tamberma und Somba

Verbreitung
Westafrika:
Togo und Benin

Hauptmerkmale
Wohnburg

Verwandte Stichworte
Akephale Gesellschaften, Männlich und Weiblich, Ackerbau

◄ Tamberma-Frau vor ihrem Haus (Togo).

Die Zahl der Gebäude und der Türme (von drei bis neun) hängt davon ab, wie reich der Besitzer und wie groß seine Familie ist.

▲ *tata*-Wohnburg, Tamberma (Togo).

Aus Schutzgründen besitzen die Wohnburgen keine Fensteröffnungen; die Belüftung wird über ein Loch in der Decke gewährleistet, durch das der Rauch vom Herd abziehen kann.

Als Baustoff dient banco*, ein Ton-Wasser-Gemisch. Für die Kornspeicher-Turmbauten, deren Wände dünner sind, wird Termitenhügelerde mit Stroh vermischt. Die Wände werden schichtweise mit ca. 30 cm dicken Lagen* banco *hochgezogen, erreichen bis zu vier Meter Höhe und werden am Schluss mit einem Erde-Mist-Wasser-Gemisch verputzt. Um sie wasserundurchlässig zu machen, werden sie mit einer Tünche auf Karité-Butter-Basis gestrichen.*

Die kegelförmigen Dächer bestehen aus einer Holz- oder Bambusrohrkonstruktion, die mit geflochtenem Stroh oder Hirsestängeln bedeckt wird.

Auf die Dachterrassen gelangt man über Holzleitern, die an die Wand gelehnt werden und die sich bei Gefahr sofort entfernen lassen.

▲ Terrasse einer *tata*-Wohnburg, Tamberma (Togo).

Das Flachdach besteht aus einer Verstrebung aus hölzernen Querbalken und geflochtenen Lianen, die mit einer dicken Schicht banco *überdeckt wird. Die Terrasse ist eine überwiegend weibliche Domäne, wo Speisen zubereitet und Nahrungsmittel für die Vorratshaltung getrocknet werden. Hier oben befinden sich die Schlafräume und die Speicher. Letztere sind manchmal in einzelne Kompartimente unterteilt.*

»So bewegt man sich vom Menschen zum Universum und vom Universum zum Menschen; im Wohnkomplex als Ganzes wie auch in den Einzelheiten ist beides stets präsent.« (J.-P. Lebeuf)

Fali

Bei den Fali, einem kleinen Bergvolk in Nordkamerun, ergibt sich der Sinn der Organisation des Wohnraumes aus dem Netz von Verweisen, das den Mensch-Mikrokosmos mit dem Makrokosmos verbindet. Tatsächlich ging das Universum einst aus der ausgewogenen Übereinstimmung zwischen den beiden »kosmischen Eiern«, des Kröteneies (weibliches Prinzip) und des Schildkröteneies (männliches Prinzip), hervor. Die Welt entstand aus ihrem Zusammenstoß im Zentrum des Universums. Auf der Ebene der Wohnstätte schlägt sich diese generative Bewegung in der Interaktion zwischen dem gemauerten zylindrischen (weiblichen) Teil und der konischen (männlichen) Überdachung aus Balken und Stroh nieder, die sich beide in entgegengesetzter Richtung drehen. Die Anordnung der Wohnelemente wie der verschiedenen Gruppen bezieht sich auf die menschliche Gestalt. Das auch aus symbolischer Sicht wichtigste Gebäude ist der Getreidespeicher, der so hoch ist wie ein Mann und als menschlicher Körper mit Kopf, Hals, Rumpf und unteren Gliedmaßen (die Tragsteine des Speichers) gestaltet ist.

Völker
Fali

Verbreitung
Westafrika: Kamerun

Hauptmerkmale
Kosmologische Symbolik, Anthropomorphismus, Zoomorphismus

Verwandte Stichworte
Akephale Gesellschaften, Männlich und Weiblich, Ackerbau

◄ Kalebasse, geflickt mit einer am einen Ende mit einer roten Perle verzierten Kordel, Fali (Kamerun).

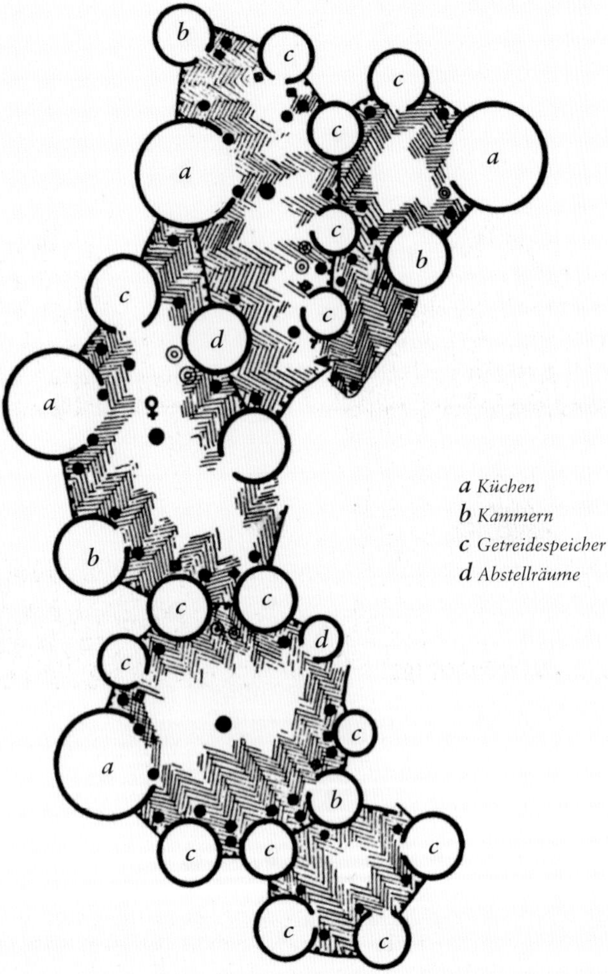

▲ Wohnstätte eines Patriarchen mit mehreren Ehefrauen, Fali (Kamerun), Abbildung aus: Guidoni 1976, S. 253.

Die Größe des Familiengehöftes und die Anzahl der Wohneinheiten hängen vom Alter des Familienoberhauptes und folglich von der Zahl der Ehefrauen und der Kinder ab: Diese nehmen naturgemäß erst einmal zu und später, wenn die Ehefrauen sterben und die Kinder heiraten, wieder ab.

Die feste Einrichtung der Schlafkammern – Lagerstätte, Konsolen, Tisch u.a. – besteht wie das Bauwerk selbst aus torchis-*Gemisch (Stroh und Lehm). Dabei sind die plastisch bearbeiteten Elemente so miteinander verbunden, dass sie den Eindruck erwecken, aus einem einzigen Block gefertigt zu sein.*

▲ Schlafkammer eines Erwachsenen, Frontseite und Schnitt, Fali (Kamerun), Abbildung aus: Guidoni 1976, S.253.

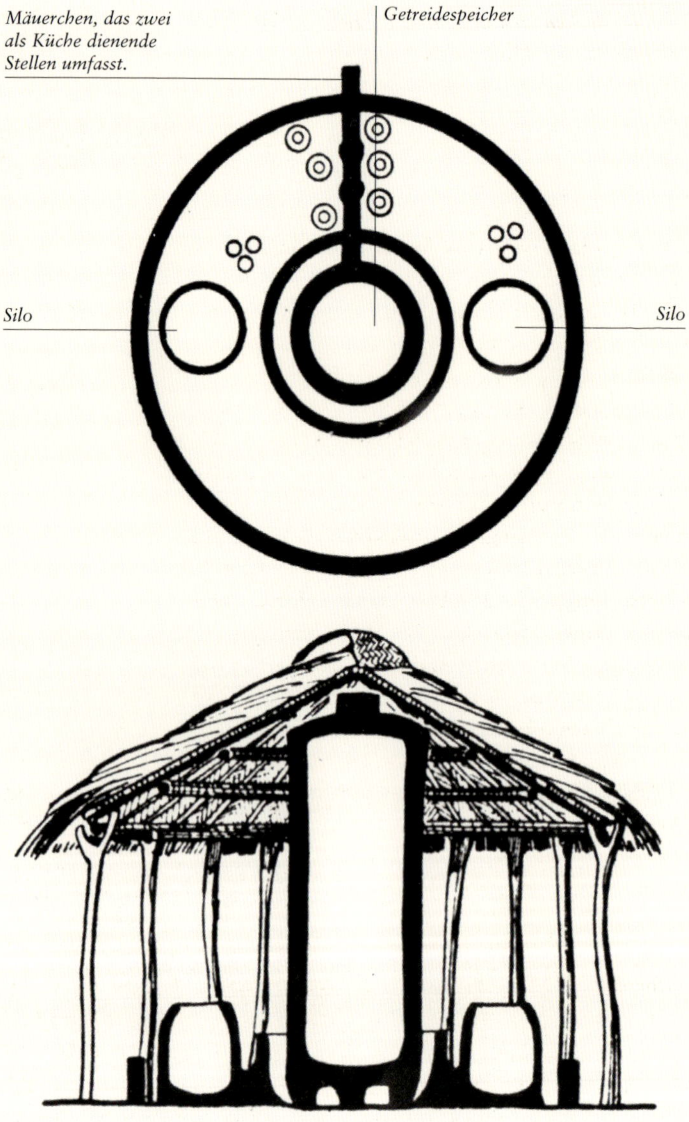

▲ Grundriss und Schnitt eines Komplexes, der den Getreidespeicher, zwei Silos und zwei als Küche dienende Stellen umfasst, Fali (Kamerun), Abbildung aus: Guidoni 1976, S. 253.

»[Ihre Häuser] sind von einer formalen Vollkommenheit, die an einen Insektenbau denken lässt oder an eine Frucht: einen Pinienzapfen oder eine Ananas.« (André Gide)

Musgum

Völker
Musgum

Verbreitung
Westafrika:
Kamerun und Tschad

Hauptmerkmale
Baukunst und
kulturelle Identität

Seit mindestens drei Jahrhunderten leben die Musgum (auch Musgu), ein Bauern- und Hirtenvolk, am unteren Logone im Grenzgebiet zwischen Kamerun und Tschad. Ihre Wohnstätten *(tòlék)* – Kegelbauten aus Lehmziegeln mit Strohbeimengung *(torchis)* – sind sechs bis 15 Meter hoch und haben einen Durchmesser von fünf bis zehn Metern. In den geschlossenen, mehrere Häuser umfassenden Wohnkomplexen leben stets mehrere Generationen einer Großfamilie zusammen. Nachdem diese Bauweise infolge der französischen Kolonialherrschaft in den 1930er-Jahren stark zurückging, ja fast zu verschwinden drohte, konnte man in den letzten Jahren eine Wiederbelebung feststellen: als Rückbesinnung der lokalen Bevölkerung auf ihre Traditionen und um Touristen anzulocken. Eine Aufwertung, zu der auch der französische Schriftsteller André Gide mit einer Passage in *Kongoreise. Rückkehr aus dem Tschad* beitrug, in der er die Schönheit dieser Bauten rühmte: Die Konstruktionen seien so vollkommen, dass sie Naturwerken glichen; bar jeder überflüssigen Ornamentik (die Vorsprünge ermöglichen ein Erklettern des Kegelrückens für etwaige Ausbesserungen), als folgten sie einer mathematischen Unumgänglichkeit; wie Tongefäße gestaltet, mit einer Öffnung an der Spitze, durch die Licht fallen kann.

▼ Wohnstätten der Musgum in Kamerun.

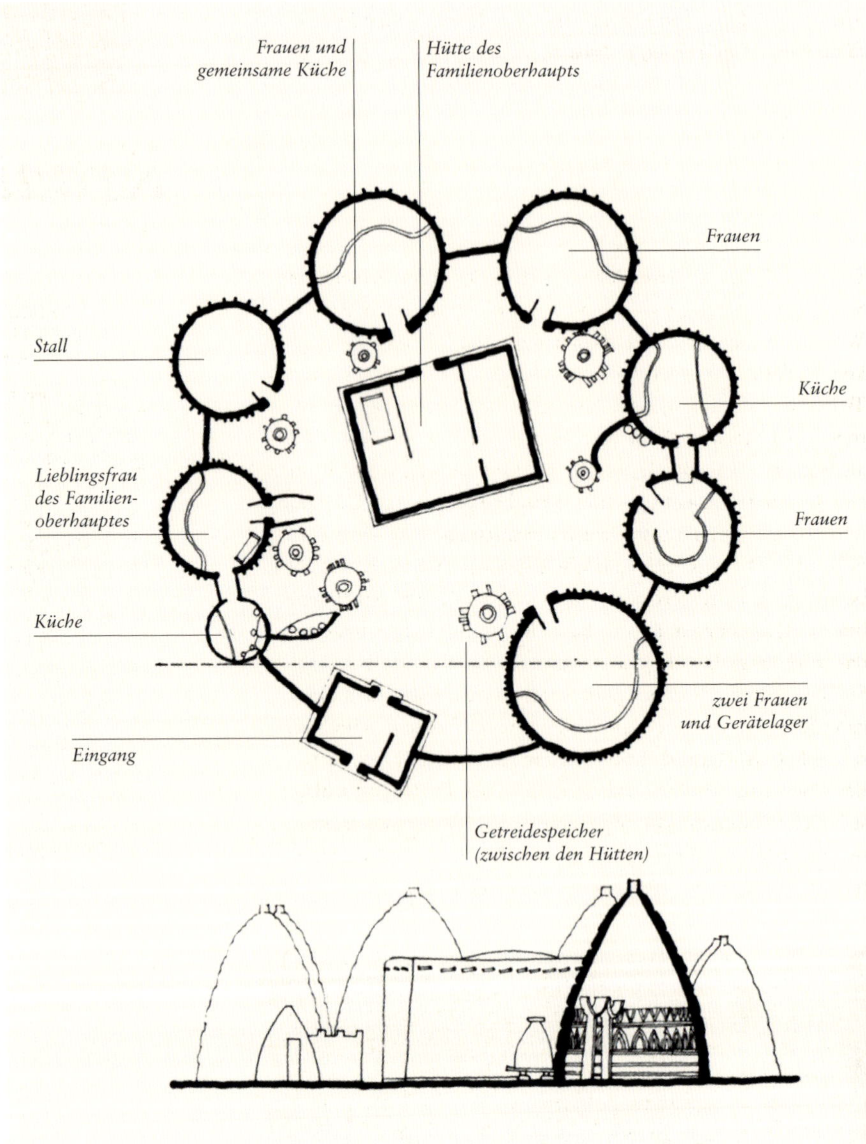

▲ Grundriss und Schnitt eines Familiengehöfts, Musgum (Kamerun), Abbildung aus: Guidoni 1976, S. 256.

»In ein und demselben Kraal haben zwei Türme keinen Platz.« (Sprichwort der Tswana, Botswana)

Kraal

Verbreitung
Ost- und Südliches Afrika

Hauptmerkmale
Ringsiedlung, strenge Unterscheidung der Bereiche von Mensch und Tier

Verwandte Stichworte
Masai, Nguni, Viehzucht

Die allen Viehzucht betreibenden Völkern Ostafrikas gemeinsame Siedlungsform ist die große Rundlingssiedlung aus einem Ring von Wohnstätten mit einem Viehpferch in der Mitte. Diese Siedlungen können dauerhaft angelegt sein (wie bei den Ackerbau treibenden Tsonga in Mosambik), halbdauerhaft (z. B. bei den Rinderzucht treibenden Masai in Tansania) oder transportabel sein (wie bei den als Nomaden lebenden Zulu). Die ringförmige Anlage mit einem einzigen Eingang dient eindeutig Verteidigungszwecken. Die Differenzierung in getrennte Bereiche für Mensch und Tier hängt ebenfalls mit der Unterscheidung in noble Orte (sauber, vom Menschen bewohnt) und Orte niederen Ranges (schmutzig, wo Vieh untergebracht ist) zusammen. Bei den Ba-ila im Süden Sambias besteht das Dorf aus mehreren Häuserringen, die jeweils von einer Großfamilie mit ihrem Vieh bewohnt werden; direkt hinter dem Eingang liegt der Viehpferch, die Wohnstätten befinden sich im hinteren Teil der Anlage. Der Übergang von außen nach innen, von Bereichen niederen Ranges zu Bereichen höheren Ranges, schlägt sich architektonisch in der Zunahme der Größe der Konstruktionen nieder: Am Eingang stehen kleine Vorratskammern, im hintersten Teil die größte Hütte des Familienoberhauptes.

◀ Dorf in Kwazulu-Natal, Südafrika.

Bei den Zulu ordnet sich der bebaute Raum in den erhöhten, nach Westen gelegenen zentralen Bereich – für das Familienoberhaupt, seine Mutter und seine Kinder, die Ahnen und das Vieh (andere Frauen haben hier keinen Zutritt) – und den tiefer liegenden, nach Osten gelegenen Randbereich, wo die Ehefrauen leben. Die Wohnstätten der Frauen sind hufeisenförmig angeordnet, wobei rechter Hand diejenigen mit höherem Status untergebracht sind.

Die Kuppelhütten sind aus Zweigen, Lehm und Mist gebaut.

Die Organisation eines Kraals (auch Kral) verändert sich im Laufe der Zeit: Die Kinder wachsen, gründen ihre eigene Familie, und jede Hütte im Außenbereich kann ihrerseits zum Zentrum eines neuen Kraals werden. Grundsätzlich bleibt zwar das ursprüngliche Zentrum der einigende Mittelpunkt der Siedlung, faktisch aber erlangen die neuen Kraale mit dem Tod des Familienoberhauptes eine größere Autonomie.

▲ George French Angas, Lithografie mit der Darstellung eines Kraals der Zulu bei Umlazi (Südafrika), Abbildung aus: *The Kafirs illustrated*, 1849.

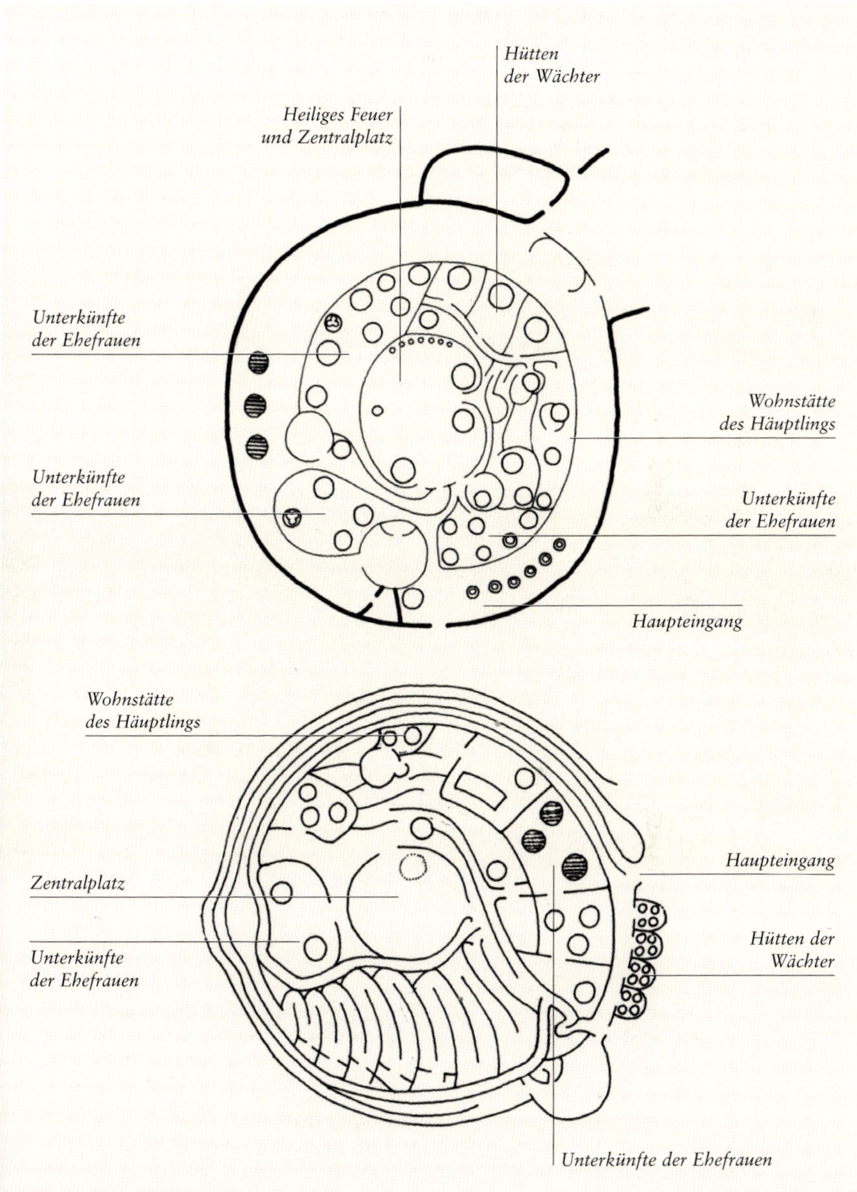

▲ Schematische Grundrisse zweier »labyrinthischer« Kraale, Ambo (Namibia), Abbildung aus: Guidoni 1976

Manchmal glich die Anordnung der Kraale einem Labyrinth, in dessen innerster und zugleich höchster Zone die Unterkünfte des Oberhaupts und seiner Frauen standen. Hier befanden sich auch die Heiligtümer: die Grabstätte der Ahnen und der Opferaltar. Ein Zulukönig besaß mehrere solcher Feldlager für die einzelnen Regimenter seines Heeres und residierte in aufeinanderfolgenden Zeitabschnitten in diesen Kraalen. Die in der Hauptstadt stationierten Regimenter wurden je nach Rangstufe rechts oder links vom großen zentralen Wohnhaus angeordnet (Regimenter der »rechten Hand« oder der »linken Hand«).

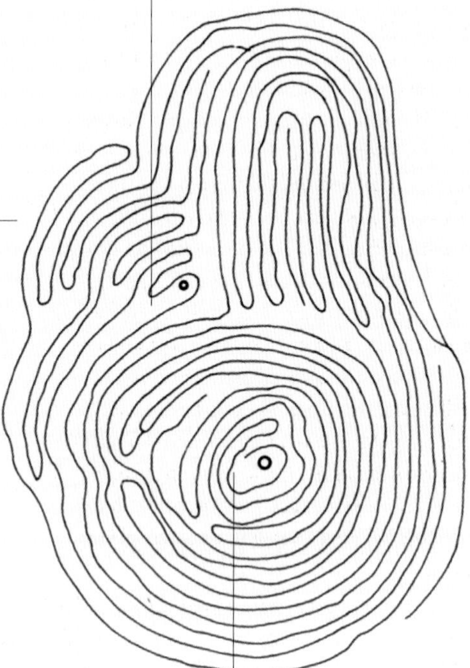

Auch bei den Masai gibt es zusätzlich zum Dorf Siedlungen mit spezifisch militärischer Funktion: Feldlager für junge Krieger, die sich nicht wesentlich von den »zivilen« Kraalen unterscheiden, außer dass bei diesen die Umzäunung fehlt.

Bei den Zulu entwickelten sich die Kraale im 19. Jh. zu regelrechten Verteidigungsanlagen, die großflächig und auf Dauer angelegt waren und von denen aus der König die eroberten Gebiete kontrollieren konnte. Hier diente der geräumige zentrale umzäunte Platz nicht der Unterbringung des Viehs, sondern als Parade- und Exerzierfeld und als Veranstaltungsort für höfische Zeremonien. Um diesen Platz waren die Hütten der Krieger und ihrer Familien in mehreren konzentrischen Kreisen angeordnet. Auf diese Weise konnte ein Kraal mehrere Tausend Einwohner haben.

▲ Einen »labyrinthischen« Kraal mit der königlichen Hütte darstellende Zeichnung, Zulu (Südafrika), Abbildung aus: Guidoni 1976, S. 96.

In der Besetzung der von den Kolonisatoren innegehabten Stellungen muss man in der Tat die erste der afrikanischen Revolutionen sehen.« (Georges Balandier)*

Großstadt

Das Bild, das wir im Westen vom traditionellen Afrika haben, ist das eines ländlichen Kontinents, dem eine städtische Komponente völlig fehlt. Tatsächlich hat Afrika auch eine urbane Tradition, wie etwa die Handelsstädte in Senegal, Gambia, Mali, Ghana und Nigeria zeigen. Wahr ist aber auch, dass die europäischen Kolonialsiedlungen in einem starken Kontrast zu den überkommenen urbanen Siedlungsformen standen und, jedenfalls vom Prinzip her, mit ihnen eine stadtplanerische Idee eingeführt wurde, die auf der Zweckmäßigkeit der geometrischen Form basierte. Viele der heutigen, chaotischen Großstädte Afrikas haben hier ihren Ursprung. Die Planung dieser Städte gehorchte natürlich mehr den Erfordernissen der Kolonialherren, denen an einer rassischen, sozioökonomischen Trennung von Schwarzen und Weißen gelegen war, als denen der lokalen Bevölkerung. Aus diesem Grund beschlossen einige Staaten nach Erlangung der Unabhängigkeit, neue Hauptstädte zu gründen, und verlegten das politische Zentrum von der Küste ins Landesinnere in dem Versuch, das Territorium nach den nationalen Erfordernissen neu zu konfigurieren und einen afrikanischen Weg in die Moderne zu finden. Das rasche Wachstum der heutigen Metropolen hat viel mit der zunehmenden Verarmung der von der Weltwirtschaft geknebelten ländlichen Gebiete zu tun. Afrikanische Großstädte sind Schmelztiegel, in denen kriminelle Gewalt, Neotribalismus, Solidarnetzwerke, Ineffizienz, Korruption, neue Ideen und Kunstformen gedeihen.

Verbreitung
Westafrika, Zentralafrika, Ostafrika, Südliches Afrika

Hauptmerkmale
Verstädterung, Kolonialerbe, Unsicherheit

Verwandte Stichworte
Kolonialära, Postkoloniale Ära, Zauberei

▼ Waffen in Kinshasa (Demokratische Republik Kongo), 1997.

Die afrikanischen Bidonvilles sind nicht nur Ausdruck eines sozialen Notstands, sie sind auch ein Beispiel kreativer und dynamischer Aneignung von Lebensraum und Material mittels Praktiken des Eigenbaus, die sich permanent verändern und an die verfügbaren Ressourcen, die Lebensgeschichten und Lebensplanung der Bewohner angepasst werden.

Lagos ist eine Megastadt mit über 10 Mio. Einwohnern, die mit einem jährlichen Bevölkerungswachstum von rund 13 Prozent ohne jeden Regulierungsplan unkontrolliert weiterwächst. Wie in vielen Megastädten der Südhalbkugel besteht ein krasser Gegensatz zwischen dem Verwaltungs- und Finanzzentrum mit seinen Hochhäusern und der Armut in den Slums. Die von einer funktionalistischen Bauweise inspirierten Modernisierungsentwürfe der Nachkriegszeit sind Werkzeuge des sozialen Wandels (bzw. sozialer Desintegration). So sind kleinflächige Wohnungen, die ursprünglich für Kleinfamilien westlichen Typs gedacht waren, für afrikanische Großfamilien völlig ungeeignet.

Lagos wurde 1917 die Hauptstadt von Nigeria, einem von den Briten geschaffenen Kolonialstaat, der mehr als 250 verschiedene Völkerschaften unter einem Banner zwangsvereinigte. Ende 1991 wurde die Hauptstadt nach Abuja verlegt: Sie entstand aus dem Nichts nach Entwürfen des japanischen Architekten Kenzo Tange und ist bis heute weitgehend im Planungszustand geblieben. Ihre geografische Lage im Landesinnern konnte die nationale Einheit nach den Wunden des Biafrakrieges besser repräsentieren und eine symbolische Zäsur zwischen der kolonialen Vergangenheit, mit der Lagos aufgrund seiner Geschichte verhaftet ist, und der Zukunft markieren.

▲ Ansicht von Lagos (Nigeria).

In diesem Werk werden die Hoffnungen und Enttäuschungen der Südafrikaner greifbar. Mit seiner Kunst setzte sich Bester zur Zeit der Apartheid für ein stärkeres Selbstbewusstsein der Schwarzen ein, danach prangerte er die Ungerechtigkeiten und den Wunsch zu vergessen an. In seinen Assemblagen findet die urbane Wirklichkeit in Form von Objets trouvés, *Material und Gegenständen aus dem Müll, Eingang.*

Im Südwesten von Johannesburg liegt Soweto (Abkürzung von South Western Township) mit rund 3,5 Mio. Einwohnern. In den 1950er-Jahren machte die Regierung von Pretoria aus dem Stadtviertel ein Getto für Schwarze, die die Mehrheit der Bevölkerung stellten. Hier lebten auch Nelson Mandela und Desmond Tutu.

Seit den 1950er-Jahren mussten alle Schwarzafrikaner in Townships und Homelands leben. Mit dem Ende der Apartheid verschwanden indes längst nicht alle sozialen Barrieren und die Mauern in den Köpfen. In Johannesburg leben die Weißen hinter hohen, von privaten Sicherheitskräften bewachten Mauern, bewegen sich nur mit dem Auto und gehen in den Shoppingmalls spazieren. Die Kriminalität hat zugenommen, viele Büros und Geschäfte im Zentrum haben geschlossen, und die Straßen sind mit ambulanten Verkäufern schwarzer Hautfarbe bevölkert.

▲ Willie Bester,
Homage to Steve Biko, 1992.

In Südafrika machen Kinder und Jugendliche bis 18 Jahre 45 Prozent der Bevölkerung aus. In einem Land mit 40 Prozent Arbeitslosigkeit und 20 Prozent HIV-positiven Erwachsenen nimmt die Anzahl der Straßenkinder und die Kinderprostitution als Folge der Armut immer weiter zu. In Johannesburg sind v.a. Kinder vom Land und Waisen davon betroffen.

Die Kinder werden nicht als Schutzbedürftige wahrgenommen (und nehmen sich selbst nicht so wahr), sondern als kleine Erwachsene, die eine immer aktivere Rolle spielen: Das ist mit den Straßenhändlern so, den Kindersoldaten, bis hin zu jungen Mädchen, die beschuldigt werden, Männer in ungebührlicher Weise zu provozieren, um sie zu entmannen. Immer häufiger werden die Konflikte zwischen den Generationen und zwischen den Geschlechtern v.a. vonseiten fundamentalistischer und pfingstlerischer Kirchen mit Begriffen aus dem Bereich der Hexerei belegt.

Mit der Armut wächst die Gewalt, und so müssen die Minderjährigen als Sündenböcke herhalten. Viele Straßenkinder in Kinshasa wurden von ihren Eltern von zu Hause vertrieben, weil die Nachbarn sie beschuldigten, Krankheiten, Unglück und Tod zu bringen. Die Kinder organisieren sich daraufhin in Banden, in denen derjenige aufsteigt, der jemanden »tötet« oder »aufisst«.

▲ Kinder, die in Rohren leben, Johannesburg (Südafrika).

Kinshasa, 1881 von Henry Morton Stanley als Léopoldville gegründet, zählte 400.000 Einwohner im Jahr 1960. Inzwischen ist die Einwohnerzahl auf 6 Mio. gestiegen und könnte sich bis 2025 auf 25 Mio. mehr als vervierfachen. Verflogen sind die Hoffnungen, die die Menschen in den 1960er-Jahren mit Kin-la-belle *(»Kin, die Schöne«) verbanden, mit bitterer Ironie nennen sie sie heute nur noch* Kin-la-poubelle *(»Kin, die Müllhalde«).*

Der 1948 geborene Bodys Isek Kingelez lebt und arbeitet in Kinshasa. Seine Architekturmodelle sind utopische Visionen einer befreiten und gerechten Stadt. Aus ihnen spricht die Sehnsucht nach einem Kinshasa, wie es hätte sein können, und sie sind ein Preislied auf die schillernde Konsumwelt, von der die Afrikaner ausgeschlossen sind.

In Kinshasa konzentrieren sich die Verwaltungs- und Wirtschaftsaktivitäten im Norden der Stadt, in der ville blanche, *der »weißen Stadt« mit ihren Hochhäusern. Im Residenzviertel Gombé am Ufer des Kongo befinden sich die Botschaften und die Villen der kongolesischen Elite und der Weißen. Im Anschluss an die verfallenden alten Stadtviertel erstrecken sich die neuen, eigenmächtig errichteten Städte, regelrechte Städte in der Stadt, mit halb ländlichem Charakter.*

▲ Bodys Isek Kingelez, *Projekt für das Kinshasa des dritten Jahrtausends*, 1997, Paris, Fondation Cartier pour l'art contemporain.

Anhang

Karte des afrikanischen Kontinents
südlich der Sahara in vorkolonialer Zeit
Chronologische Übersicht
Museen
Stichwortregister
Bibliografie
Bildnachweis

◄ Maske *kifwebe*, Songye
(Demokratische Republik Kongo),
Privatsammlung.

Karte des afrikanischen Kontinents
südlich der Sahara in vorkolonialer Zeit

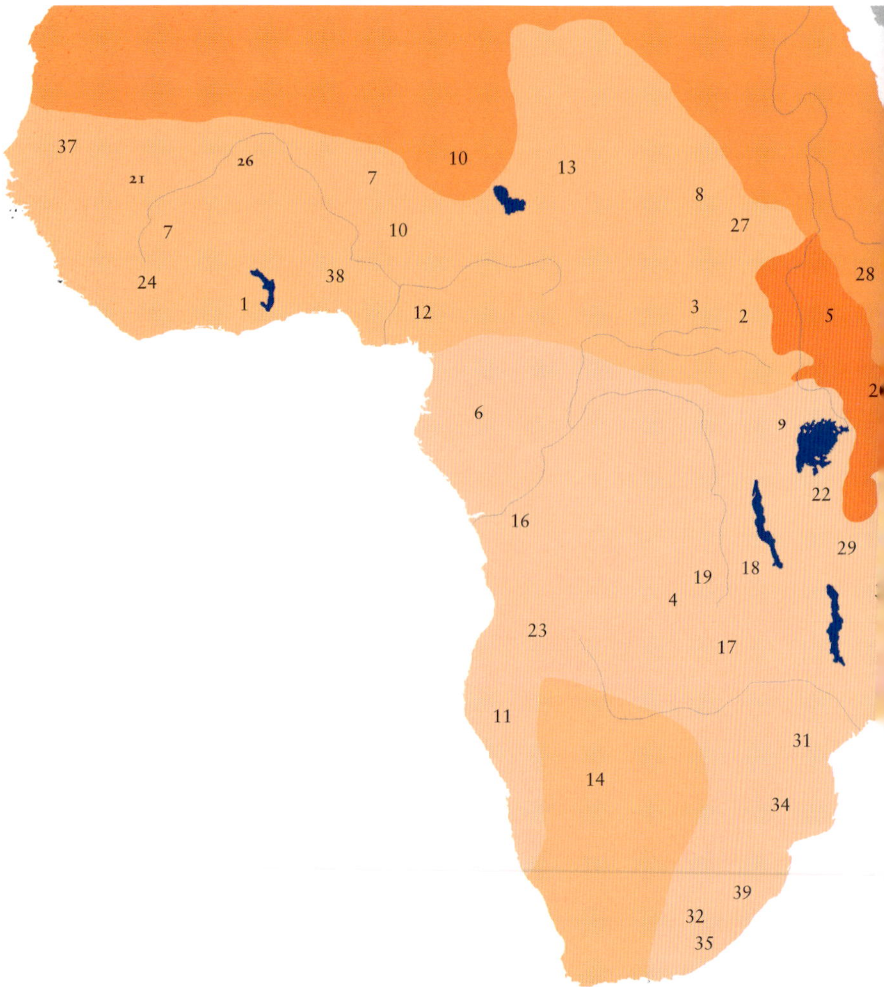

1. Akan
2. Azande (Zande)
3. Banda
4. Chokwe
5. Dinka
6. Fang
7. Fulbe
8. Fur
9. Ganda (Baganda)
10. Hausa
11. Herero
12. Igbo (Ibo)
13. Kanuri
14. Khoisan
15. Kikuyu
16. Kongo
17. Lozi
18. Luba
19. Lunda
20. Luo
21. Malinke
22. Masai
23. Mbundu
24. Mende
25. Merina
26. Mossi (Mosi)
27. Nuba
28. Nuer
29. Nyamwezi
30. Sakalava
31. Shona
32. Sotho
33. Suaheli
34. Tswana
35. Xhosa
36. Yao (Jao)
37. Wolof
38. Yoruba
39. Zulu

Chronologische Übersicht

25.000 v. Chr.: Auf diese Zeit wird die älteste Felsmalerei datiert, die zu Beginn des 20. Jh.s in Südnamibia entdeckt wurde.

6. Jh. v. Chr. – 5. Jh. n. Chr.: Nok-Kultur (Nigeria)

250 v. Chr. – 1400 n. Chr.: Djenné-Djeno (das alte Djenné in Mali) wird besiedelt und wieder aufgegeben.

um 300–1075: Gründung und Niedergang des Großreiches Ghana

9.–11. Jh.: Grabstätten und Bronzegegenstände von Igbo-Ukwu (Nigeria)

9.–15. Jh.: Terrakottaplastik von Djenné (Mali)

9.–16. Jh.: Aufstieg und Niedergang (1591) des Songhai-Reiches

12.–16. Jh.: Bronzeskulpturen von Ife (Nigeria)

13. Jh. – Anfang 16. Jh.: Gründung und Niedergang des Großreiches Mali

14. Jh.: Königreich Mamprusi

14.–15. Jh.: Blütezeit von Großsimbabwe

14.–19. Jh.: Aufstieg und Niedergang (1897) des Königreichs Benin

15.–16. Jh.: Besiedlung des Kliffs von Bandiagara (Mali) durch die Dogon

15.–17. Jh.: Aufstieg der Akan-Reiche (Ghana)

15.–17. Jh.: Ausdehnung des Kongo-Reiches

1483–1665: Portugiesische Handelsbeziehungen mit Kongo

17.–18. Jh.: Aufstieg und Blütezeit der Mossi-Reiche

1680–1830: Vorrangstellung des Yoruba-Königreichs Oyo

17. Jh. – Mitte 19. Jh.: Expansion und Niedergang des Lunda-Reiches

Ende 17. Jh. – Mitte 19. Jh.: Durchbruch und Niedergang des Luba-Reiches

17. Jh. – Ende 19. Jh.: Entstehung und Niedergang des Kuba-Reiches

18. Jh.: Vormachtstellung des Königreichs von Buganda in der Region der Großen Seen

18. Jh.: Die Baule wandern von Ghana in die Elfenbeinküste aus.

18. Jh.: Entstehung des Königreichs Merina

Anfang 18. Jh. – Anfang 19. Jh.: Aufstieg der Bamana-Königreiche Segou und Kaarta

18.–19. Jh.: Expansion des Ashanti-Reiches

18. Jh. – Ende 19. Jh.: Aufstieg und Niedergang (1892) des Fon-Reiches Dahomey

19. Jh.: Dschihad der Fulbe

19. Jh.: Kalifat von Sokoto (Nigeria)

1800–70: Einwanderung der Fang nach Gabun

1816–28: Chaka gründet die Nation der Zulu

1830–1900: Vorrangstellung des Reiches der Chokwe (Angola)

1884/85: Auf der Berliner Kongokonferenz wird die Aufteilung Afrikas unter die europäischen Mächte beschlossen.

1952–56: Mau-Mau-Aufstand gegen die britische Kolonialherrschaft

1957: Die Goldküste erlangt die Unabhängigkeit und wird in Ghana umbenannt.

1990: Nelson Mandela wird aus der Haft entlassen und der ANC (African National Congress) wieder zugelassen.

1994: Ende des Apartheidregimes in Südafrika

1994: Völkermord in Ruanda (Hutu-Milizen ermorden ca. 1 Mio. Ruander, meist Tutsi und oppositionelle Hutu)

1999: Nach jahrzehntelanger Machtausübung durch das Militär kehrt Nigeria zu einer zivilen Regierung zurück.

Museen

Abomey (Benin), Musée historique d'Abomey
www.epa-prema.net/abomey
Das 1943 von der französischen Kolonialverwaltung gegründete Museum ist in den Königspalästen von Guezo und Glele (Unesco-Welkulturerbe) untergebracht. Die ca. 1.000 Gegenstände der Sammlung gehörten zum Großteil den Monarchen des Königreichs Dahomey der Fon, und noch heute werden Throne, Waffen, Altäre und Standarten im Hofzeremoniell von der Königsfamilie verwendet. Seit 1992 umfassende Instandhaltungs- und Sanierungsarbeiten.

Bamako, Musée National du Mali
http://maliba.8m.com/Musee/muse1.htm
1953 als Zweigstelle des Institut Français d'Afrique Noire (IFAN) gegründet. Damals bestand die Sammlung fast ausschließlich aus Ausgrabungsgegenständen des Archäologen Szumowski. Seinen heutigen Namen erhielt das Museum mit der Unabhängigkeit des Landes 1960. Nach erheblichen Problemen in den 1970er-Jahren (die Sammlung wurde in alle Winde zerstreut) erhielt das Museum Anfang der 1980er ein neues Gebäude. Die derzeitige Sammlung teilt sich in eine archäologische und eine ethnologische Abteilung mit einem Bestand, der vornehmlich Gegenstände der Dogon, Bamana und Senufo umfasst. Ein weiterer Tätigkeitsschwerpunkt des Museums betrifft das immaterielle Erbe und besteht in der audiovisuellen Dokumentation des Brauchtums lokaler Gesellschaften.

Berlin, Staatliche Museen zu Berlin, Ethnologisches Museum
www.smb.spk-berlin.de/mv/i.html
Heute umfassen die Bestände des Ethnologischen Museums, das 1873 als Museum für Völkerkunde gegründet wurde, an die 500.000 Gegenstände aus allen Teilen der Welt. Seit 2005 präsentiert die neu gestaltete Afrika-Abteilung die Dauerausstellung »Kunst aus Afrika«. Während der kurzen Zeit, in der Deutschland Kolonialmacht in Afrika war, wurde die Afrikasammlung wegen des großen Engagements des ersten Direktors Adolf Bastian um eine ansehnliche Zahl von Gegenständen erweitert.
Andere deutsche Museen mit bedeutenden Afrikasammlungen sind das Linden-Museum in Stuttgart und das Museum für Völkerkunde München.

Grasland, Museen der Chefferien in Kamerun
Vier kleine auf Initiative einer italienischen NGO (COE aus Mailand) gegründete Museen mit Meisterwerken aus vier Chefferien des Graslandes (Bandjoun, Baham, Babungo und Mankon). Die Museen unterstehen der Kontrolle der lokalen Oberhäupter, und bei Bedarf verlassen die Objekte das Museum für bedeutende traditionelle Zeremonien.

Lagos, National Museum of Nigeria
Neben bedeutenden archäologischen Fundstücken der nigerianischen Kulturen von Nok, Igbo-Ukwu, Ife und Esie gehört auch eine Sammlung mit Bronzen aus dem Königreich Benin (die sukzessive auf dem internationalen Markt zurückerworben werden) zu den Beständen des Museums. Die Auswahl der unter ethnologischen Gesichtspunkten relevanten Werke versucht einen repräsentativen Querschnitt der Völkerschaften Nigerias zu präsentieren.

London, The British Museum
www.thebritishmuseum.ac.uk
Die Afrikasammlung des British Museum ist seit 2001 in den Sainsbury Galleries untergebracht (davor im Museum of Mankind). Die 600 Ausstellungsobjekte gehören zu einem Gesamtbestand von ca. 200.000 Gegenständen mit herausragenden Werken aus Nigeria (Bronzen aus dem Königreich Benin und Sammlung Talbot), Ghana und Kongo (Sammlung Torday). Neben archäologischen Fundstücken und traditionellen Werken sind im Eingangsbereich auch Kunstwerke zeitgenössischer Künstler zu sehen, die den aktuellen Zeitbezug und den offenen Charakter der afrikanischen Kulturen hervorheben sollen.
Als weitere wichtige britische Afrikasammlungen sind das Pitt Rivers in Oxford und das Horniman in London zu nennen.

New York, The Metropolitan Museum of Art
www.metmuseum.org
Dass der afrikanische Kontinent im Metropolitan so stark vertreten ist, verdankt sich einer Schenkung Nelson A. Rockefellers von 1969. Die Sammlung umfasst Werke von höchstem ästhetischem Wert aus ganz Afrika, darunter eine Elfenbeinmaske aus dem Königreich Benin, einige berühmte Figuren der Dogon und Bamana aus Mali sowie ein Thronhocker der Luba des »Meisters von Buli« aus dem 19. Jh. Sie sind nebst präkolumbischen Gegenständen aus Ozeanien im Rockefeller Wing ausgestellt. Eine andere wichtige Erwerbung ist die Sammlung Klaus Pers mit Werken aus dem Königreich Benin (16.–19. Jh.), die seit 1996 in der Benenson Gallery zu sehen ist.

New York, Museum for African Arts
www.africanart.org
1984 wurde das Center for African Arts mit dem Ziel gegründet, Ausstellungen afrikanischer Kunst zu fördern; bis heute wurden über 40 Ausstellungen zu den unter-

schiedlichsten Themen mit innovativen Ansätzen durchgeführt. 1992 wurde das Center in Museum for African Arts umbenannt und bekam einen festen Sitz. Die Eröffnung eines neuen Museums, in dem Ausstellungen traditioneller und zeitgenössischer Kunst aus Afrika gezeigt werden sollen, ist für Ende 2009 geplant.

New York, Studio Museum of Harlem
www.studiomuseuminharlem.org
Das 1967 gegründete Museum organisiert Ausstellungen zur zeitgenössischen afrikanischen und afroamerikanischen Kunst und Kultur. Seit 1979 präsentiert es auch eine Dauerausstellung mit ca. 1.500 Objekten, die sich in drei Abteilungen gliedert: Afrikanisch-amerikanische Kunst des 19. und 20. Jh.s; Kunst des 20. Jh.s aus Afrika und der Karibik; Traditionelle Kunst und Kunsthandwerk aus Afrika.

Paris, Musée du Quai Branly
www.quaibranly.fr
Die Bestände des 2006 eröffneten Museums umfassen ca. 300.000 Gegenstände aus Ozeanien, Amerika, Asien und Afrika, von denen ca. 3.500 in der Dauerausstellung zu sehen sind; davon kommen ungefähr 1.000 aus Afrika. Letztere stammen aus den Sammlungen des Musée de l'Homme und des Musée national des arts d'Afrique et d'Océanie: Dazu gehören u.a. Objekte, die der Anthropologe Marcel Griaule und seine Schüler ab den 1930er-Jahren zusammentrugen, sowie Teile der Sammlung von Pierre Savorgnan de Brazza (spätes 19. Jh.) und der Sammlung von Pierre Harter (1928–1991). Die Ausstellungsstücke sind nach Regionen sowie thematisch gegliedert. Sie kommen hauptsächlich aus Mali, der Elfenbeinküste, Nigeria, Gabun, Kongo und Kamerun. Im Museum sind außerdem Multimediaräume, Bibliotheken und ein Theater untergebracht.
Weitere französische Museen mit bedeutenden Afrikasammlungen sind das Musée Drapper in Paris und das Musée d'Arts Africains, Océaniens et Amérindiens in Marseille.

Rom, Museo Nazionale Preistorico Etnografico Luigi Pigorini
www.pigorini.arti.beniculturali.it
Das 1876 gegründete Museum ist seit 1962 in den Gebäuden des EUR untergebracht. Seine Bestände umfassen Werke aus der Vor- und Frühgeschichte sowie von außereuropäischen Kulturen. Die 1994 neu gestaltete Afrikabateilung ist in drei Themenkomplexe unterteilt: die Entdeckung der westafrikanischen Küste, die Erkundung des afrikanischen Binnenlandes und die »Entdeckung« der schwarzafrikanischen Kunst zu Beginn des 20. Jh.s Außerdem gibt es eine Sonderausstellung mit alten afrikanischen Waffen.

Tervuren, Musée royal de l'Afrique centrale
www.africamuseum.be
Das 1910 gegründete Museum beherbergt neben Abteilungen zu Tropenhölzern und Zoologie (afrikanische Fauna) die weltweit größte Sammlung ethnografischer Gegenstände aus Zentralafrika (Demokratische Republik Kongo, Nordangola, Ruanda und Burundi). Bis 2010 ist eine völlige Umgestaltung des Museums geplant, die in enger Zusammenarbeit mit institutionellen afrikanischen Partnern entstehen soll und an die Stelle der nunmehr überholten eurozentristischen Darstellungsform tritt.

Wien, Museum für Völkerkunde
www.ethno-museum.ac.at
Der Grundbestand der Afrikasammlung des Museums zählt 37.000 Gegenstände, von denen die Hälfte vor 1927 erworben wurde. Unter den zahlreichen Repräsentationsobjekten befinden sich Bronzen aus dem Königreich Benin, afrikanisch-portugiesische Elfenbeinschnitzereien (Salzgefäße und Hörner) aus dem 15. und 16. Jh., Sammelstücke aus Tansania und der Region der Großen Seen, die Oscar Baumann Ende des 19. Jh.s zusammentrug, Skulpturen aus Kamerun aus der Sammlung von Rudolf und Helen Oldenburg (gesammelt zwischen 1907 und 1913) sowie Stücke aus der Sammlung des Geografen Hans Meyer.

Washington D. C., National Museum of Africa Art
www.nmafa.si.edu/index2.html
Das 1964 auf Betreiben der Smithsonian Institution gegründete Museum hat inzwischen einen Bestand von 7.000 Gegenständen aus Afrika und ist in fünf Abteilungen gegliedert: Skulpturen aus dem subsaharanischen Afrika, Kunst aus Benin, Töpferei aus Zentralafrika, archäologische Funde aus der antiken nubischen Stadt Kerma und Kunstproduktion von Gebrauchsgegenständen. An das Museum angeschlossen sind das Fotoarchiv Eliot Elisofon und eine Bibliothek mit mehr als 25.000 Büchern zum Thema »Afrika südlich der Sahara«.
Als weitere US-amerikanische Museen mit bedeutenden Afrikasammlungen seien zu nennen: das American Museum of Natural History in New York, das Fowler Museum in Los Angeles und das University of Iowa Museum of Art.

Zürich, Museum Rietberg
www.stadtzuerich.ch/internet/zuerichkultur/home/institutionen/home/redirect_mr/museum_rietberg/home.htmlort/ort_index.htm
1949 wurde die Villa Wesendonck dazu bestimmt, die der Stadt Zürich

vermachte Sammlung des Barons Eduard von der Heydt aufzunehmen; 1952 eröffnete das Museum Rietberg seine Tore. Es zeigt Werke aus Afrika, Asien, dem präkolumbischen Amerika und Ozeanien. Die Afrikasammlung zeugt von der Vorliebe des Sammlers und Gönners von der Heydt für Objekte mit eleganter Formensprache. Die wichtigsten Werke kommen aus Mali (Dogon), der Elfenbeinküste (Senufo, Guro, Dan, Baule), aus dem Königreich Benin, aus Kamerun (u.a. eine berühmte *batcham*-Maske), aus Gabun (Fang) und aus dem Kongo (Luba, Songye, Vili). Seit 2007 präsentiert das Museum seine Sammlungen in der renovierten Villa und neuen Ausstellungshallen.
Eine kleine Afrikasammlung besitzt zudem das Museum der Kulturen in Basel; wichtig ist auch das Musée Barbier-Müller in Genf.

Stichwortregister

Bibliografie

Afrika allgemein

Histoire générale de l'Afrique, Présence Africaine, EDICEF, UNESCO, Paris 1991–98, mehrere Bde.
Amselle, J.-L./M'Bokolo, E. (Hrsg.), *Au cœur de l'ethnie. Ethnie, tribalisme et état en Afrique,* La Découverte & Syros, Paris 21999 (1985).
Balandier, G., *Anthropologiques,* PUF, Paris 1974.
Ders., *Sociologie actuelle de l'Afrique noire. Dynamique sociale en Afrique centrale,* PUF, Paris 1955.
Bedaux, R. A. et al., *Vallés du Niger,* Editions de la Réunion des Musées Nationaux, Paris 1993.
Bernardi, B., *Africa: tradizione e modernità,* Carocci, Rom 1998.
Ders., *Africanistica: le culture orali dell'Africa,* Angeli, Mailand 2006.
Bovill, E. W., *The golden trade of the Moors,* Oxford University Press, Oxford 1968.
Calchi Novati, G./Valsecchi, P., *Africa: la storia ritrovata: dalle prime forme politiche alle indipendenze nazionali,* Carocci, Rom 2005.
Chrétien, J.-P. (Hrsg.), *Les ethnies ont une histoire,* Karthala-ACCT, Paris 1989.
Coquery-Vidrovitch, C. (Hrsg.), *Processus d'urbanisation en Afrique,* L'Harmattan, Paris 1988.
Cornevin, M., *Secrets du continent noir révélés par l'archéologie,* Maisonneuve et Larose, Paris 1998.
Daget, S./Renault, F., *Les traites négrières en Afrique,* Karthala, Paris 1985.
Davidson, B., *Afrika. Geschichte eines Erdteiles,* Ariel, Frankfurt am Main 1966. [OA Engl.]
Ders., *Die Afrikaner. Eine Bestandsaufnahme im Zeichen des Umbruchs,* Lübbe, Bergisch Gladbach 1970. [OA Engl.]
Ders., *Vom Sklavenhandel zur Kolonisierung. Afrikanisch-europäische Beziehungen zwischen 1500 und 1900,* Rowohlt, Reinbek b. Hamburg 1966. [OA Engl.]
Dieterlen, G. (Hrsg.), *La notion de personne en Afrique noire,* [Kolloquium CNRS, Paris 1971], L'Harmattan, Paris 1993.
Enwezor, O. (Hrsg.), *The short century. Independence and liberation movements in Africa 1945–1994,* Prestel, München u.a. 2001.
Fage, J. D./Oliver, R., *The Cambridge History of Africa,* Cambridge University Press, Cambridge 1975–86.
Falk Moore, S., *Antropology and Africa,* University Press of Virginia, Charlottesville 1994.
Garlake, P. S., *Early art and architecture of Africa,* Oxford University Press, Oxford 2002.
Gentili, A. M., *Il leone e il cacciatore: storia dell'Africa subsahariana,* La Nuova Italia Scientifica, Rom 1995.
Grunne, B. de, *Terres cuites anciennes de l'Ouest africain,* Institut Supérieur d'Archéologie et d'Histoire de l'Art, Löwen 1980.
Ders., *Naissance de l'art en Afrique noire: la statuaire Nok au Nigeria,* Biro u.a., Paris 1998.
Insoll, T., *The archeology of Islam in sub-Saharan Africa,* Cambridge University Press, Cambridge 2003.
Jewsiewicki, B./Newbury, D. (Hrsg.), *African historiographies. What history for which Africa?,* Sage Publ., Beverly Hills (Calif.) 1986.
Ki-Zerbo, J., *Die Geschichte Schwarz-Afrikas,* Hammer, Wuppertal 1979. [OA Frz.]
Kopytoff, I., *The African frontier: the reproduction of traditional African societies,* Indiana University Press, Bloomington 1987.
Mbembe, A., *De la postcolonie. Essai sur l'imagination politique dans l'Afrique contemporaine,* Kathala, Paris 2000.
Mudimbe, V. Y., *The invention of Africa. Gnosis, philosophy, and the order of knowledge,* Indiana University Press, Bloomington 1988.
Murdock, G. P., *Africa: its peoples and their culture history,* McGraw-Hill, New York 1959.
Shaw, T. (Hrsg.), *The archeology of Africa: food, metals and towns,* Routledge, London 1993.
Vansina, J., *Art History in Africa,* Longman, London/New York 1984.

Religion, Macht, Kunst und Alltag

Anderson, M. G./Peck, P. M. (Hrsg.), *Ways of the rivers: arts and environment of the Niger Delta,* UCLA Fowler Museum of Cultural History, Los Angeles 2002.
Antongini, G./Spini, T., *Les palais royaux d'Abomey: espace, architecture, dynamique socio-anthropologique,* Centre du patrimoine mondial, Paris 1995.
Arnoldi, M. J., *Playing with time: art and performance in central Mali,* Indiana University Press, Bloomington 1995.
Dies. (Hrsg.), *African material culture,* Indiana University Press, Bloomington/Indianapolis 1996.
Augé, M., *Der Geist des Heidentums,* Boer, München 1995. [OA Frz.]
Banham, M., *A history of theatre in Africa,* Cambridge University Press, Cambridge 2004.
Barber, K., *Popular arts in Africa,* in: African Studies Review, 30, 1987, S. 1–78.
Dies. (Hrsg.), *Readings in African popular culture,* Indiana University Press, Bloomington/Indianapolis 1997.

Bargna, I., *Arte africana,* Jaca Book, Mailand 2003.
Barlet, O., *Afrikanische Kinowelten. Die Dekolonisierung des Blicks,* Horlemann, Bad Honnef 2001.
Bascom, W. R., *Ifa divination: communication between gods and men in West Africa,* Indiana University Press, Bloomington 1969.
Bastin, M.-L., *La sculpture Tshokwe,* Chaffin, Meudon 1982.
Battestini, S., *Ecriture et texte: contribution africaine,* Presses de l'Université Laval/Présence Africaine, Paris 1997.
Baxter, P. T. W., *Age, generation and time: some features of East African age organizations,* Hurst, London 1978.
Bay, E. G., *Women and work in Africa,* Westview Press, Boulder (Colo.) 1982.
Bayart, J.-F., *L'État en Afrique: la politique du ventre,* Fayard, Paris 1999.
Ders., *Globalizzazione e mutamento politico nell'Africa sub-sahariana (1989–2005),* in: Afriche e Orienti, 2, 2006, S. 36–51.
Ders./Geschiere, P./Nyamnjoh, F., *Autochtonie, démocratie et citoyenneté en Afrique,* in: Critique Internationale, 10, 2001. S. 177–194.
Bedaux, R./van der Waals, J. D. (Hrsg.), *Regards sur les Dogons du Mali,* Rijksmuseum voor Volkenkunde, Leiden/Ed. Snoeck, Gent 2003.
Ben-Amos Girshick, P., *The art of Benin,* Thames & Hudson, London 1980.
Bender, W., *Sweet mother: moderne afrikanische Musik,* Trickster, München 1985.
Beneduce, R., *Trance e possessione in Africa: Corpi, mimesi, storia,* Bollati Boringhieri, Turin 2002.
Berns, M., *Art, history and gender: Women and clay in West Africa,* in: African Archeological Review, 11, 1993, S.129–148.
Beumers, E., *Kings of Africa: art and authority in Central Africa,* Foundation Kings of Africa, Maastricht 1992.
Bilot, A. et al., *Masques du pays Dogon,* Biro, Paris 2003.
Blandin, A., *Afrique de l'Ouest: Bronzes et autres alliages,* (Selbstverlag) Marignane 1988.
Blier Preston, S., *African Vodun: art, psychology, and power,* University of Chicago Press, Chicago 1995.
Bloch, M., *Devenir le paysage. La clarté pour les Zafimaniry,* in: Voisenat, C. (Hrsg.), *Paysage au pluriel. Pour une approche ethnologique des paysages,* Ed. de la Maison des sciences de l'homme, Paris 1995, S. 89–102.
Bocola, S., *Afrikanische Sitze,* Prestel, München u. a. 1995.
Bohannan, P./Dalton, G., *Markets in Africa. Eight subsistence economies in transition,* Northwestern University Press, Evanston 1962.
Boone, S. A., *Radiance from the waters: ideals of feminine beauty in Mende art,* Yale University Press, New Haven 1986.
Brambilla C. (Hrsg.), *Letterature dell'Africa,* Jaca Book, Mailand 1994.
Bravmann, R. A., *African Islam,* Smithsonian Institution Press, Washington D. C./London 1983.
Ders., *Islam and tribal art in West Africa,* Cambridge University Press, Cambridge 1974.
Biebuyck, D. P., *Lega culture: art, initiation and moral philosophy among Central African people,* University of California Press, Berkeley u. a. 1969.
Cafuri, R., *La concezione della storia nel regno del Danxomè inscritta nella capitale Abomey,* in: Africa, XLIX (2), S. 260–274.
Chastanet, M. (Hrsg.), *Cuisine et société en Afrique: histoire, saveurs, savoir-faire,* Karthala, Paris 2002.
Child, S. T./Killick, D., *Indigenous African metallurgy: nature and culture,* in: Annual Review of Anthropology, 22, 1993.
Colais, F., *Il cinema nero africano. Dalla parola all'immagine,* Bulzoni, Rom 1999.
Cole, H. M./Aniakor, C. C., *Igbo arts: community and cosmos,* University of California Press, Los Angeles 1984.
Cole, H. M./Ross, D. H., *The arts of Ghana,* University of California Press, Los Angeles 1978.
Comaroff, J., *Of revelation and revolution: christianity, colonialism, and consciousness in South Africa,* University of Chicago Press, Chicago 1991.
Coquet, M., *Textiles africains,* Biro, Paris 1993.
Cornet, J., *L'art royal kuba,* Sipiel, Mailand 1982.
Darkowska-Nidzgorski, O./Nidzgorski, D., *Marionettes et masques au cœur du théâtre africain,* Sepia, Saint-Maur 1998.
D'Azevedo, W. L. (Hrsg.), *The traditional artist in African societies,* Indiana University Press, Bloomington 1973.
De Boeck, F., *Le »deuxième monde« et les »enfants sorciers« en République démocratique du Congo,* in: Politique africaine, 80, 2000, S. 32–57.
Drewal, H. J./Pemberton, J. III/Abiodun, R., *Yoruba: Nine centuries of African art and thought,* The Center for African Art, New York 1989.
Evans-Pritchard, E. E., *Hexerei, Orakel und Magie bei den Zande,* Suhrkamp, Frankfurt am Main 1978. [OA Engl.]

Ders., *The Nuer: a description of the modes of livelihood and political institutions of a Nilotic people,* Oxford University Press, New York 1969.
Falgayrettes, C. (Hrsg.), *Cuillers-sculptures,* Dapper, Paris 1991.
Fassassi, M. A., *L'architecture en Afrique noire: cosmoarchitecture,* Maspero, Paris 1978.
Fernandez, J. W., *Africanization, europeization, christianization,* in: History of Religions, 18, 1979, S. 284–292.
Fortes, M./Evans-Pritchard, E. E. (Hrsg.), *African political systems,* Oxford University Press, London 1940.
Frank, B. E., *More than wives and mothers: the artistry of Mande potters,* in: African Arts, 4, 1994, S. 26–37 u. 93–94.
Fraser, D. (Hrsg.), *African art and leadership,* University of Wisconsin Press, Madison 1972.
Gariazzo, G., *Breve storia del cinema africano,* Lindau, Turin 2001.
Geschiere, P., *Sorcellerie et politique en Afrique. La viande des autres,* Karthala, Paris 1995.
Goody, J., *Cooking, cuisine and class: a study in comparative sociology,* Cambridge University Press, Cambridge 1982.
Griaule, M., *Schwarze Genesis. Ein afrikanischer Schöpfungsbericht,* Herder, Freiburg i.Br. u.a. 1970 [OA Frz.].
Ders./Dieterlen, G., *Le renard pâle,* Institut d'Ethnologie, Paris 1965.
Guidoni, E., *Architektur der primitiven Kulturen,* Belser/Electa, Stuttgart/Mailand 1976 [OA Ital.].
Héritier, F., *Masculin, féminin: la pensée de la différence,* Jacob, Paris 1996.
Herreman, F. (Hrsg.), *Material differences. Art and identity in Africa,* Museum for African Art, New York 2003.
Herzlich, C./Pierret, J., *Kranke gestern, Kranke heute. Die Gesellschaft und das Leiden,* Beck, München 1991. [OA Frz.]
Heusch, L. de, *Le sacrifice dans les religions africaines,* Gallimard, Paris 1986.
Jewsiewicki, B., *Mami Wata. La peinture urbaine au Congo,* Gallimard, Paris 2003.
Ders. (Hrsg.), *Art et politiques en Afrique noire,* Association canadienne des études africaines, Safi 1989.
Kasfir, S., *Contemporary African art,* Thames & Hudson, London 1999.
Kecskési, M., *Kunst aus Afrika. Museum für Völkerkunde München,* Prestel, München u.a. 1999.
Koloss, H.-J. (Hrsg.), *Afrika: Kunst und Kultur. Meisterwerke afrikanischer Kunst. Museum für Völkerkunde Berlin,* Prestel, München u.a. 1999.
Kwabena Nketia, J. H., *Die Musik Afrikas,* Heinrichshofen, Wilhelmshaven 1979. [OA Engl.]
Lamb, V., *West African weaving,* Duckworth, London 1975.
Larkin, B., *Indian films and Nigerian lovers: media and the creation of parallel modernities,* in: Africa, 67, 1997, S. 406–440.
Latouche, S., *L'autre Afrique: entre don et marché,* A. Michel, Paris 1998.
Layton, R., *The anthropology of art,* Cambridge University Press, Cambridge 1981.
Lebeuf, J.-P., *L'habitation des Fali: montagnards du Cameroun septentrional,* Hachette, Paris 1961.
Lewis, I. M. (Hrsg.), *Islam in tropical Africa,* Indiana University Press, Bloomington 1966.
Mair, L. P., *African kingdoms,* Clarendon Press, Oxford 1977.
Mbiti, J. S., *African religions and philosophy,* Heinemann, Oxford 1989.
McLeod, M. D., *The Asante,* British Museum Publ., London 1981.
McNaughton, P. R., *The Mande blacksmiths: knowledge, power, and art in West Africa,* Indiana University Press, Bloomington 1988.
Meillassoux, C., *Anthropologie der Sklaverei,* Campus, Frankfurt am Main/New York 1989. [OA Frz.]
Meyer, B., *Christianity in Africa: from African independent to pentecostal-charismatic churches,* in: Annual Review of Anthropology, 33, 2004, S. 447–474.
Meyer, L., *Les arts et les métaux en Afrique noire,* Sépia, Saint-Maur 1997.
Meyer, P., *Kunst und Religion der Lobi,* Museum Rietberg, Zürich 1981.
Mitchell, J. C., *The Kalela dance: Aspects of social relationship among urban Africans in Northern Rhodesia,* Manchester University Press, London 1956.
Monteil, V., *L'Islam noir,* Seuil, Paris 1964.
Mveng, E., *L'Afrique dans l'église. Paroles d'un croyant,* L'Harmattan, Paris 1985.
Mwamba, Cabakulu (Hrsg.), *Maxi proverbes africains,* Presses du châtelet, Paris 2004.
Nicolas, A./Sourrieu, M./Ncharé, O. (Hrsg.), *Les dessins Bamoum,* Musée d'arts africains, océaniens, amérindiens de Marseille/Skira, Mailand 1997.
Roberts, M. N. (Hrsg.), *Memory: Luba art: the making of history,* Museum for African Art/Prestel, München u.a. 1996.
Notué, J. P./Perrois, L., *Rois et sculpteurs de l'Ouest Cameroun: la panthère et la mygale,* Karthala u.a., Paris 1997.

Oliver, P. (Hrsg.), *Shelter, sign & symbol,* Barrie & Jenkins, London 1975.
Parodi da Passano, G. (Hrsg.), *Évhé-Ouatchi: un'estetica del disordine,* Centro Studi Archeologia Africana, Mailand 2004.
Phillips, T. (Hrsg.), *Afrika: Die Kunst eines Kontinents,* Prestel, München u.a. 1995/96.
Picton, J./Mack, J., *African textiles: looms, weaving and design,* British Museum Publ., London 1979.
Piga, A., *L'islam in Africa. Sufismo e jihad fra storia e antropologia,* Bollati Bollinghieri, Turin 2003.
Pradelles de Latour, C. H., *Le crâne qui parle. Ethnopsychoanalyse en pays bamiléké,* EPEL, Paris 1997.
Price, S./Price, R., *Afro-American arts of the Suriname rain forest,* University of California Press, Berkeley 1980.
Prussin, L., *Hatumere. Islamic design in West Africa,* University of California Press, Berkeley 1986.
Ravenhill, P. L., *The self and the other: personhood and images among the Baule, Côte d'Ivoire,* UCLA Fowler Museum of Cultural History, University of California, Los Angeles 1994.
Remotti, F., *Luoghi e corpi: antropologia dello spazio, del tempo e del potere,* Bollati Boringhieri, Turin 1993.
Rollard, P., *La maison ba'mbenga: un champ sémantique? (pour une étude de l'espace pygmée),* in: *Espaces des autres. Lectures anthropologiques d'architectures,* Editions de La Villette, Paris 1987, S. 155–176.
Ross, D. H., *Queen Victoria for twenty-five pounds: the iconography of a breasted drum from southern Ghana,* in: Art Journal, 47, 2, 1988, S. 114–120.
Roy, C. D., *Art of the Upper Volta rivers,* Chaffin, Meudon 1987.
Rubin, W. (Hrsg.), *Primitivismus in der Kunst des zwanzigsten Jahrhunderts,* Prestel, München u.a. 1984. [OA Engl.]
Schweinfurth, G., *Im Herzen von Afrika. Reisen und Entdeckungen im zentralen Äquatorial-Afrika während der Jahre 1868–1871. Ein Beitrag zur Entdeckungsgeschichte von Afrika,* Brockhaus, Leipzig 1986.
Sieber, R./Herreman, F., *Hair in African art and culture,* Museum for African Art/Prestel, München u.a. 2000.
Spini, T./Spini, S., *Togu Na: casa della parola,* Electa, Mailand 2003 (1976).
Surgy, A. de, *La voie des fétiches. Essai sur le fondement théorique et la perspective mystique des pratiques des féticheurs,* L'Harmattan, Paris 1995.
Tenaille, F., *Le swing du caméléon: musiques et chansons africaines, 1950–2000,* Actes, Sud, Arles 2000.
Thompson, R. F., *African art in motion,* University of California Press, Los Angeles 1974.
Ders., *Flash of the spirit. African and Afro-American art and philosophy,* Vintage Books, New York 1984.
Trackman, D. (Hrsg.), *Astonishment and power,* Smithsonian Institution Press, Washington D. C. u.a. 1993.
Turner, V. W., *The forest of symbols: aspects of Ndembu ritual,* Cornell University Press, Ithaka (N. Y.) 1967.
Vansina, J., *The children of Woot. A history of the Kuba peoples,* University of Wisconsin Press, Madison 1978.
Verswijver, G. u.a. (Hrsg.), *Afrikanische Kunst. Verborgene Schätze aus dem Museum Tervuren,* Prestel, München u.a. 1998.
Visona Blackmun, M. et al., *A history of art in Africa,* Abrams, New York 2001.
Vivan, I., *Interpreti rituali: il romanzo dell'Africa nera,* Dedalo, Bari 1978.
Dies., *Il nuovo Sudafrica: dalle strettoie dell'apartheid alle complessità della democrazia,* La Nuova Italia, Florenz 1996.
Vogel, S., *Africa explores. 20th century african art,* Center for African Art, New York 1991.
Dies., *Baule: African art, western eyes,* Yale University Press, New Haven 1997.
Warnier, J.-P., *L'esprit d'entreprise au Cameroun,* Karthala, Paris 1993.
Willet, F., *African art. An introduction,* Thames & Hudson, London 1971.
Williams, D., *Icon and image: a study of sacred and secular forms of African classical art,* Allen Lane, London 1974.
Soyinka, W. (hrsg. v. Volterrani, E.), *Teatro africano,* Einaudi, Turin 1987.
Zahan, D., *Religion, spiritualité et pensée africaines,* Payot, Paris 1970.

Der Verlag hat sich bemüht, sämtliche Rechteinhaber ausfindig zu machen. Sollte es in Einzelfällen nicht gelungen sein, Rechteinhaber zu benachrichtigen, so bitten wir diese, sich beim Verlag zu melden.

Bildnachweis

© Toby Adamson/Axiom, S. 349
© Alami, S. 89 (© Dbimages), 142 (© Mike Abrahams), 149 (© Jack Barker), 174 (© Zute Lightfood), 256 (© Images of Africa Photobank), 268 (© Gary Cook) u. 316 (© Philip Scalia)
© Ivan Bargna, Como, S. 227, 237, 243 u. 317
© The Bridgeman Art Library/Alinari, S. 8, 18, 21, 23, 52, 76, 77, 79, 80, 81, 92–93, 94, 95, 98, 115, 123, 124, 147, 194, 264, 280; © Heini Schneebeli: S. 30, 35, 105, 210, 218, 231, 242, 334; © Held Collection: S. 184–185.
© Collezione Angelo Miccoli, Bergamo, S. 259, 260 u. 261
© Collezione Augusto Panini, Como, S. 113, 287, 288, 289 u. 290
© Collezione Bruno-Fonocchiaro, Kea (Griechenland), S. 14 u. 270
© Collezione Ferdinando Mussi, Lissone, S. 37, 56 u. 333
© Collezione Vittorio Carini, Bergamo, S. 25, 125, 137, 139, 179, 182, 189, 202, 247, 329
© Colorpoint RCS/Gestione Archivi Alinari, S. 222; © Jak Kilby-Arena-Images-TopFoto/Alinari, S. 318 u. 321; © Topham Picturepoint/Alinari, S. 351
CORBIS, Mailand, S. 2 (© Lindasy Hebberd); 10, 40, 84, 250 (© Dave G. Houser-Post Houserstock); 13, 16, 24, 33, 38, 135, 176, 204, 205, 208, 254 (© Seattle Art Museum); 15, 74, 132 (© Yann Arthus-Bertrand); 26, 28 (© Frans Lemmens-zefa); 20, 22, 27, 324, 326–327 (© Charles & Josette Lenars); 29, 54, 104, 117, 127, 267, 314–315, 354–355 (© Daniel Lainé); 36, 144, 341, 342, 343 (© Margaret Courtney-Clarke); 39, 100, 145, 178 (© Paul Almasy); 66, 246, 284 (© Werner Forman); 69, 152, 255, 276 (© Wendy Stone); 72 (© Ralph A. Clevenger); 73 (© Louise Gubb); 75 (© Jim Zuckerman); 82, 172, 215 (© Contemporary African Art Collection Limited); 83 (© Michael S. Lewis); 85, 224 (© David Turnley); 86, 151 (© Remi Benali); 88 (© Gideon Mendel); 91, 106 (© Roger de la Harpe/Gallo Images); 99 (© North Carolina Museum of Art); 102–103 (© Peter Gurrman); 107, 370 (© Kim Ludbrook/epa); 108–109 (© Sharna Balfour/Gallo Images); 122 (© Pascal Le Segretain); 126 (© Christie's Images); 129 (© Huton Deutsch Collection); 130, 262 (© Kazuyoshi Nomachi); 168 (© Richard Olivier); 169 (© Louise Gubb/Saba); 170 (© Silva Joao/Sygma); 171, 217, 369 (© Claude Postel/Contemporary African Art Collection Limited); 187, 282, 339 (© Nik Wheeler); 196–197, 226 (© Ed Kashi); 201, 211, 212–213, 214, 238–239, 325 (© Caroline Penn); 219 (© Sophie Elbaz); 220–221 (© Sandro Vannini); 230 (© Penny Tweedie); 232–233, 234 (© Matt Griggs/Sygma); 251 (© Kennan Ward); 263, 353, 356 (© Lucille Reyboz/Sygma); 269 (© Ludovic Careme); 273 (© Floris Leeuwenberg/The Cover Story); 274 (© Patrick Durand/Sygma); 277 (© Antonio Cores/epa); 278 (© Michele Westmorland); 291 (© David Sutherland); 297 (© Colin McPherson/Sygma); 281 (© Owen Franken); 312 (© Brooklyn Museum of Art/Contrasto); 337 (© Wolfgang Kaehler); 364 (© Stapleton Collection); 367 (© Patrick Robert/Sygma); 368 (© Gilbert Liz/Sygma)
© ddp-Ullstein/Alinari, S. 299
© E-ducation.it, S. 51, 153, 159, 164, 175, 191, 228, 245, 252, 286, 293, 294, 295, 307, 308, 361 u. 371
© Eliot Elisofon Photographic Archives-National Museum of African Art/Smithsonian Institution, S. 64, 301, 302, 303, 304–305, 350
© Film Cissé-Government of Mail-The Kobal Collection/Art Archive Picture Desk, S. 310
© Films de l'Avenir-Thelma-Arcadia-The Kobal Collection/Art Archive Picture Desk, S. 309
© Foto Scala, Florenz, S. 118, 119 u. 121
© Foto Scala, Florenz/Bildarchiv Preußischer Kulturbesitz, Berlin, S. 46 (© Heini Schneebeli); 47, 266 (© Dietrich Graf); 63, 128, 155, 181, 225 (© Erik Hesmerg); 160 (© bpk/Ethnologisches Museum, SMB); 166 (© Claudia Obrocki)
© Foto Scala, Florenz/HIP, S. 60–61, 90, 101, 110, 114, 133, 148, 158, 162, 163, 167, 253, 306
© Foto Werner Forman Archive/Scala, Florenz, S. 31, 62, 67, 96, 97, 112, 116, 120, 140, 156, 203, 330, 331, 336, 338, 345, 346, 372
© Galerie les Arts Primitifs/Bruno Mignot Antiquités et art primitif d'Afrique de l'Ouest, S. 216
© Gamma/Contrasto, S. 296 (© Frédéric Reglain), 298 (© Micheline Pelletier), 320 (© Frédéric Souloy), 322 (© Christian Duxasse), 323 (© Etienne de Malglaive), 328 (© Patrick Aventurier)
© Eric Lessing/Contrasto, Mailand, S. 11, 50, 55, 161, 271
© Magnum Photos/Contrasto, Mailand, S. 87 (© Bruno Barbey), 150 (© Ferdinando Scianna), 173 (© Philip Jones Griffiths), 198 (© Herbert List), 258 (© Stuart Franklin)
© Meißner-Ullstein/Alinari, S. 363
© Musée Barbier-Mueller, Genf, S. 32 u. 136
© Musée du Quai Branly, Paris/Scala, Florenz, S. 12, 34, 235, 236; 48, 134, 313 (© Patrick Gries/Bruno Descoings); 58, 141, 357 (© Patrick Gries/Valérie Torre); 154 (© Patrick Gries); 186, 192 (© Hughes Dubois)
© Museo Nazionale Preistorico Etnografico L. Pigorini, Rom (Genehmigung durch Ministero per i Beni e le Attività Culturali), S. 41
© Museum Rietberg, Zürich, S. 138 u. 275
© The Newark Museum/Art Resource/Scala, Florenz, S. 240 u. 283
© New Yorker Films-Everett Collection/Contrasto, S. 311
© Photo J.-M. van Dyck, RMCA, Tervuren, S. 165
© Photo RMN, Paris, S. 195 (97-002800), 241 (98-007255), 285 (99-009531), 332 (98-011877) [© Jean Gilles Berizzi]; 70 (90-006464) u. 223 (88-000825) [© Droits réservés]
© Privatsammlungen, S. 17, 45, 183, 200, 207, 244, 248, 265 u. 300
© Royal Museum for Central Africa, Tervuren (Belgien), S. 43, 44, 49, 57, 59, 157, 272, 279
© SCALAGROUP und COREL, S. 209
© Viertel(L)-Ullstein/Alinari, S. 319